KB024592

다시 태어나면
이런 직업도 갖고 싶어

서 유 정

WHEN I'M REBORN,
I WANT TO HAVE
A JOB LIKE THIS

다시 태어나면 꼭 그 직업을 갖고 싶어

제 직업은 연구자입니다. 공공부문의 연구소에서 근무하는 연구자, 즉 흔히 보수적이고 안정적인 직업으로 분류되는 일을 하고 있습니다. 10여 년간 쭉 한 직장에서, 같은 일을 해왔죠. 2년 전 비로소 제 마음을 설레게 하는 다른 직업을 알고 내면의 비명을 질렀습니다. 대체 왜 이제야 이런 직업도 있는 걸 알게 된 거냐고. 다년간 진로와 직업 분야의 연구를 해왔는데도 그토록 늦게야 정말 하고 싶은 직업을 알게 된 것이죠.

그때까지 연구자라는 직업이 저에게 최선인 줄 알고 일해 왔습니다. 그런데 최선이 아닌 차선이었습니다. 저의 직업 세계관도 제가 생각했던 것보다 좁았고, 직업을 연구하면서도 모르는 직업이 있었습니다. 그중에 저를 위한 최선이 존재한다는 걸 미처 알지 못했던 것이죠. 제한된 지식과 정보를 바탕으로 너무 일찍 진로를 택했고, 한 우물만 팠고, 그 길에 안주한 결과였습니다.

제가 지금의 진로를 선택한 것은 막 10대가 되었을 때였습니다. 학부모 대상 강의에서 저의 진로 사례를 얘기하면 많은 분이 감탄하시곤 합니다. 어쩌면 그렇게 일찍 진로를 결정할 수 있었냐며, 저의 부모님은 어떻게 저를 교육하셨냐면서요.

하지만 빠르게 진로를 선택했다는 것이 꼭 좋은 것은 아닙니다. 어린 나이에 진로를 결정한 만큼 다른 분야에 대해서 고민해 보지도 않은 채, 오로지 한 길만 보면서 걸어왔으니까요. 다행히 일이 잘 풀려서 지금의 직업을 갖게 되긴 했지만, 만약 그렇지 않았다면 어땠을까요? 오직 한 가지 진로만 생각하며 공부해 온 저에게 길이 열리지 않았다면요? 모범생으로 살며 대학에 입학해서 석박사 학위까지 받고 난 뒤, 그제야 비로소 자신에게 맞는 진로를 찾지 못했다는 것을 깨닫고 갈팡질팡하는 사람 중 하나가 되었겠지요.

운이 좋아서 처음 선택한 진로대로 직업을 갖게 됐지만 결국 정말로 하고 싶은 일, 열의를 갖게 하는 직업은 따로 있었습니다. 용기 있는 사람이라면 그걸 깨닫게 되는 순간 과감히 현재를 내려놓고, 새로운 꿈을 따라갔겠지요. 하지만 저는 그런 용감한 사람이 될 수 없었습니다. 안정적인 현재를 버리지 못했고, 지금의 나이에 그 직업을 갖기 위한 신체 능력을 키울 자신이 없었습니다. 늦게 찾아온 깨달음을 아쉬워하면서 저는 다음 생을 기약하기로 했습니다. 다시 태어나면 꼭 그 직업을 가져보겠다고 말이죠. 제가 믿는 종교에서는 윤회를 믿지 않지만, 다른 종교의 믿음을 빌려서라도 다음 생을 기약할 만큼 제 아쉬움은 컸습니다.

비록 저는 이번 생의 꿈을 접었지만, 어린이, 청소년, 청년층, 새로운 진로에 도전할 용기를 가진 사람에게는 기회가 열려 있습니다. 저처럼 미처 알지 못해서, 늦게 깨달아서 그 기회를 잡지 못하는 사람이 더는 없었으면 하는 바람으로 이 책을 쓰게 되었습니다.

제가 접어야 했던 꿈을 포함해서 흔히 알려지지 않은 과거의 이색직업 101개와 현대의 이색직업 101개, 독특한 경로로 진로를 찾은 사람들의 사례 11개가 이 책에 포함되어 있습니다. 책에 담긴 내용을 통해 더 많은 사람들이 차선을 최선이라고 착각하지 않고, 진정한 최선을 찾아가는 계기를 얻게 되길 바랍니다.

|차 례|

|들어가며| 다시 태어나면 꼭 그 직업을 갖고 싶어 ___ 1

I. 틀에 갇힌 우리 아이들의 희망 직업 ___ 7

II. 세상 속의 이색직업 ____ 15

1. 과거의 이색직업 15
(1) 고대의 이색직업 16
(2) 중세 · 근세의 이색직업 29
(3) 근대의 이색직업 49

2. 현대 사회의 이색직업 67
(1) 웰빙·웰에이징·웰다잉 분야 67
(2) 관광·레저 분야 92
(3) 경영·관리·홍보 분야 114
(4) 식품 분야 124
(5) 동물 분야 139
(6) 연구 개발(R&D) 분야 165
(7) 의료·보건 분야 174
(8) 환경 분야 183
(9) 범죄 분야 189
(10) 예체능 분야 200
(11) 교통·운송 분야 209
(12) 기타 213

Ⅲ 틀에 박힌 직업을 넘어서: 이색적인 진로 찾기 ___ 223
1. 10년 게임으로 진로 찾기 223
2. 여행 중에 진로 찾기 225
3. 학교 폭력에서 진로 찾기 226
4. 실패 속에서 진로 찾기 227
5. 장애 속에서 진로 찾기 229
6. 죽음에서 진로 찾기 230
7. 무작정 진로체험으로 진로 찾기 231
8. 좋아하는 취미로 진로 찾기 233
9. 중독 극복 경험으로 진로 찾기 234
10. 감옥에서 진로 찾기 235
11. 공포증 극복으로 진로 찾기 236

|마치며| ___ 240

틀에 갇힌 우리 아이들의 **희망직업**

틀에 갇힌 우리 아이들의 **희망직업**

우리 아이들이 아는 직업의 범위는 넓지 않습니다. 지금의 진로를 선택할 당시의 제가 그랬던 것처럼 말이죠. 심지어 성인 중에도 본인의 직업을 묻는 질문에 '회사원'이라고 표기하는 사람들이 있습니다. 그만큼 우리가 직업이라는 개념을 잘 이해하지 못하고 있는 것이죠.

게다가 우리나라 청소년 약 3명 중 2명의 장래 희망이 고작 10개 정도의 직업에 몰려 있습니다. 흔히 직업의 개수를 1-2만 개라고 보는 것을 고려하면, 매우 적은 수의 직업에 아이들의 선호도가 집중된 것입니다. 아이들이 아는 직업의 수도 적고, 인식하는 직업 세계도 좁다는 의미로 볼 수 있지요.

OECD 국가의 통계를 살펴보면, 우리나라 아이들의 10개 직업에 대한 선호 집중도는 상당히 높은 편에 속합니다(<표 1> 참조). 2000년도에는 여학생 71%, 남학생 63%였고, 2018년도에는 여학생 58%, 남학생 54%였습니다. 우리가 흔히 교육 선진국이라고 부르는 나라들에 비해서 확연히 높은 수치이며, 교육 선진국으로 불리지 않는 나라들과 유사한 수준입니다.

〈표 1〉 우리나라와 OECD 국가 청소년의 상위 10개 직업에 대한 선호 집중도[1)]

구분	여성		남성	
	2000	2018	2000	2018
OECD 평균	49.0	52.9	38.4	46.8
우리나라	**71**	**58**	**63**	**54**
독일	43	51	38	40
멕시코	67	59	59	57
스웨덴	47	53	49	45
인도네시아	77	73	76	68
호주	49	52	44	42
태국	47	61	56	64

게다가 우리 아이들이 선호하는 직업 중 상당수가 보수적이고 안정적인 직업, 또는 눈에 띄는 예체능계 직업입니다. <표 2>은 우리나라에서 자체 조사한 결과로, 초·중·고 학생에게 가장 선호되는 인기 직업 10개와 그 직업을 희망하는 학생들의 비율을 보여주고 있습니다.

의사, 교사, 경찰, 간호사, 군인, 공무원과 같은 전통적인 직업과 운동선수 등의 예체능계 직업이 초·중·고 모든 학교급에서 자주 등장합니다. 2007년과 2021년 사이에 큰 변화가 없습니다. 초등학생의 희망 직업 4순위에 크리에이터가 포함되었다는 것 정도가 시대의 흐름을 조금 보여주는 정도이지요.

고작 10개의 직업, 그것도 보수적이고 안정적인 직업에 아이들의 선호도가 많이 집중된다는 건 과연 어떤 의미가 있을까요? 어떤 직업이든 일자리 수가 무한정으로 증가할 수는 없습니다. 특히 보수적인 직업일수록 일자리 수가 많이 증가하는 걸 기대하기 어렵습니다. 소수의 직업에 대한

1) OECD (2020). Dream jobs? Teenagers' career aspirations and the future of work. OECD

〈표 2〉 우리나라 아이들의 선호 직업 (2020)[2)3)]

구분	초등학생		중학생		고등학생	
	2007	2021	2007	2021	2007	2021
1	교사	운동선수	교사	교사	교사	교사
2	의사	의사	의사	의사	회사원	간호사
3	연예인	교사	연예인	경찰관/ 수사관	공무원	군인
4	운동선수	크리 에이터	법률가 (법조인)	운동선수	자영업/ 개인사업	컴퓨터 공학자/ 소프트 웨어 개발자
5	교수	경찰관/ 수사관	공무원	군인	간호사	경찰관/ 수사관
6	법률가 (법조인)	조리사 (요리사)	교수	공무원	의사	공무원
7	경찰	프로 게이머	경찰	조리사/ 요리사	연예인	의사
8	요리사	배우/ 모델	요리사	컴퓨터 공학자/ 소프트 웨어 개발자	경찰	생명 과학자 및 연구원
9	패션 디자이너	가수/ 성악가	패션 디자이너	뷰티 디자이너	공학 관련 엔지니어	경영자/ CEO
10	프로 게이머	법률 전문가	운동선수	경영자/ CEO	패션 디자이너	의료보건 관련직

2) 오호영 · 이지연 · 윤형한(2007). 진로정보센터 운영(2007): 진로교육지표 조사. 한국직업능력개발원.

3) 교육부·한국직업능력연구원(2021). 2021년 국가진로교육센터 운영 지원: 초 · 중등 진로교육 현황조사(2021). 교육부, 한국직업능력연구원.

선호도 쏠림이 심해질수록 그 일자리에 진입하기 위한 경쟁률은 높아집니다.

A라는 직업에 대해 같은 학년에 속한 청소년의 경쟁률이 1:3로 정해져 있다고 생각해보겠습니다. 첫해에는 지원자 중 33%만이 그 직업을 갖게 될 것이고, 남은 67%는 이듬해에 도전해야 합니다. 그럼 두 번째 해에는 경쟁률이 1:5가 되고, 시험이 끝난 후 통과하지 못한 사람의 비율은 80%가 됩니다. 세 번째 해의 경쟁률은 1:7이 되고, 해를 거듭할수록 경쟁률이 높아집니다. 시험에 떨어진 사람 중 일부가 재응시를 하지 않는다고 해도, 해마다 경쟁률이 증가하는 속도는 무시할 수가 없습니다.

이런 상황이 반복되면서 국가 차원에서는 젊은 나이의 생산성 높은 인력들이 일자리 시장에 들어오지 못하고 정체되는 문제를 겪게 됩니다. 청년들은 수년간 일자리를 얻지 못한 채 반복되는 취업 준비 속에 좌절하는 고통을 겪습니다. 졸업 후 취업 또는 창업을 하지 않은 채 경력 없이 보낸 시간이 길어질수록 일자리 시장에서의 경쟁력도 떨어집니다.

여기에 "그래도 안정적인 일자리가 최고다."라는 부모의 말이 더해지면 청년들에게는 더욱 큰 부담감으로 작용하게 됩니다. 부모님을 실망시키고 있다는 좌절감, 끝이 보이지 않는 미래에 대한 두려움, 소속감 없이 붕 떠 있는 불안감. 어린 시절의 섬세한 감성이 남아 있는 청년층에게는 무척 견디기 힘든 상황입니다.

이런 감정으로 고통스러워하는 청년 세대를 만난 적이 있습니다. 학생 때부터 부모님 뜻에 따라 열심히 공부했고, 좋은 성적을 거뒀고, 대학도 좋은 곳에 입학한 친구였습니다. 부모님 말씀을 거역해 본 적이 없는 효자이기도 했고요.

하지만 졸업 이후 공무원 시험에 거듭 떨어지면서 무척 괴로워하고 있었습니다. 처음 한두 해 동안은 "너는 해낼 수 있다."며 믿어주시는 부모님이 의지가 됐지만, 반복되는 탈락 속에서 "그래도 너는 해낼 수 있다."라는 말이 도리어 압박이 됐습니다. 부모님의 대응이 "네가 내 자식이라면 해내겠지."로 바뀌어 가면서부터는 죄책감에 자괴감마저 더해지게 되었고요.

그 친구는 차라리 일용직이라도 해서 몇만 원이라도 스스로 벌면 떳떳해질 수 있을 것 같다고 말하곤 했습니다. 몇 년째 부모님에게 생활비를 의지하는 것이 죄송해서 아르바이트라도 하려고 해도, 그의 부모님은 시험공부에 방해된다며 말렸다고 합니다.

부모님의 지원이 너무도 헌신적이었기에 그 친구는 도리어 "공무원이 되지 못하면 내가 부모님 자식이 아니게 되는 것 같다."라며, 힘겨워하는 모습을 보였습니다. 한 번쯤은 "하고 싶은 건 뭐든 해 봐라."하는 말을 듣고 싶다고도 했고요.

5급 공무원 시험을 준비하던 그 친구는 30대가 되면서 7급으로 목표를 낮췄습니다. 그리고 지인들과 거리를 두기 시작했습니다. 지인들이 잘못한 것이 없다는 걸 알면서도, 직업을 갖고 일하고 있다는 것만으로도 질투하고 좋지 않은 감정을 갖게 되는 자신이 싫다면서요. 특히 함께 공무원 시험을 준비하다가 먼저 합격한 지인을 보게 될 때면 마치 자신의 자리를 그가 빼앗은 듯한 착각과 원망마저 느끼게 된다고 했습니다. 착하고 성실하고 의욕도 넘치던 청년 하나가 이렇게 고통을 겪게 된 것입니다.

이 친구가 과연 노력이 부족했기 때문에, 이 악물고 하지 못했기 때문에 공무원 시험에 통과하지 못했던 걸까요? 아닙니다. 죽도록 노력하는 수많은 사람이 같은 목표로 경쟁하고 있고, 시험에 통과할 수 있는 숫자는 정해져 있으니 누군가는 필연코 밀려날 수밖에 없습니다. 그중에 이 친구가 포함됐던 것이고요. 그런 사람에게 노력이 부족해서라고 손가락질하는 건 무척이나 무심하고 잔인한 말입니다. 그들이 해 온 노력을 비하하고, 존중하지 않는 말이기도 하고요.

한번 경쟁의 길에 뛰어들었다는 이유로 계속 그 경쟁에 참여해야 하는 것은 아닙니다. 다른 선택지도 남아있지요. 이미 몇 년을 경쟁에 참여해 왔으니 더 해보겠다는 마음으로 계속 같은 길에 도전할 수도 있고, 이제는 충분히 했다며 다른 길을 찾으려고 할 수도 있습니다. 어느 쪽을 택하던 가치 있고 의미 있는 선택이 될 수 있습니다.

위에서 언급한 친구도 그에게 이런 선택권이 있다는 걸 깨달았다면 얼마나 좋았을까요? 그 이전에 친구의 부모님이 자녀에게 공무원 외의 진로도 있을 수 있다는 걸 이해해주셨다면 얼마나 좋았을까요?

정리하기

OECD 조사를 보면 절반이 넘는 우리나라의 청소년이 선택한 진로가 고작 10개의 직업에 집중되어 있습니다. 그 10개의 직업 중 다수가 보수적, 안정적인 직업이지요. 사실 이런 현상은 우리나라뿐만 아니라 흔히 진로 선진국이라고 불리는 다른 나라에서도 마찬가지로 확인되고 있습니다. 어쩌면 현재의 힘겨운 노동시장과 불안정한 사회가 아이들을 그렇게 틀에 갇힌 진로 선택으로 내몰고 있는지도 모릅니다.

하지만 그 10개의 직업을 희망하는 아이들이 모두 그 안에서 일자리를 찾기란 쉽지 않습니다. 누군가는 다른 분야의 일자리를 찾게 될 것입니다. 다른 분야의 회사에 취업할 수도 있고, 창업해서 사업가가 될 수도 있습니다. 기존에 존재하지 않았던 새로운 직업을 만들어 낼 수도 있고, 과거에 사라졌다가 현대에 다시 필요해진 직업을 발굴해 낼 수도 있습니다.

부모는 자녀의 가능성을 더욱 넓혀주는 사람이 될 수도 있고, 다른 가능성을 보려고 하는 자녀의 의지를 꺾는 사람이 될 수도 있습니다. 부모님은 자녀의 진로 결정에 가장 큰 영향을 미치는 사람이니까요.

부모가 좁은 직업세계관 안에서 판단하며 자녀에게 정해진 진로만을 기대한다면, 그 대가를 치르는 것은 자녀입니다. 세상의 부모님들에게 묻고 싶습니다. 자랑스러운 자녀와 행복한 자녀, 둘 중 어느 쪽을 더 우선시하시겠습니까?

세상 속의 **이색직업**

세상 속의 **이색직업**

이미 앞 장에서 언급했듯이, 직업의 개수는 1-2만 개에 달한다고 흔히 말합니다. 하지만 아는 직업을 써 보라고 한다면 백 개의 직업도 쓰기가 쉽지 않습니다. 그만큼 우리가 미처 알지 못하고 있는 직업도 많으며, 우리의 직업 세계관이 넓지 않다는 의미도 되지요. 직업 세계관이 넓지 않으면, 직업을 대하는 우리의 생각 역시 좁은 틀에 갇히기 쉽습니다.

직업 세계관을 넓히기 위한 활동은 여러 가지가 있지만 가장 접근성이 쉬운 것은 역시 많은 직업 정보를 알아보는 것입니다. 직업은 직업 세계에 대한 정보 중 가장 이해하기 쉬운 정보이기도 하니까요.

1. 과거의 이색직업

고대부터 현대 초반까지 사회와 기술은 지속적인 변화를 겪었습니다. 사회적인 필요에 따라서, 또는 기술의 발달과 함께 새로운 일자리가 생겨나고 사라져가기를 반복했죠. 시대를 거슬러 살아남거나, 다른 이름으로 바뀌거나, 사장되었다가 부활한 직업도 있고요. 고대부터 근현대 초기까지 있었던 이색직업에는 어떤 것이 있었을까요? 101개의 직업을 함께 살펴보시겠습니다.

(1) 고대의 이색직업

고대 이집트와 그리스·로마 시대, 혹은 그 이전 시대에도 특이한 직업들은 존재했습니다. 현대의 직업과 비슷하지만 훨씬 더 곤혹스러운 근로환경에서 일해야 했던 직업도 있고, 현대의 감각으로는 이해하기 어려운 직업도 있습니다. 하지만 그런 직업들도 당시에는 모두 필요하다고 여겨졌습니다.

① 전문 애도자 (Mourner 또는 Moirologist)

전문 애도자는 고대 이집트에서 여성이 주로 하던 직업입니다. 품삯을 받고, 타인의 장례식에 가서 눈물 흘리고 통곡하며 슬퍼하는 모습을 보이는 것이죠. 때로는 개인의 장례식이 아닌, 종교적인 의식을 위해 곡을 하기도 했고, 장례식 전에 시신을 지키는 역할도 맡았습니다.

전문 애도자에 대한 기록은 중국이나 우리나라, 동남아 등지에 남아있으며, 여전히 그들을 활용하는 지역도 있습니다. 최근에는 영국에도 전문 애도자가 도입되었고, 점차 수요가 증가하고 있다고 합니다. 특히 생전에 인심을 잃었던 고인을 위해 유족이 전문 애도자를 고용하는 일이 종종 있다고 합니다. 애도자들은 고인의 생에 대한 정보를 듣고, 진심으로 그들의 죽음을 슬퍼하는 조문객의 역할을 연기합니다. 그들의 급여는 무려 시급 50파운드(약 8만원) 수준에 달합니다. 잘 울고 슬퍼하는 것도 재능이 될 수 있는 것이죠.

② 유체 보존사 (Embalmer)

고대 이집트에서는 시신이 썩지 않도록 보존하는 것을 무척 중요하게 여겼습니다. 죽은 사람이 사후 세계에 닿기 위해서는 시신이 온전하게 보전되어 사후 세계에서도 영혼을 담는 그릇으로 쓰일 수 있어야 한다고 믿었기 때문입니다. 시신을 우리가 알고 있는 미라의 형태로 만든 것이 바로 그 때문입니다.

고대 이집트의 유체 보존사들은 매우 존경받는 사제들이었습니다. 유체 보존사는 자칼 모양인 아누비스 신의 가면을 쓰고 미라를 만들었습니다. 미라를 만드는 건 매우 복잡한 종교적인 절차이자 의식이었고, 기도와 함께 진행되었습니다.

유체 보존사들은 시신의 장기를 꺼내어 씻은 뒤 하나하나 따로 천으로 감싸 항아리 안에 보관했습니다. 심장은 몸 안에 남겨둔 채로 약 40일간 나트론에 파묻은 채 수분을 제거했습니다. 그 후에는 몸속에 천을 채워 시신의 형태를 생전의 모습과 유사하게 만들고, 몸 밖에 천을 감아 미라를 만들었습니다. 특이한 점은 다른 장기는 모두 소중하게 보관했으면서도 뇌와 신장은 버렸다는 것입니다.

미라를 만드는 과정은 무려 70일에 걸쳐 진행되었기 때문에 처음에는 파라오의 시신만을 미라로 만들 수 있었다고 합니다. 하지만 점차 비용을 감당할 수 있는 부유층과 일부 중산층까지 미라로 만들어지게 되었지요. 유체 보존사들은 그들이 받는 비용에 따라 각각 다른 수준의 미라를 만들었다고 전해집니다. 파라오나 왕족의 미라는 최상급으로, 중산층의 미라는 하급으로 만드는 식이었죠.

현대에도 유체 보존사가 있습니다. 이집트와는 다른 방식으로 시신을 보존하지만요. 유럽과 미주 등지의 국가에서는 시신이 담긴 관을 열어둔 채로 장례식을 하는 것이 일반적이며, 조문객에게 생전의 가장 좋은 모습을 최대한 유지한 시신을 보여주는 풍습을 갖고 있습니다. 따라서 시신이 상하지 않도록 혈액을 모두 제거하고, 색을 섞은 포르말린을 주입하여 혈색을 살린 방부 처리를 합니다. 장의사가 유체 보존사의 역할을 하기도 하고, 별도의 유체 보존사를 활용하기도 합니다.

반면 우리나라에서는 시신이 땅에 묻힌 뒤에 잘 썩는 것이 좋다고 믿기 때문에 관을 연 채로 장례식을 하더라도 약품 처리 대신 냉장고 형태의 관을 이용하곤 합니다. 수요가 극히 적은 만큼 우리나라에는 유체 보존사가 드뭅니다. 국내에서 사망한 외국인의 시신을 해외로 이송해 갈 때, 일부 방부 처리를 하는 정도라고 합니다. 나라마다 시신을 대하는 방식이 이토록 다른 것이죠.

③ 필경사 (Scribe 또는 Sofer)

고대 이집트는 그림과 같은 신성문자를 사용했고, 문자를 읽을 수 있는 사람의 숫자는 극히 적었습니다. 따라서 필경사들의 역할이 매우 중요했지요. 필경사는 우리나라 말로 서기관이라고 번역되기도 합니다.

고대 이집트에서는 자녀들이 대부분 부모의 직업을 이어받았기에 사회경제적 위치가 변하는 일이 드물었습니다. 그 예외가 되는 것이 바로 필경사였습니다. 신분과 관계없이 누구든 신성문자를 배우기 위한 비용을 감당할 재력이 있으면 교육을 받을 수 있었습니다. 다만 매우 어려운 시험을 여러 차례 거쳐야 했지요.

정식 필경사가 되면 왕성이나 신전에서 책과 편지를 쓰고, 관에 들어갈 기도문을 작성했습니다. 이집트의 유물을 전시한 박물관에 가면, 책상다리를 한 채 앉아 파피루스를 든 사람의 조각을 흔히 볼 수 있는데 그것이 바로 필경사의 조각입니다.

고대 이집트 시대 이후에도 인쇄 기술이 발달하기 전까지는 필경사들이 직접 책과 원고를 필사하는 방식으로 새로운 책과 자료가 만들어졌습니다. 따라서 글을 잘 읽고 쓰며 아름다운 필체를 가진 사람이 필경사로 대우받았지요. 유대교에서는 이들을 Sofer라고 불렀고, 성경을 필사하는 역할을 맡겼습니다.

④ 저주 창조자 (Curse creator), 저주 석판 생산자 (Curse tablet maker)

고대 그리스인들은 신들이 저주를 실현할 수 있다고 믿었습니다. 저주 창조자는 고객이 원하는 상대를 저주하는 직업이었습니다. 저주 창조자는 대상의 이름과 함께 저주를 적고, 사원으로 가져가서 신에게 빌었습니다.

저주 창조자는 고객을 만족시키는 창의적인 저주를 만들어낼수록 인기를 얻었다고 합니다. 고객에게 깊은 인상을 주기 위해서 저주에 사용할 물품을 뱀의 피에 담그거나 해골을 곁에 두는 등 사악하고 끔찍한 모습을 연출하기도 했습니다.

저주 창조자와 유사한 직업으로 저주 석판 생산자도 있었습니다. 저주 석판 생산자는 얇고 부드러운 납판에 의뢰인이 원하는 사람을 저주하는 내용을 적고, 사원의 벽이나 제대에 붙였습니다. 납판에 적힌 저주는 상대의 고통스러운 죽음을 바라는 매우 악의적인 내용에서 배탈을 앓기를 기원하는 가벼운 수준의 내용까지 다양했습니다.

우리나라에서는 무속인들이 저주 창조자의 역할을 담당했습니다. 짚으로 만든 인형인 제웅에 이름을 써 붙이고 못을 박거나, 저주하고 싶은 상대의 처소에 해골을 파묻는 등 다양한 저주 행위가 이루어지곤 했습니다. 조선시대 숙종의 후궁이었던 장희빈도 무속인과 함께 인현왕후를 저주한 것이 발각되어 사약을 받았다고 전해지지요.

⑤ 전문 세탁인 (Fuller)

현대와 마찬가지도 고대에도 세탁소를 운영하는 사람들이 있었습니다. 고대 이집트와 로마에서는 업무가 분업화되었기에 가정의 빨래를 전문 세탁인에게 맡기는 일이 흔했다고 합니다.

고대 세탁인들의 일은 무척 비위생적이고 힘든 것이었습니다. 지금처럼 자동 세탁기나 향긋한 세탁 세제가 있는 것도 아니었으니까요. 게다가 당시 세제로 사용하던 건 묵은 소변이었다고 합니다. 세탁인들은 종일 물과 소변이 채워진 빨래통에서 빨래를 밟고, 문지르고, 물을 짜는 일을 반복해야 했습니다. 피부가 쉽게 상하는 것은 물론이고 감염의 위험도 적지 않았습니다. 고대에서도 상당히 힘든 직업 중 하나였지요.

⑥ 미용사 (Ornatrix)

현대의 미용사와는 달리, 고대 로마의 미용사들은 노예에 가까웠습니다. 고대 로마에서는 비정상적일 정도로 화려하거나 독특한 헤어 스타일이 유행했습니다. 미용사들은 매일 패션 리더가 되고자 하는 주인의 기대를 충족시켜야 했고, 끝없이 특이한 헤어 스타일과 장식을 창조해야 했습니다.

당시 머리를 염색하고 꾸미기 위해서 썩은 거머리, 오징어 먹물, 비둘기 배설물 등이 활용되었기 때문에 미용사들은 매일 이런 오물도 다뤄야 했습니다. 주인의 마음에 들면 값진 물건을 선물로 받으며 총애를 누리기도 했지만, 한순간이라도 기분을 거스르면 언제든 폭력과 폭언의 희생양이 될 수도 있었습니다.

⑦ 장례식 광대 (Funeral clown)

고대 로마에는 하객이 지나치게 슬퍼하지 않도록 그들을 웃게 하는 장례식 광대가 있었습니다. 우리나라와 같은 동양권 문화의 장례식이 슬픔과 곡소리와 함께 하는 것과는 무척 대조적인 모습이지요.

죽은 사람의 영혼을 기쁘게 하고, 하객들의 우울한 기분을 환기하기 위해 장례식에서도 웃음소리가 들리게 하는 것이 그들의 역할이었습니다. 그들은 죽은 사람의 가면을 쓰고 마치 죽은 사람 본인이 하객을 상대로 농담하는 것처럼 즐거움을 선사했습니다.

현재 로마에 가면 비슷한 일을 하는 직업인이 다시 생겨나고 있다고 합니다. 사라졌던 직업이 다시 돌아온 것이죠. 장례식 광대나 전문 애도자와 같이 죽음과 관련된 고대의 직업이 부활하는 것을 보면, 죽음을 대하는 우리의 태도도 변화하고 있는 것은 아닐까요?

⑧ 운동선수 케어 전문가 (Gymnasiarch)

고대 그리스에서는 육상 스포츠와 시합을 무척 중요하게 생각했습니다. 운동 선수들은 바쁜 일정으로 움직였기 때문에 그들을 보살펴 줄 보조 인력이 필요했습니다. 그런 역할을 하던 사람들이 바로 운동선수 케어 전문가입니다.

운동선수 케어 전문가들은 대부분 30－60대의 남성이었고, 급여를 받지 않고 풀타임으로 일할 수 있어야 했기에 재산이 풍족해야 했습니다. 그들은 연 단위로 운동선수와 계약했고, 그들을 훈련시키고, 건강을 살피고, 시합 일정을 조율하고, 시합 전후로 그들의 몸을 닦아주고 매너를 가르치기도 했습니다.

비록 급여를 받지는 않았지만, 그들은 사회에 크게 기여하는 봉사직으로 많은 존경을 받았습니다. 현대의 기준으로 보면, 운동선수의 매니저와 스폰서 양쪽 역할을 모두 담당하는 사람으로 볼 수 있습니다.

⑨ 공중목욕탕 노예 (Public baths slave)

고대 그리스나 로마에서도 공중목욕탕이 흔했습니다. 청결 유지를 위해서이기도 했지만, 목욕탕이 친목 도모의 장이 되기도 했습니다. 공중목욕탕을 이용하는 고객들은 본인의 노예를 데려오기도 했지만, 목욕탕에서 일하는 노예들의 서비스를 받기도 했지요. 공중목욕탕의 노예들은 고객의 몸을 씻고, 올리브 오일을 바르며 마사지했습니다. 종일 뜨겁고 습한 목욕탕에서 일해야 했기 때문에 체력적으로 힘든 일 중의 하나였습니다.

빅토리아 시대를 배경으로 하는 셜록 홈즈[1)]의 이야기에서도 터키식 목욕탕(Turkish Baths)라고 불리던 공중 목욕탕과 그곳에서 일하는 하인들의 이야기가 언급됩니다. 그들 중에는 식민지에서 넘어온 사람이 많았고, 대우도 무척 박한 편이었다고 합니다.

⑩ 겨드랑이 제모 전문가 (Armpit hair plucker)

현대 사회에서는 여성이 겨드랑이를 제모하는 것이 예의로 여겨집니다. 서양에서는 팔다리를 제모하는 것도 마치 의무처럼 여겨지고 있지요. 집에서 스스로 하는 사람도 있지만, 전문적으로 제모를 하는 사람의 서비스를 이용하기도 합니다.

1) Doyle, A. C. (Dec, 1911). The Disappearance of Lady Frances Carfax. The Strand Magazine.

현대뿐만 아니라 고대 그리스 시대에도 겨드랑이털을 제모하는 전문 직업인이 있었습니다. 다만 그들의 주요 고객은 여성이 아닌, 운동선수들이었습니다. 고대의 운동선수들은 신체 대부분을 드러낸 채 경기에 임했습니다. 지금처럼 기능성 운동복이 마련되어 있지 않았으니 몸을 편하게 움직이기 위해서는 옷을 입지 않는 것이 편했지요.

다만 그때 체모가 함께 드러나는 것은 미관상 좋지 않다고 여겨졌습니다. 따라서 운동선수들은 완벽하고 깔끔한 모습을 관객에게 보이기 위해 제모를 하곤 했습니다. 현대의 아이돌이 팬에게 멋진 모습을 보이기 위해 외모를 깔끔하게 가꾸는 것과 비슷하지요.

⑪ 갤리선 사공 (Galley rower)

갤리선 사공은 고대부터 중세까지 이어진 일자리입니다. 가장 힘들고 기피되던 직업 중 하나지요. 갤리선은 돛에 의지하지 않고, 직접 사람의 힘으로 노를 젓는 대형선이었습니다. 그 무거운 배를 사람의 힘에 의존해 움직였으니 노동 강도는 높았고, 항상 배 밑바닥에서 일해야 했기 때문에 근로환경은 열악했습니다. 배가 공격을 받으면 빠져나가지 못하고 죽는 일도 흔했습니다.

영화 벤허(1959년 작)를 보면 총독 살인 미수의 누명을 쓴 주인공이 갤리선 사공으로 징역을 살게 되는 장면이 나옵니다. 당시에도 중죄인의 처벌로 쓰일 만큼 고통스러운 노동이었음을 확인할 수 있지요.

중세 시대 때, 베네치아가 독립국이었을 때는 노동력 확보를 위해 크레테와 사이프러스의 시민들을 강제로 갤리선 사공으로 복무하도록 하기도 했습니다. 당시 사람들은 갤리선으로 끌려가는 것을 피하려고 차라리 성직자의 길을 택하기도 했습니다.

⑫ 이발사 (Barber surgeon)

이발사라는 직업의 기원은 무려 기원전 5000년대의 고대 이집트로 거슬러 올라갑니다. 현대에도 이발사는 있지만, 고대와 중세 시대의 이발사는 치료사이자 치과의사이기도 했습니다. 머리와 수염을 자르고 이를 잡아줄 뿐 아니라, 치통을 앓는 사람의 이를 뽑아주고, 치료 목적으로 피를 뽑는 일도 했습니다. 당시에는 여러 질병의 원인이 몸속에 있는 나쁜 피라고 생각했기에 피를 뽑는 치료가 무척 흔했기 때문이지요.

이발소의 입구에서 빨갛고 파란 선이 그려진 원통이 빙글빙글 돌아가는 것을 보신 적이 있을 겁니다. 원통의 상단과 하단에는 금속의 둥근 뚜껑이 씌워져 있고요. 둥근 뚜껑은 뽑은 피를 받는 대야를 상징하고, 빨갛고 파란 선은 혈관과 붕대를 의미한다고 합니다.

⑬ 연금술사 (Alchemist)

연금술사는 고대 이집트에서 탄생한 직업입니다. 연금술사라고 하면 흔히 다른 금속에서 금을 만들어내려고 했던 사람들을 떠올리실 겁니다. 그들은 금을 만들어내는 재료를 '현자의 돌(philosopher's stone)'이라고 불렀으며, 현자의 돌을 찾아내기 위한 온갖 실험을 실행했습니다. 그 끝에 금이 원소이며, 결코 다른 물질의 화합으로 만들어낼 수 없다는 것이 밝혀졌지요.

많은 연금술사가 금을 만들겠다며 무의미한 연구를 시도했던 것은 사실이지만, 그들의 연구 결과는 근대 화학의 발전에 기여했습니다. 우리가 가열하고 증류하고 화합하는 실험 방법을 알게 된 것도, 구리나 아연 같은 다양한 화학 원소를 이해할 수 있게 된 것도 그들의 연구 덕이니까요.

그들은 본인이 발명가이기도 했지만, 그들의 실험을 위해 새로운 발명품이 만들어지기도 했습니다. 우리가 과학 실험실에서 사용하는 플라스크, 깔때기, 샬레 같은 것들도 모두 그들의 실험에 필요했기에 만들어졌지요.

⑭ 오물 처리사 (Stercorarius)

고대 로마의 하수도 시스템은 현대와 비교해도 손색이 없을 만큼 뛰어났습니다. 하지만 그런 기술이 있음에도 로마인들은 그들의 집에 하수도가 연결되는 것을 선호하지 않았습니다. 하수도 연결에 드는 비용 때문이기도 했고, 쥐와 벌레, 하수관의 냄새가 집 안으로 들어오는 것을 기피했기 때문이기도 합니다.

따라서 하수도가 연결되지 않은 집마다 다니며 오폐물을 받아서 처리하는 전문 오물 처리사가 있었습니다. 그들은 처리한 오폐물을 도시 밖으로 가져가서 농부들에게 비료로 팔았습니다. 냄새는 좀 날 수 있지만 매우 자연친화적임과 동시에, 자연 보호에 앞장서는 직업이라고도 볼 수 있습니다.

⑮ 잠수부 (Urinatore)

고대 로마 시대에도 잠수부가 있었습니다. 잠수 중에는 수압으로 소변을 많이 보게 되는데 당시에 사용했던 urinatore라는 직업명도 소변을 의미하는 urine이라는 단어로부터 파생되었다고 합니다.

현재의 잠수부들은 커다란 산소 탱크와 잠수복을 입고 작업하지만, 고대의 잠수부는 둥근 다이빙 벨 안에 채운 산소만으로 깊은 잠수를 버텨야 했습니다. 이들의 주요 역할은 난파선에서 탐색하여 귀중품을 건져내는 것이었지만, 때로는 대규모 공사를 위한 수중 작업을 진행하기도 했습니다. 위험한 일을 하긴 했지만, 그들은 매우 높은 급여를 받았고 사회적으로도 존경받았습니다.

⑯ 가마꾼 (Litter carrier)

가마꾼은 고대 사회에서 처음 등장했으며 최근까지도 활동하고 있는 직업인 중 하나입니다. 처음에는 여성이 주로 가마를 탔지만, 이후에는 남성도 가마에 타게 되었습니다. 가마를 타는 것이 부의 상징이 되기도 했습니다.

로마 제국이 확장되고 어마어마한 부가 유입되면서, 점차 더 화려한 가마를 만들어 타는 것이 유행처럼 번졌습니다. 과거에는 커튼으로 가마의 벽을 가렸다면 이후에는 유리로 가리게 되었고, 가마의 천장과 기둥, 벽을 장식하는 일도 흔해졌습니다. 가마꾼은 가마를 탄 사람의 높은 신분과 부유함을 과시하기 위해 좋은 천으로 만든 단정한 옷과 장식을 단 채 일하기도 했습니다.

이탈리아의 로마에는 1980년대까지 교황의 가마를 드는 가마꾼이 있었습니다. 지금은 여행지에서 관광객의 관심을 끌기 위한 가마꾼들이 활동하고 있습니다. 심지어 백두산에도 천지까지 오르는 수천 개의 계단을 가마로 올라가게 해주는 가마꾼들이 있습니다. 그 거리를 사람과 가마를 함께 들고 걸어야 하니 무척 강인한 신체 능력을 필요로 하는 직업이지요.

⑰ 투석기병 (Slinger)

종교를 믿지 않아도 다윗과 골리앗의 이야기를 들어보신 분은 많으실 겁니다. 이야기 속의 다윗은 끈으로 만들어진 작은 투석기로 골리앗에게 돌을 날렸고, 그 돌을 머리에 맞은 골리앗은 사망했습니다. 바로 그런 투석기를 사용하던 군인들이 투석기병입니다.

로마 시대의 군대에서 그들은 매우 중요한 전략 수단이었습니다. 당시의 투석기병은 궁수들의 활과 화살에 비해 훨씬 더 먼 거리와 파괴력으로 돌을 날릴 수 있었기 때문이죠. 투석기병이 되기 위해 훈련받는 아이들은 투석기 하나만 쥔 채, 스스로 식량을 확보하도록 지시받았습니다. 굶지 않기 위해서는 더 빨리, 더 정확하게, 더 멀리 돌을 날리는 방법을 배워야 했죠. 투석기병은 450그램의 돌로 최대 200m까지 정확하게 과녁을 맞힐 수 있었다고 합니다.

⑱ 하이드롤리스 연주자 (Water organist)

고대 로마 시대에는 하이드롤리스(Hydraulis)라고 불리던 악기가 유행했습니다. 하이드롤리스는 공기를 파이프로 불어내어 소리 내는 악기로, 떨어지는 물에서 동력을 얻어 작동했습니다. 그 때문에 워터 오르간이라고 불리기도 합니다.

고대 로마에서는 하이드롤리스 연주 대회가 자주 열렸고, 귀족들의 휴가나 연회와 같은 행사에도 항상 하이드롤리스 연주가 포함되었습니다.

로마의 대(大) 화재를 명령한 것으로 알려진 폭군 네로도 하이드롤리스를 즐겨 연주했다고 합니다.

원형 경기장에서 치러지는 글라디에이터의 시합에도 하이드롤리스 연주가 함께 했기 때문에, 연주자들은 왕족과 고위 귀족 다음으로 좋은 자리에 앉을 수 있었습니다. 워낙 하이드롤리스 연주의 인기가 높았던 덕분에 연주자들은 오랫동안 인기를 얻으며 안정적으로 활동할 수 있었다고 합니다.

⑲ 비마티스트 (Bematist)

비마티스트는 고대 이집트와 그리스 시대 때, 그들의 발걸음 수로 거리를 계산하던 사람들을 의미합니다. 이들로부터 서양에서 길이를 재는 단위인 풋(foot)이 나왔다는 설이 있습니다. 로마인들도 같은 측량 방식을 쓰게 되면서 더 큰 발의 길이가 기준이 되었고, 로마의 영향을 받은 스코틀랜드와 영국에서 비로소 30센티가 조금 넘는 길이를 1풋으로 표준화하게 되었다는 것이죠.

고대 로마나 스코틀랜드, 영국 사람들은 그렇게 큰 발을 가졌던 것이냐며 놀라시는 분도 있을 겁니다. 이 길이는 맨발을 잰 것이 아니라 신발을 신은 상태에서의 길이를 잰 것이라고 합니다. 땅의 길이를 잴 때, 도시의 크기를 잴 때는 보통 신발을 신은 채로 걸어서 길이를 재니까요.

또한 영국의 헨리 1세의 발이 무려 30센티가 넘을 만큼 컸고, 그의 발 길이를 1풋의 기준으로 삼았다는 설도 있습니다. 왕이나 왕족과 관련된 단위를 새로운 기준으로 삼는 것이 당시에는 아주 드문 일이 아니었다고 합니다. 하지만 풋 단위의 사용 시기가 헨리 1세의 등장 시기보다 훨씬 앞선다는 점을 고려하면, 신발 길이에서 나왔다는 설이 더 근거가 있지 않을까요?

이렇게 중요한 길이 단위를 남기기도 한 비마티스트는 알렉산더 대왕의 정복 전쟁 때, 점령 국가와 도시의 거리를 계산하는 활약을 했습니다. 계산한 결과를 스타트모이(Stathmoi)라는 논문 형태로 출간하여 자연환경과 문화, 풍습을 함께 기록하기도 했지요.

⑳ 관장 치료사 (Colon hydrotherapist)

관장 치료사는 고대 이집트 시대부터 등장한 직업입니다. 따스한 물은 신체 내의 순환을 돕고 염증을 예방하며, 감기를 치료하는 것으로 알려져 있습니다. 이집트인들은 이런 물의 치료 효과를 믿고 있었고, 깨끗하고 따뜻한 물로 행하는 관장을 신이 사람들에게 알려주신 치료법이라고 생각했습니다.

헤로도토스의 기록을 보면, 이집트인은 모든 질병이 사람이 먹는 음식에서 온다고 믿었고, 매달 3일씩 관장으로 몸을 정화했다고 적혀 있습니다(The Histories, p. 127)[2]. 관장 치료는 이집트뿐만 아니라 바빌론과 아시리아에서 발견된 사료(史料)에서도 확인되었습니다. 또한 유럽과 미국 등지에는 지금도 관장 치료사가 활동하고 있지요.

㉑ 구토 청소부 (Vomit collector)

로마 제국의 식민지 정복 사업과 함께 왕족과 귀족, 상류층들은 어마어마한 부를 얻었습니다. 배부르고 등 따시니 그들은 그저 배를 채우는 음식에 만족할 수 없었고, 더 맛있는 음식, 산해진미를 즐기는 데 부를 쏟아부었습니다. 종일 요리사가 만드는 온갖 진귀한 음식을 맛보면서 시간을 보냈지요. 배가 부르면 음식 맛을 충분히 느낄 수 없었기에 음식을 씹기만 하고 뱉거나, 삼켰던 음식을 토해내기도 했습니다.

구토 청소부는 그런 사람들의 곁에 머물며 아침부터 밤까지 계속 토사물을 치워야 했습니다. 정작 본인은 그런 산해진미를 맛볼 기회도 주어지지 않은 채로 말이죠. 로마 제국의 사치가 극에 달했기에 생겨난 직업이었습니다.

㉒ 호명관 (Nomenclator)

고대 로마에서는 집주인에게 집을 방문하는 사람의 이름을 알려주는

---

2) Herodotus (George Rawlinson 역, 2013). The Histories. Retrieved from https://files.romanroadsstatic.com/materials/herodotus.pdf on 14th Nov 2021.

사람이 있었습니다. 그들이 바로 호명관이지요. 로마의 상류계층, 특히 정치인들은 호명관을 고용하여 자신의 집을 방문하는 사람이나, 행사 중 만나는 사람의 이름을 알리도록 했습니다. 입구에서 큰 소리로 방문한 사람을 알리는 호명관도 있었고, 집주인의 곁을 지키다가 조용히 귓속말로 마주한 사람의 이름을 알려주는 호명관도 있었다고 합니다. 마치 집주인이 처음부터 방문하는 사람에 대해 잘 알고 있었던 것처럼 보이기 위해서 말이지요.

㉓ 푸드 테이스터 (Food taster)

음식을 맛보는 사람이라는 의미인 푸드 테이스터는 우리나라의 기미상궁과 같은 역할을 했습니다. 왕족이나 귀족, 중요한 역할을 맡았던 사람들이 독살당하지 않도록 음식을 먼저 맛보는 것이 그들의 역할이었죠. 푸드 테이스터는 고대 이집트와 로마 시대 이전부터 존재했습니다.

고대에는 독살을 피하기 위해, 왕족들이 푸드 테이스터를 활용하는 한편, 여러 독과 그 효과를 연구하도록 지시했습니다. 독살당하지 않도록 미리 독에 대한 면역력을 기르기도 했지요. 조금씩 독을 섭취하는 방식으로요.

푸드 테이스터의 등장으로 사람을 즉사시키는 강한 독약으로는 정적을 제거하기 어려워졌습니다. 그 때문에 오랜 시간에 걸려 서서히 사람을 병들게 하고 죽이는 독이 관심을 끌었습니다. 따로 먹으면 독이 되지 않지만, 함께 먹으면 독이 되는 물질도 마찬가지였고요.

참고로 우리나라의 조선시대 때 경종도 함께 먹으면 해가 되는 음식을 먹고 숨진 것으로 추정하는 학자들이 있습니다. 당시 세제였던 영조가 올렸다는 게장과 생감을 섭취한 뒤 앓다가 사망했기 때문입니다. 게장과 생감은 '본초강목'에서도 서로 상극이라 만나면 독이 된다고 언급되어 있습니다. 이미 소화기 질병을 앓고 있던 경종에게는 더더욱 해로운 음식이었던 것입니다. 게다가 경종이 병석에 누웠을 때 영조가 강력하게 주장한 처방이 인삼과 부자였습니다. 상극이라는 게장과 생감을 올린데 이어, 인삼과 부자 처방을 주장한 탓에 영조는 경종 사망 이후 오래도록 독살설에 시달려야 했습니다. 부자가 사약을 제조하는데 쓰는 독성 있는 약초이기 때문이지요.

(2) 중세 · 근세의 이색직업

중세시대는 종교적 억압과 전쟁, 고대 문화와 건축물의 파괴, 외과술과 위생시설의 손실 등으로 인해 암흑기로 불렸던 시기였습니다.

14세기 흑사병의 창궐로 유럽 인구의 1/3가량이 사망하고, 삶의 질은 더욱 낙후되었습니다. 하지만 노동력이 부족해지면서 최고임금제를 법으로 명시해야 할 정도로 인건비가 상승했습니다. 사업주들은 최고임금제를 어기면서라도 인력을 확보해야 했고, 돈으로 주는 월급에 식량이나 물품을 추가로 얹어주는 방식으로 일꾼들을 끌어모았다고 합니다. 어쩌면 유럽 사업체들이 근로자에게 제공하는 복지 시스템의 근원이 여기서부터 출발했을지도 모릅니다.

흑사병과 더불어 온갖 혼란이 발생하는 상황 속에서 인간성을 해방하고 문화의 절정기로 돌아가자는 문화 예술 분야의 부흥 운동(르네상스)이 시작되었습니다. 인문주의가 강조되고, 인간의 개성과 창의성이 존중되어야 한다는 주장이 나타났습니다. 그런 사회적 분위기 속에서 보티첼리, 레오나르도 다빈치, 미켈란젤로, 라파엘로와 같은 걸출한 예술가와 단테, 페트라르카, 보카치오 등 여러 문학가들이 활동했습니다. 문화와 예술뿐만 아니라 사회 전반적으로 새로운 기법의 시도와 실험이 이뤄지면서, 직업 세계에도 새로운 이론이나 기술을 바탕으로 하는 독특한 직업들이 나타나기 시작했습니다. 대항해 시대가 열리면서 도시 간, 국가 간 무역이 더욱 활발해지고, 상업활동과 관련된 직업들도 여럿 등장했고요.

다만, 인문주의가 평범한 신분과 능력을 갖춘 평민에게까지 폭넓게 적용되지는 못한 듯, 평민들이 하는 일 중에는 매우 낮은 급여만 받으며 긴 노동 시간과 험한 일을 감당해야 하는 직업도 있었습니다.

㉔ 매 맞는 아이 (Whipping boy)

매 맞는 아이는 왕족 또는 귀족 소년의 놀이 친구였고, 소년들이 잘못했을 때 대신 매를 맞는 역할을 하기도 했습니다. 왕족과 귀족에게 직접 매를 칠 수는 없었기 때문에 그들과 친한 놀이 친구를 때림으로써 죄책감으로 잘못된 행동을 교정하고자 한 것이죠. 과연 교육효과가 얼마나 있었는지는 모르겠지만요.

마크 트웨인의 소설 '왕자와 거지(1881년 작)'에서도 왕자를 대신해 매 맞는 아이가 등장합니다. 에드워드와 옷을 바꿔입고 진짜 왕자로 오해받는 톰에게 매 맞는 아이가 찾아와 부디 자신이 다시 매를 맞게 해달라고 부탁하는 장면이지요. 매를 맞지 않으면 돈을 벌 수 없어 굶게 된다면서 소년은 톰에게 매달려 하소연합니다. 맞아야 돈을 벌 수 있다니 얼마나 비참한 직업인가요?

매 맞는 아이는 대부분 가난한 평민 출신 가정에서 왔고, 매우 적은 급여를 받았습니다. 하지만 드물게 대신 매를 맞아줬던 왕족 또는 귀족의 총애를 얻어 높은 신분을 얻게 되기도 했습니다. 영국의 찰스 1세는 그의 매 맞는 아이를 1대 디서트(Dysart) 백작에 임명했다고 합니다. 매 맞는 아이로 첫 일자리를 시작한 것은 차치하고도 크게 성공한 셈이었죠.

㉕ 대변 궁내관 (Groom of the stool)

대변 궁내관은 영국 튜더 왕가 시절, 왕의 배변을 돕는 직업이었습니다. 당시 왕이 사용하던 화장실은 위에 방석이 깔리고 구멍이 뚫린 나무 상자 같은 것이었습니다. 상자 속에 용변 그릇을 넣고, 왕이 배변한 다음에는 치우는 것이 대변 궁내관의 역할이었습니다.

당시의 식사는 육류와 약간의 빵이 주를 이뤘고, 채소 섭취는 적었기 때문에 변의 냄새는 이루 말할 수 없이 독했다고 합니다. 그만큼 곤혹스러운 일이기도 했지요. 하지만 그들은 왕의 총애를 받았고 가장 밀접한 비밀을 공유받거나 왕의 옷과 물품을 물려받아서 쓰기도 했습니다. 왕이 가장 민감하고 취약한 상황에 있는 순간을 매번 함께했으니 당연히 왕으로부터 그만큼 신뢰를 얻었겠지요. 그들은 왕과의 깊은 친분을 바탕으로 왕성 내에서 상당한 권력을 휘둘렀다고 합니다.

무려 6명의 아내를 두었고 영국 성공회를 세운 것으로 유명한 헨리 8세 역시 대변 궁내관을 곁에 두었습니다. 그의 첫 번째 대변 궁내관은 고위 귀족과 비슷한 수준의 수입을 거둔 것으로 전해집니다[3]. 수입 중 상당 부분은 왕에게 청탁해 줄 것을 요청하는 뇌물이었고요.

㉖ 무르스마카 (Mursmacka)

스웨덴에서는 건설 현장에서 사용하는 모르타르를 여성 인부들이 만들어서 공사 현장까지 운반하곤 했습니다. 그 여성들을 일컫던 호칭이 벽돌이라는 의미의 무르스마카였죠. 당시 교육받지 못했고 가난한 여성들이 하던 일이었습니다.

스웨덴의 공사 현장에서 여성이 일했다는 기록이 발견되기 시작한 것은 17세기였으며 18세기에는 그들에게 급여를 준 기록이 흔히 발견되었습니다. 하지만 무르스마카라는 명칭이 처음 언급된 것은 19세기에 이르러서였습니다. 당시에는 여성이 공사 현장에서 일하는 모습을 흔히 볼 수 있었다고 합니다.

1차 세계 대전 때 건설 산업이 축소되고, 그나마 남아있는 건설 현장에서도 여성보다 남성 근로자가 선호되면서 무르스마카라는 직업도 사라지게 되었습니다.

㉗ 파우더 멍키 (Powder monkey[4])

파우더 멍키는 대항해 시대(15－17세기)부터 전투함 내부에서 화약을 나르던 직업이었습니다. 전투 중에 배 곳곳을 돌아다니며 대포를 발사하

3) Howstuffworks (5th Dec 2019). Groom of the stool: A crappy job with royal benefits. Retrieved from https://history.howstuffworks.com/european－history/groom－stool.htm on 14th Jan 2022.

4) 번역으로 의미가 더욱 모호해질 수 있는 직업명이나, 속어로 쓰이던 직업명은 굳이 번역하지 않고 원 명칭 그대로를 옮겼습니다.

는 군인들에게 화약을 가져다주는 것이 그들의 역할이었습니다. 비좁은 배 안에서 여러 사람과 물품 틈새를 비집고 다녀야 했기 때문에, 몸집이 작고 빠르게 움직일 수 있어야 했습니다. 주로 10대 초반의 어린 소년들이 파우더 멍키로 일했습니다. 이전에도 같은 일을 하던 소년들이 존재했으나, 본격적으로 파우더 멍키라는 표현이 사용된 것은 17세기부터로 여겨집니다.

전투 중에는 수많은 배가 부서지고 침몰하고 군인들이 죽어갔습니다. 그 속에서 많은 파우더 멍키들도 함께 죽어갔겠죠. 아동 보호와 복지 개념이 전혀 존재하지 않았던 시절을 반영하는 직업 중 하나였습니다.

19세기 후반을 넘어서면서부터 어린 소년들을 전투에 활용하는 일은 드물어졌습니다. 이후 파우더 멍키는 광산이나 해체 산업에 종사하면서 화약으로 폭발을 유도하는 엔지니어나 기술자를 의미하는 단어로 쓰이기도 했습니다.

㉘ 온수 공급자 (Ewerer)

온수 공급자는 중세 시대의 왕족과 귀족을 위해 따뜻한 물을 공급하던 사람들입니다. 고용주나 고용주의 집을 방문한 손님을 위해 손 씻을 물과 목욕할 물을 나르는 것이 주요 역할이었죠. 그들의 옷을 말리고 사용한 침구를 새것으로 교환하기도 했습니다.

그들이 얼마나 큰 돈을 벌었는지는 불분명합니다. 당시 기록을 보면 왕의 온수 공급자는 왕이 목욕할 때마다 돈을 지불받았다고 합니다. 왕이 오랫동안 목욕을 하지 않으면 돈도 받지 못하는 것이었죠. 그러니 그들은 왕이 매일, 하루에도 몇 번씩 목욕하기를 바라지 않았을까요?

㉙ 오컴 피커 (Oakum picker)

오컴(Oakum)은 대마의 섬유로 나무에 물이 흡수되지 않도록 보호하는 효과가 있습니다. 오컴 피커는 막 수확한 대마나 낡은 밧줄을 풀어서 오컴을 찾아내는 일을 담당했죠. 맨손으로 일일이 밧줄과 대마를 풀어야 했으니 지루하고 고통스러운 일인 건 분명합니다.

당시 감옥의 죄수들이나 배에서 말썽을 피운 선원들을 처벌하기 위해 오컴 피커의 일을 하도록 명령받기도 했습니다. 거친 밧줄을 하루종일 손으로 풀고 뒤져야 했기 때문에 흉터가 손에서 사라질 날이 없었죠. 상처에 감염되고 염증이 생기는 일도 흔했고요.

㉚ 청어 절임꾼 (Herring girls)

중세와 근세 시대의 유럽에는 청어가 중요한 단백질 공급원이었습니다. 특히 육식이 금지되는 사순시기에는 더더욱 그랬지요. 무려 40일간 고기를 먹을 수 없으니 청어와 같은 생선만으로 단백질을 섭취해야 했으니까요.

따라서 청어가 상하지 않도록 내장을 제거하고 소금에 절이는 산업도 함께 발달했습니다. 주로 여성들이 하던 이 직업은 칼을 사용하며 생선을 다뤄야 했기에 손에 상처가 나고 감염되는 일이 흔했습니다. 항상 몸에서 생선 비린내가 풍겼기에 호텔이나 그 외 공공장소의 출입이 엄금되기도 했습니다.

사람들의 식생활과 직결되는 매우 중요한 역할을 하는데도 사회적으로 긍정적인 인식을 받지 못했다니, 참 안타까운 일이 아닐 수 없습니다. 하지만 현대에도 그런 직업들이 생각보다 많지요.

㉛ 넝마주이 (Rag and bone men)

넝마주이는 우리나라에도 불과 몇십 년 전까지 있었던 직업입니다. 사람들이 버린 물건 속에서 쓸모 있는 것을 찾아 모아 판매하는 직업이지요. 생각 없이 버려졌던 물건이 재활용될 수 있도록 한다는 점에서 환경보호와 깊이 연관된 직업이라고 볼 수 있습니다.

우리나라의 넝마주이는 주로 금속, 유리병, 헌 옷 등을 모았고, 유럽의 넝마주이는 동물 뼈, 종이, 먹고 남은 음식을 모았습니다. 동물 뼈는 갈아서 비료로 쓰거나 태워서 그림을 그리는 안료로 쓸 수 있었습니다. 종이는 당시에 무척 귀했기에 쓸 수 있는 부분이 남아있으면 충분히 재활용할 수 있었고요. 또한 책이 흔하지 않았으니 버려진 종이에 쓰여진 글자 만으로도 글을 공부하는 사람들이 활용할 수 있었지요. 먹다 남은 음식은 본인이 먹기도 하고 가축의 밥으로 주기도 했습니다.

㉜ 마녀 사냥꾼 (Witch Hunter)

전염병과 같은 재앙이 발생했을 때, 그 원인을 마녀에게로 돌리고 마을의 거주민 중에서 마녀를 찾아 사냥하는 사람들이 있었습니다. 그들이 바로 마녀 사냥꾼이죠. 우리나라에도 당시를 배경으로 하는 영화나 소설을 통해 알려진 직업입니다.

당시 사람들이 마녀를 분별하던 방법은 무척 잔인했습니다. 팔다리를 묶어서 물에 던진 뒤, 죽으면 사람으로 인정하고 떠오르면 마녀로 몰아서 불에 태워 죽이는 방식이었죠. 즉, 한번 마녀로 몰리면 결백하건 아니건 무조건 죽을 수밖에 없었던 것입니다.

마녀 사냥꾼들은 대부분 다른 일을 하면서 재앙이 발생할 때만 마녀사냥에 나섰지만, 풀타임으로 마녀사냥에 나선 사람들도 있었습니다. 그중 하나인 매튜 홉킨스(Matthew Hopkins)는 1644년부터 3년간 무려 230명을 마녀로 몰아 고문하고 살해한 것으로 악명을 떨쳤습니다. 그가 쫓던 마녀보다 더 악마 같은 짓을 저지른 것이죠.

㉝ 굴뚝 청소부 (Chimney sweep)

굴뚝 청소부는 수백 년간 존재했던 직업으로, 현재까지도 일부 남아있습니다. 과거의 굴뚝 청소부는 굴뚝 안에 들어갈 수 있을 만큼 체구가 작은 어린아이를 데리고 다니면서 굴뚝을 청소하게 하고, 사례금을 챙기는 아동 노동 착취범 중 하나였습니다. 디킨스의 소설 올리버 트위스트(1838년 작)에서도 당시 굴뚝 청소부에 대한 부정적인 인식을 살펴볼 수 있습니다.

영국에는 굴뚝 청소부와 악수를 하면 행운이 따른다는 미신이 있는데, 영화 메리 포핀스(1964년 작)의 타이틀곡 침 침 체리(Chim Chim Cherry)의 가사에도 관련된 내용이 나옵니다.

산업 발전과 함께 가스난로, 전기난방 등이 보급되면서 그들의 숫자도 대폭 줄었습니다. 여전히 전통 방식의 난방을 사용하는 건물이 있기 때문에 소수는 남아있지만요. 지금은 좀 더 최신화된 장비를 사용해서 청소를 하며, 어린아이를 착취하는 일은 당연히 금지되어 있습니다.

㉞ 요강 청소부 (Necessary woman)

주로 여성이 하던 이 직업은 요강을 비우고 닦는 일이었습니다. 이들은 하녀를 둘 수 있는 경제 수준을 갖춘 가정과 숙소, 귀족의 저택과 왕궁 등에서 일했습니다. 프랑스 베르사이유 궁만 해도 그 넓은 곳에 단 한 곳의 화장실도 없었습니다. 이런 곳에선 특별히 더 많은 요강 청소부가 필요했겠지요. 매번 풀숲에 숨어 들어가서 대자연의 화장실을 이용한 게 아니라면요.

실내 화장실 설비가 드물던 시대에는 요강을 비우는 그들의 역할이 필수였기에 직업명도 '필요한 여성'이라는 뜻을 갖게 되었습니다. 수세식 화장실이 보급되면서 그들의 일자리도 사라져갔습니다.

㉟ 에일과 맥주 주조사 (Alewife 또는 Brewness)

에일은 도수가 낮기 때문에 다른 주류와는 달리 빠르게 상하는 술입니다. 대량 생산보다는 소규모 생산이 적합했지요. 이 시대에는 주로 여성들이 부업으로 에일을 만들어 마을과 인근 지역에 판매했습니다. 투자금을 많이 필요로 하지 않고, 낮은 수준의 기술로도 만들 수 있었기 때문에 부업으로 하기에 적당한 일 중 하나로 손꼽혔습니다. 하지만 15세기로 접어들면서 상업적으로 대량의 에일이 생산되기 시작했고, 여성들이 집에서 수제 에일을 만드는 일은 줄어들었습니다.

맥주 역시 여성이 만들었다고 여겨졌고, 1700년대까지도 맥주를 생산할 자격을 가진 여성들이 흔했습니다. 맥주 생산을 오직 여성 고유의 직업으로 정한 법이 있을 정도였지요. 하지만 산업혁명과 함께 기계화된 주조산업이 발달하면서 가정에서 맥주를 만들던 여성 주조사의 역할은 사장되었습니다.

에일과 맥주 모두 우리나라 전통주의 역사와 비슷한 면이 있습니다. 과거 가정에서 여성들이 소량 생산하는 것이 중심이 되었다는 점에서 말이죠. 당시 우리나라에서는 집마다 술맛이 다르다고 할 만큼 다양한 주조 방식이 각 가정에서 전해져 왔다고 합니다. 하지만 일제 강점기를 거쳐 한국전쟁마저 겪으면서 많은 사람이 굶주렸습니다. 곡물을 아끼기 위해 집에서 술을 생산하는 것이 법적으로 금지되었습니다. 공무원들이 집집마다 다니며 담가둔 술이 있지는 않은지 확인하고, 술을 압수하거나 벌금을 물리기도 했습니다. 따라서 가정에서 전해지던 많은 전통주의 주조법이 손실되었습니다.

지금은 가정에서 술을 담그는 모습은 찾아보기 드물어졌지만, 일각에서는 과거의 주조법을 되찾기 위한 노력이 진행되고 있습니다. 요즘처럼 집밥, 홈메이드가 강조되는 분위기가 이어지면 집에서 술을 담그던 풍습이 다시 돌아오지 않을까요?

㊱ 술잔 관리인 (Cup bearer)

술잔 관리인은 왕족이 사용하는 술잔을 관리하던 직업으로 왕족이 깊이 신뢰하고 총애하는 사람만이 할 수 있었습니다. 왕족의 잔을 다루는 만큼, 쉽게 왕족에게 독을 먹일 수 있는 위치에 있기 때문이었죠.

술잔 관리인은 직접 술을 기미하곤 했기 때문에, 왕족을 대신해 독살당하는 일도 흔했습니다. 왕을 위해 스스로 기꺼이 목숨을 내놓을 수 있을 만큼 대단한 충성심을 가졌었다는 의미지요. 왕의 신뢰가 깊었기 때문에 왕성에서 상당한 권한을 누리기도 했습니다. 대변 궁내관처럼 왕과 밀접한 관계를 유지할 수 있지만, 좀 더 위생적인 직업입니다. 직무 수행 중에 죽을 위험이 높다는 단점이 있지만요.

㊲ 폭탄 운반병 (Petadier)

현대의 전투에서는 수백, 수천 킬로 떨어진 곳에서도 미사일을 날려 맞추며, 단 한 발의 핵폭탄으로 한 곳의 지역이 초토화시킬 수 있습니다.

폭탄에 설치한 타이머로 폭발이 진행될 시간까지 마음대로 조절할 수 있습니다. 이런 기술이 없었던 근세 시대에는 어떻게 폭약을 사용했을까요?

목표하는 곳까지 폭탄을 정확하게 날릴 수 없었으니, 사람이 직접 폭탄을 갖고 가서 불을 붙였습니다. 사람의 손으로 나를 수 있어야 하므로 폭탄의 무게도 3킬로 안팎으로 가벼운 편이었습니다. 이런 폭탄을 petard라고 불렀고, petard를 들고 적군의 진영 가까이 접근하는 역할을 맡은 병사를 petadier라고 불렀습니다. 우리나라 말로 변역해 보자면 폭탄 운반병 정도가 되겠지요. 폭탄 운반병은 최대한 적군의 진영에 가까이 접근해서 폭탄에 불을 폭발시켰습니다. 폭탄을 던지기도 했지만, 벽이나 성문에 고리로 걸어 심지에 불을 붙이기도 했습니다.

당시의 폭탄은 폭발하는 시점을 가늠할 수 없었기 때문에 심지에 불을 붙인 뒤 미처 폭발을 피하지 못해 사망하는 일도 많았고, 적군에게 가까이 다가가다가 죽는 일도 흔했습니다. 따라서 이 직업은 같은 시기에 존재한 다른 직업에 비해서도 덜 알려진 편입니다. 임무 중 사망 가능성이 워낙 높아서 그 직업에 대해 알려줄 사람이 드물었기 때문이지요.

㊳ 성당 문지기 (Ostiary)

성당 문지기는 로마 시대에 노예가 문 앞을 지키도록 하던 관습에서 비롯된 직업입니다. 주로 종교 내에서 자신의 위치를 높이고 싶은 남성들이 이 역할을 담당했습니다. 성당 입구에 자리 잡고 앉아, 특히 미사가 시작하기 전에 세례받지 않은 이방인이 성당 안에 들어오지 못하도록 막는 것이 그들의 역할이었죠. 현재의 성당이 모두에게 열려 있는 것을 기본으로 하는 것과는 퍽 다른 모습입니다.

비슷한 직업으로 노크노블러(Knockknobbler)도 있습니다. 미사 중에 성당에 들어오는 떠돌이 개들을 쫓아내는 것이 그 역할이었죠. 대체 성당에 들어오는 개들이 얼마나 많았기에 개를 쫓는 직업인이 필요한 수준이었을까요?

㊴ 곰지기 (Bearleader)

이 시대에는 곰을 데리고 마을과 마을을 다니며 여러 마리의 개가 곰을 공격하게 하는 것을 관중이 보고 즐기게 하는 잔인한 유희가 유행했습니다. 특히 헨리 7세와 엘리자베스 1세가 그 유희를 즐긴 것으로 유명합니다. 워낙 좋아하는 사람이 많았기에 튜더 가문이 집권하던 시기에는 주요 도시에 곰을 키우는 장소가 마련되어 있을 정도였습니다. 당시의 곰지기는 이렇게 곰을 데리고 다니거나 곰을 키우던 사람들을 일컫는 명칭이었습니다.

18세기부터 곰지기는 전혀 다른 일자리를 의미하게 되었습니다. 귀족 또는 왕족 가문의 말썽 많은 어린 소년들이 문제를 일으키지 않도록 돌보는 것이 그들의 주요 역할이 되었습니다. 말썽 많은 왕족·귀족을 곰에 비유한 것이죠.

㊵ 피스프로펫 (Pissprophet 또는 Water scriger)

영어로 piss는 소변, prophet은 예언자를 말합니다. 그 두 단어를 합친 이 직업명은 우리나라 말로 소변 예언자로 해석해볼 수 있지요. 피스프로펫은 소변의 색과 냄새, 맛을 통해 질병을 진단하던 의사이기도 하고, 미래를 예언하던 예언자이기도 합니다.

의사 역할을 하던 피스 프로펫의 경우, 실제로 소변의 상태를 통해 당뇨나 탈수, 비뇨기계의 감염을 진단할 수 있는 만큼 나름의 근거가 있었습니다. 게다가 청진기, X-레이, 혈액 검사가 존재하기 이전에는 몸 상태를 진단하는데 소변이 매우 중요한 역할을 했지요. 소변의 색을 20가지로 분류하고, 각 색에 따라 의심해 볼 질병이나 몸상태를 알려주는 소변 차트도 있었습니다.

하지만 예언자 역할을 하던 피스 프로펫의 예언은 마땅한 근거 없이 이루어졌습니다. 둥근 유리병에 소변을 보게 하면서, 순간 큰 거품이 생기면 소변을 본 사람에게 큰돈이 생길 것이고, 작은 거품은 질병, 손실, 사랑하는 이의 죽음 등을 의미한다고 예언하는 식이었죠[5]. 근거는 없었지만, 소변으로 예언을 하는 것은 꽤 인기를 끌었고, 임신한 여성도 태어난 아이의 성별을 알기 위해 피스 프로펫을 찾아가곤 했다고 합니다.

㊶ 진흙 청소부 (Muck raker)

중세와 근세 시대 유럽의 길은 포장된 곳이 드물었고 대부분 맨 흙바닥이었습니다. 하수도가 발달하지 않았기에 가정에서 나오는 배설물과 오물은 모두 거리에 그대로 버려졌죠. 당연히 길거리는 더럽고 눅눅하고 밟는 대로 푹푹 들어가는 상태였습니다.

엘리자베스 1세 여왕이 길을 걸어야 했을 때도 발을 더럽히지 않도록 월터 랄리 경(Sir Walter Raleigh)이 본인의 로브를 벗어 바닥에 깔아주었다는 이야기가 전해집니다. 월러 랄리가 아닌, 셰익스피어가 한 행동이라는 설도 있지요.

영화 셰익스피어 인 러브(1998년 작)에서도 엘리자베스 여왕이 길에 진흙탕이 고여있는 것을 보고 멈칫하다가 밟고 걸어갑니다. 신하들이 뒤늦게야 로브를 벗어 바닥에 깔아주지만, 너무 늦는다고 투덜거리면서요. 그 장면이 엘리자베스 1세와 월터 랄리 경 또는 셰익스피어 사이에 있었던 일화를 패러디한 것이지요.

모두가 여왕과 같은 대우를 받을 수는 없었겠지요. 대신 일반인도 발을 더럽히지 않도록 길을 청소해주는 진흙 청소부가 존재했습니다. 진흙 청소부는 길거리에 쌓인 오물을 모두 긁어내어 도시 밖에 가져다 버리는 역할을 담당했습니다. 비위생적이고 힘든 노동을 감당해야 했지만, 그들의 급여는 매우 높았다고 전해집니다.

㊷ 기사 종자 또는 종기사 (Arming squire)

기사들은 무거운 금속 갑옷을 입었습니다. 혼자서는 입을 수 없었기

---

5) Forbidden Histories (9th Apr 2019). Divination and Medicine: “Piss Prophets” and the Wheel of Urine. Retrieved from https://www.forbiddenhistories.com/2019/04/uromancy-lindsey-fitzharris/ on 14th Jan 2022.

때문에 항상 종자는 따라다니며 시중을 들었지요. 기사 종자는 장차 기사가 되기를 희망하는 평민이나 섬기는 기사의 친척 또는 동생이 하기도 했습니다. 세르반테스의 소설 돈키호테(1605년 작)에서 그를 따라다녔던 산초 판사가 바로 돈키호테의 종자였죠.

종자들은 기사에게 갑옷을 입히고 벗기는 일, 몸을 씻겨주는 일, 갑옷을 손질하고 수리하고 닦는 일을 모두 담당했습니다. 갑옷은 쉽게 입었다가 벗을 수 있는 옷도 아니기 때문에 전투 중에는 며칠씩 그대로 입은 채로 싸우는 일도 흔했습니다. 배변 욕구가 생겼을 때도 갑옷 속에서 배설했고요. 즉, 한번 입었다가 벗은 갑옷은 피, 땀, 기름, 배설물로 범벅이 되기 마련이었습니다. 종자들은 이런 상태의 갑옷을 오래 묵은 소변으로 닦아서 청결을 유지해야 했습니다. 갑옷이 찌그러져 있으면 잘 펴서 원래 상태로 복구해야 다음번의 전투에도 기사가 입을 수 있었습니다. 때로는 전투 중에 갑옷이 지나치게 더러워졌을 때도 종자들이 나서서 빠르게 닦아주기도 했습니다.

㊸ 흑사병 의사 (Plague doctor)

14세기 유럽은 흑사병이 창궐했고, 전체 인구의 3분의 1가량이 흑사병으로 사망한 것으로 추정되었습니다. 그때 등장한 직업이 바로 흑사병 의사입니다.

흑사병 의사는 오염된 공기를 통한 감염을 막기 위해 긴 부리를 가진 새 모양의 가면을 발명해서 썼으며, 환자를 직접 만지는 것을 피하려고 긴 나무 지팡이를 사용했습니다.

흑사병 의사가 주로 사용하던 치료 방법은 피를 뽑거나 로즈힙 주스를 마시게 하는 것이었습니다. 그들 대부분이 의술을 제대로 배운 사람이 아니었기 때문이죠. 전혀 다른 직업에 종사하다가 흑사병 의사가 되겠다고 자원한 사람이나, 의술을 배우긴 했어도 실력이 뒤쳐지는 사람들이 주로 흑사병 의사로 일했습니다.

그들의 치료는 사실상 효과가 없었기 때문에, 치료보다는 사망한 환자나 감염된 사람을 기록하는 것이 주요 역할이었습니다. 따라서 그들이 목격되면 인근에 흑사병이 번지고 있으니 피난을 가야 한다는 의미로 받아들여졌다고 합니다.

㊹ 흑사병 장의사 (Plague bearer)

유럽에 흑사병이 창궐했을 때, 매일 어마어마한 숫자의 사람들이 죽어갔습니다. 개별 무덤을 만들 수 없었기에 큰 구덩이를 파고 시체를 한꺼번에 던져넣는 일이 흔했지요.

흑사병 장의사는 담당하는 지역을 돌아다니며 흑사병으로 죽은 사람의 시신을 찾아 구덩이로 운반해서 던져넣는 일을 맡았습니다. 흑사병으로 죽은 사람을 위해 정식 장례식이 치러지는 일이 드물었고, 시신 위에 석회를 뿌리고 또 그 위에 다른 시신을 던지는 일이 반복되었습니다.

위생이 열악한 상황에서 전염병으로 죽은 시신을 다루다 보니 흑사병 장의사 본인도 감염될 위험이 컸습니다. 따라서 그들은 성당에서 거주해야 했고, 다른 사람들과 접촉하는 일은 금지되었습니다.

㊺ 배저 (Badger)

배저는 오소리를 의미하는 영어 단어입니다. 중세 시대부터 미국의 남북 전쟁이 있었던 시기까지 일부 영어권 국가에서 행상인을 의미하는 명칭으로 사용되었습니다. 빠르고 날렵한 오소리의 움직임과 물건을 판매하기 위해 빠른 눈치로 고객을 대하는 행상인들이 비슷하다고 본 것이겠지요.

우리나라에도, 세계 곳곳에도 아직 행상인이 남아있습니다. 트럭에 물건을 싣고 다니며 확성기로 홍보하고 파는 사람도 있고, 지역의 오일장마다 찾아다니며 물건을 파는 사람도 있지요. 하지만 나라마다 부르는 명칭이 다르며, 영어권에서도 더 이상 그들을 배저라고 부르지 않습니다.

㊻ 향초 살포자 (Herb strewer)

16세기부터 17세기 영국에는 실내와 궁성 안팎의 악취를 막기 위해 향초를 뿌려주는 사람이 있었습니다. 그들이 바로 향초 살포자이지요. 건물에 환기가 되지 않고, 수많은 사람이 한곳에 모여 살고, 위생 관념도 희박하던 때에는 그들의 역할이 무척 중요했습니다. 당시 영국의 템즈 강은 심하게 오염되어 있었고 온갖 악취를 풍겼기 때문에, 그 냄새가 왕성 안에 떠돌지 않게 하기 위해서도 그들이 꼭 필요했지요.

왕궁의 향초 살포자는 주로 왕과 친분이 있는 여성에게 그 역할이 주어졌습니다. 왕의 대관식 때도 웨스트민스터 성당의 카펫 위에 꽃과 향초를 뿌리며 왕이 걸어갈 길에 향기가 감돌게 하기도 했습니다. 이런 중요한 행사 때 그들은 전통적인 의상을 입고, 마치 여신과 같은 모습으로 꽃과 향초를 뿌리는 의식을 수행했다고 알려집니다.

하지만 하수도 시스템이 발전하고, 향수가 보급되면서 그들의 일도 사라져갔습니다. 윌리엄 4세와 빅토리아 여왕, 이후에 왕좌를 차지한 사람들도 향초 살포자를 채용하지 않았습니다.

㊼ 물장수 (Water carrier)

1600년대 초반부터 인디아에서는 신선한 물을 담아서 마을에 가져다 파는 물 운반부가 있었습니다. 건기 때 오래도록 비가 오지 않는 인디아의 기후를 생각하면, 수요가 상당히 높은 직업이었을 것으로 생각됩니다. 하지만 상수도가 개발되고, 가정에서 쉽게 깨끗한 물을 구할 수 있게 되면서 그들의 역할이 더 이상 필요하지 않게 되었습니다.

우리나라에서도 조선시대 후기 이후 가정에 물을 배달하고 물값을 받는 물장수가 활동했다는 것이 기록에 남아있습니다. 그 이전에도 봉이 김선달이 대동강 물을 파는 사기행각을 벌였다는 이야기가 전해지지요.

㊽ 두꺼비 의사 (Toad doctor)

1600년대 초반의 의료분야 연구자들과 의사들은 두꺼비에 다양한 치유 효과가 있다고 믿었고, 치료 목적으로 두꺼비를 활용하기 시작했습니다. 살아있는 두꺼비나 두꺼비 다리를 천에 싸서 병자의 목에 걸어두는 것으로 치료를 하기 시작한 것이 시작이었습니다. 의술이라기보다는 마녀의 술수(witchcraft)에 가까웠지요.

이후에는 건조해서 말린 두꺼비 가루로 염증을 가라앉히고, 두통과 피부 질환을 낫게 할 수 있다고 주장했다고 합니다. 치료법이 효과가 있었던 것인지, 무려 19세기 후반까지도 그들이 활동했다는 기록이 남아있습니다.

㊾ 드라이솔터 (Drysalter)

1700년대 영국에서는 드라이솔터라는 직업인들이 활동했습니다. 드라이솔터는 건조된 화학 물질과 풀, 염색약, 건조식량과 캔 음식, 식용 기름 등을 공급하는 상인이었습니다. 탄산칼륨, 식물성 염료, 아마와 대마 씨앗, 말린 고기를 공급하기도 했습니다.

유사한 직업명으로 웻솔터(wetsalter)라는 직업도 있었습니다. 이름은 비슷하지만 하는 일은 달라서 생선을 소금에 절이거나 가죽을 소금물와 염료에 담가 염색하는 일을 했습니다. 드라이솔터가 판매직이었던 것에 비해, 웻솔터는 생산직이었던 것이죠.

㊿ 시계 관리자 (Clockkeeper)

이 시대의 사람들은 시계가 정확한 시간을 지키도록 시계 관리자를 고용하곤 했습니다. 시계 관리자는 당시 사람들에게 흔치 않았던 기초 수학 지식을 갖추고 있었고, 그 지식을 시계가 정확한 시간을 가리키도록 하는 데 활용했습니다. 시간만 정확하게 가도록 하는 것이 아니라 시계 자체의 기능에 문제가 있을 때도 직접 수리할 수 있어야 했습니다.

그들은 왕성이나 영주들의 성, 매우 부유한 상인들의 집, 성당이나 수도원에 고용되었고 때로는 마을 전체의 시간을 책임져야 하기도 했습니다. 주어진 역할이 무척 중요한 만큼 받는 급여도 높은 편이었다고 합니다.

51 카스트라토 (Castrato)

16세기 유럽에서는 여성이 극장에서 공연하는 것이 금지되어 있었습니다. 그 때문에 여성의 목소리를 낼 수 있도록, 사춘기 이전의 어린 소년을 거세시켜 카스트라토로 만드는 관습이 있었습니다. 카스트라토는 남성의 음역과 여성의 음역 모두를 낼 수 있었고, 이탈리아의 오페라계에서 매우 인기가 높았습니다. 현대의 인기 아이돌과 비슷하다고 볼 수 있지요.

영화 파리넬리(1994년 작)를 보면 당시 유명 카스트라토가 얼마나 큰 인기를 누렸는지 짐작할 수 있습니다. 이 영화는 실존했던 인기 카스트라토 카를로 브로스키(Carlo Broschi)를 모티브로 만들어졌습니다, 영화 속에서 카를로 브로스키를 만나기 위해 구름 떼처럼 모인 귀족 여성들의 모습이 그려집니다. 심지어 한 여성은 그와 눈이 마주치는 순간 기절하기도 합니다. 과장이 섞였을 수도 있지만 그만큼 인기가 많았다는 것이죠.

카스트라토가 되기 위해서는 어린 나이에 거세를 해야 했고, 그 과정에서 많은 소년이 희생되었습니다. 무척 비인간적인 관습이었기에 19세기 말~20세기 초 무렵 법적으로 금지되었습니다. 현재는 여성도 무대에 설 수 있고, 또한 훈련을 통해 여성의 음역을 낼 수 있는 카운터 테너들이 그들의 역할을 대신하고 있습니다.

(52) 링크 보이 (Linkboy)

17세기까지 런던에는 가로등이 드물었습니다. 어둠 속에서 범죄가 발생하기도 쉬웠지요. 안전을 위해 링크 보이라고 불리던 소년들이 불을 들고 사람들을 그들이 원하는 식당이나 그 외의 장소로 동행하고, 마차를 잡아주기도 했습니다. 사례로 약간의 돈을 받으면서요. 하지만 때로는 그들이 강도와 한패가 되어 손님들을 위험으로 이끌기도 했지요.

링크(Link)는 불의 심지로 쓰이는 면섬유를 의미합니다. 소년들이 심지에 불을 붙여서 들고 손님들을 이끌었기 때문에 링크 보이라고 불리게 된 것입니다.

이 직업으로부터 영어의 “cannot hold a candle to”라는 표현이 등장했습니다. 누군가를 위한 링크 보이도 되어 줄 수 없을 만큼 무능력하거나 가치가 없는 사람을 표현하는 말이지요. 링크 보이 자체가 무척 낮은 사회적 위치에 있었기에 그만큼 상대를 비하하는 말이기도 했습니다.

(53) 빗자루 제작자 (Broomsquire)

빗자루 제작자는 1800년대 이전까지 흔히 있었던 직업입니다. 그들은 명칭 그대로 자작나무 가지를 모아 빗자루를 만들어 팔았습니다. 대부분 시골에서 가난하게 살던 사람들로, 당시 집시와 비슷한 수준으로 취급받았습니다. 즉, 매우 낮은 사회적 위치에 속했던 것이죠.

집시는 한곳에 머무르지 않고 떠돌아다니며 춤과 노래 공연, 점술, 도둑질과 소매치기 등으로 생활을 이어가던 집단입니다. 빅토르 위고의 소설 노틀담의 꼽추(1831년작)를 보면 집시인 에스메랄다가 증거도 없이 쉽게 살인범으로 몰리는 장면이 나옵니다. 당시의 집시에 대한 부정적인 인식과 편견을 보여주지요. 그런 집시와 같은 수준으로 대우받았으니 빗자루 제작자의 삶은 무척 힘들었을 것으로 추측해 볼 수 있습니다.

(54) 해면 채집자 (See sponge harvester)

당시 그리스 칼림노스 섬 사람들은 바다에서 해면을 채집해서 판매하는 것으로 수입을 얻곤 했습니다. 오랜 시간 동안 깊은 물 속에서 잠수해야 했기 때문에 체력적으로 건강하고 용감한 사람들이 할 수 있는 일이었죠. 물속에서 하는 일이므로 1년 내내 하기는 어려웠고, 주로 여름 시즌에만 해면을 채집하고, 그 외의 계절에는 다른 일을 했다고 합니다.

지금은 바다에서 채집한 해면보다는 공장에서 인공적인 소재로 만든 스펀지가 더 흔히 사용되고 있습니다. 과거의 해면 채집자가 현대로 온다면 다른 직업을 찾아야 할 가능성이 크겠지요.

(55) 컴퓨터 (Computer)

이 시대에 무슨 컴퓨터냐고요? 우리가 알고 있는 기계 형태의 컴퓨터가 아니라, 인간 컴퓨터입니다. 컴퓨터로 일하던 사람들은 현재의 계산기가 하는 일을 직접 수행했습니다. 빠르게 숫자를 셈하고 결과를 기록한 것이죠.

인간 컴퓨터는 17세기 초반부터 전자 컴퓨터의 사용이 일상화되기까지 주로 여성들이 일하는 직업이었습니다. 여성은 수학에 약하다는 고정관념을 확실하게 깨어 주는 직업이기도 했죠. 인간 컴퓨터의 일자리는 전자 컴퓨터와 계산기가 보급되면서 사장되어 갔습니다.

(56) 타운 크라이어 (Town crier 또는 Belman)

타운 크라이어는 중세시대 때부터 기록이 남아있는 직업으로 큰 목소리로 마을 전체에 중요한 소식을 알리는 일을 했습니다. 당시는 글을 읽을 줄 아는 사람이 드물었기 때문에 타운 크라이어가 먼저 소식을 읽은 뒤 마을 사람들에게 전달하는 역할을 맡은 것입니다. 손에 든 종으로 관심을 끈 뒤 소식을 전했기 때문에 Belman이라고 불리기도 했습니다. 18세기부터는 금색과 붉은색의 화려한 옷을 입은 채로 소식을 전하는 것이 전통이 되었습니다.

타운 크라이어는 때로 증세나 전쟁과 같은 좋지 않은 소식도 전해야 했기에 분노한 시민들로부터 공격받을 수도 있었습니다. 위험한 사고를 방지하기 위해서 각 마을의 타운 크라이어는 왕가로부터 보호받았습니다.

타운 크라이어는 외부로부터 전해오는 소식을 마을 전체에 첫 번째로 알리는 사람이었지만, 라디오와 TV가 보급되면서 그들의 역할도 줄어들게 되었습니다.

(57) 캐치폴 (Catchpole)

캐치폴은 의뢰인이 직접 받아내기 힘든 빚이나 세금을 받아주는 사람입니다. Catch는 잡는다는 뜻이며, pole은 라틴어의 닭을 의미합니다. 빚이나 세금을 갚지 않고 도주한 사람이 도망치는 닭처럼 잡기 힘들다는 이미지에서 나온 명칭이지요.

캐치폴로 일하기 위해서는 많은 뇌물을 상부에 바쳐야 했습니다. 뇌물 중 일부는 세금을 납부하는 데 쓰이고, 나머지는 뇌물을 받은 사람이 착복했습니다. 나랏돈이 눈먼 돈이었던 거죠.

캐치폴로 인정받은 후에는 세금을 미처 내지 않은 사람들로부터 빼앗은 것을 모두 캐치폴이 가져갈 수 있었습니다. 캐치폴 본인이 얼마나 악랄하게 일하는가에 따라서 바친 뇌물보다 훨씬 많은 수입을 거둘 수 있었던 것입니다.

지금도 빚이나 세금을 받아내는 일을 하는 사람은 있지만, 의뢰인으로부터 수당을 받고 일하며, 획득한 빚이나 세금은 의뢰인에게 반납합니다. 당시의 명칭인 캐치폴이라는 직업명도 더 이상 사용되지 않고 있습니다.

(58) 죄악 섭취자 (Sin eater)

죄악 섭최자는 영국의 웨일즈 지역을 중심으로 존재했던 직업으로 알려져 있습니다. 직업의 유래는 예수 그리스도의 수난과 죽음으로 인류의 죄가 사해지고 구원받았다는 믿음에서 출발했습니다.

당시의 사람들은 고인이 생전에 범한 죄악을 살아있는 사람이 흡수할 수 있다고 믿었습니다. 장례식을 치르기 직전의 시신 위에 음식을 올려놓고 식사를 하는 방식으로 말이죠. 시신 위에 올려진 음식이 죄악을 흡수하기 때문에 살아있는 사람이 그 음식을 먹으면 모든 죄악이 그에게로 옮겨가고, 죽은 사람은 바로 천국에 갈 수 있다고 생각했습니다.

죄악 섭취자는 고인의 죄를 뒤집어쓰는 것을 감수할 수 있을 만큼 한 끼 식사와 몇 푼의 사례비가 절박한 사람들이었습니다. 타인의 죄악을 섭취하고 나면 그들은 악인으로 낙인찍혔습니다. 더 많은 사람의 죄악을 섭취할수록 더 많은 죄악을 품게 되며, 악마에게 영혼을 저당 잡힌다고 여겨졌습니다. 한 번의 최악 섭취만으로도 사회적으로는 매장되는 것이나 마찬가지였죠.

종교에서는 공식적으로 죄악 섭취자의 존재를 인정하지 않았고, 19세기에 이르러 죄악 섭취자에게 고인의 죄를 먹이는 풍습도 점차 사라져 갔습니다.

(59) 정원 은둔자 (Garden hermit 또는 Ornamental hermit)

최초의 정원 은둔자의 기록은 15세기 초반으로 거슬러 올라갑니다. 파

올라의 프란시스 성인(Saint Francis of Paola)이 부친의 저택 안에 있는 동굴에서 은둔자로서 살았던 것이 시초라는 주장이 있습니다[6].

프란시스 성인은 교황의 부탁으로 프랑스 궁정에 들어가 루이 11세가 평온한 죽음을 맞이할 수 있도록 도왔고, 은둔자로서 삶을 추구하는 그의 모습이 귀족들에게도 영향을 주었습니다. 다만 귀족들 스스로가 은둔자가 되는 것이 아니라, 자신들의 영지에 은둔처를 꾸미고 은둔자가 살 수 있도록 하는 방식으로 말이죠.

이런 유행은 18세기 무렵 영국에도 전해졌고, 영국의 귀족들은 아예 전문적으로 정원 은둔자로 살 사람을 채용하기 시작했습니다. 채용된 정원 은둔자는 정원에서 숙식을 제공받았습니다. 계약기간이 끝난 후에는 400－700파운드 정도의 목돈을 한꺼번에 받을 수 있었습니다. 당시 서민들의 생활 수준을 생각하면 제법 큰 목돈이었습니다.

하지만 보통 7년 이상 지속되는 계약기간 동안 드루이드와 같은 옷차림으로 살아야 했으며, 마음대로 몸을 씻거나 머리와 손발톱을 자를 수도 없었습니다. 기도문을 읊조리며 정원을 돌아다니고, 정원 안의 작은 성당에서 홀로 경건히 기도하는 모습을 보여야 했지요. 정원 밖으로 나가는 것도 허용되지 않았습니다. 정말로 세속과 인연을 끊은 은둔자로서 살아야 했던 것입니다.

코로나19 때문에 1－2주간 자가격리를 경험해 본 분들이 이젠 꽤 많으실 겁니다. 그 짧은 기간 동안 자가격리를 하는 것도 고역인데, 수년간 격리된 생활을 해야 했으니 정원 은둔자들의 고충이 이만저만 아니었겠지요. 갑갑함을 이기지 못해 몰래 정원을 빠져나가 술집에서 무용담을 떠벌리다가 발각되어 쫓겨나는 사람도 있었다고 합니다. 반면 정원 은둔자로 사는 삶이 너무나 적성에 잘 맞아서 20여 년간 계속 은둔자 역할을 한 사람도 있었고요.

---

6) Franciscan Media. Saint Francis of Paola. Retrieved from http://www.franciscanmedia.org/saint－of－the－day/saint－francis－of－paola on 8th March 2022.

(3) 근대의 이색직업

근대의 특징은 빠른 사회·기술 변화와 극심한 빈부 격차로 볼 수 있습니다. 일자리를 찾기 위해 많은 사람이 도시로 몰려들었고, 산업혁명 이후에 이어진 근대의 특징은 빠른 사회·기술 변화와 극심한 빈부 격차로 볼 수 있습니다. 일자리를 찾기 위해 많은 사람이 도시로 몰려들었고, 인력의 수요보다 공급이 넘쳐났습니다. 뼈를 깎는 긴 노동시간 끝에 받는 급여는 매우 적었기에 한 가족이 생존하기 위해서는 어린아이들마저 공장이나 길거리로 나가 돈을 벌어야 했습니다. 이런 환경 속에서 먹고 살기 위한 독특한 직업들이 생겨났습니다.

⑥⓪ 하수관 사냥꾼 (Sewer hunter 또는 Tosher)

하수관 사냥꾼은 그 이름처럼 하수관을 뒤져 쓸모있는 물건을 찾아 수익을 얻는 사람이었습니다. 각종 오물과 함께 쓸려 나오는 것 중에는 동전, 금속, 식기, 뼈 등이 있었고, 그런 물건들이 그들의 주 소득원이었습니다.

그들의 수익은 꽤 높은 편이어서 현대의 기준으로 중산층 수준의 돈을 벌었다고 합니다. 빅토리아 시대의 근로자 계층 중에서는 제법 상위권에 해당하는 수익이었죠. 돈은 많이 벌었지만, 오물을 뒤지는 것이 일이었기에 질병과 감염의 위험이 무척 높았습니다. 오랫동안 할 수 있는 직업은 아니었지요.

근대까지 이어진 비교적 유사한 직업명으로 진흙 사냥꾼(Mudlark)가 있습니다. 이들도 강가의 진흙을 뒤져 판매할 수 있는 물품을 찾아 파는 것으로 수입을 얻었습니다. 이들 역시 마찬가지로 감염의 위험 속에서 일해야 했습니다.

⑥① 거머리 수집가 (Leech collector 또는 Leecher)

산업혁명 시대에는 의술의 수준이 별로 높지 않았습니다. 서로 다른 질병의 원인을 너무 많은 혈액으로 보고, 사혈로 몸의 혈액을 배출시키는 방식으로 치료하는 경우가 많았죠. 피곤해도 사혈, 치질이 있어도 사혈,

또 다른 질병도 사혈, 이렇게 말이죠.

사혈하는 방법은 거머리를 몸에 붙이는 것이었습니다. 치료를 위해 많은 거머리가 필요했고, 거머리 수집가라는 직업이 생겼습니다. 대부분 여성이 그 일을 했으며, 거머리가 사는 물가에 가서 맨다리로 거머리를 유인하고 잡아서 판매했습니다.

거머리 수집가들은 항상 거머리에게 피를 빨려야 했기에 빈혈을 앓았습니다. 물린 상처가 감염되어 병에 걸리기도 했습니다. 게다가 그들이 치료에 이용되는 거머리를 너무 많이 잡아버린 탓에 해당하는 종의 거머리가 멸종되기도 했습니다.

⑥② 개똥 채집가 (Pure collector)

당시 영국에서는 개똥을 'pure'라고 불렀습니다. 순수함, 깨끗함을 의미하는 현재의 'pure'와는 매우 대조적인 의미로 쓰였죠. 그럼 개똥을 대체 왜 모아야 했을까요? 과거의 천연 가죽 처리 방식에는 동물의 배설물이 꼭 사용되었습니다. 동물의 배설물로 동물 가죽에 스며든 수축제와 알칼리 성분을 씻어내서, 가죽을 깨끗하게 만든 것이죠.

개똥 채집가는 주로 여성이나 병약자들이 하는 일이었습니다. 그들은 길을 돌아다니며 신선한 개똥을 수집해서 팔았습니다. 거머리 수집가나 하수관 사냥꾼과 같은 직업에 비해 안전하고 깨끗한 일자리로 꼽히곤 했습니다.

⑥③ 골상학자 (Phrenologist 또는 Fowler)

골상학은 사람 머리뼈의 형상을 바탕으로 성격과 내면의 특성, 지능을 추정하는 학문이었습니다. 비에나 출신 의사인 프란츠 조세프 골(Franz-Joseph Gall)이 처음 소개했고, 인종 차별의 근간이 되기도 했지만, 1800년대 중반부터 매우 인기를 끈 학문이었습니다.

코난 도일(Arthur Conan Doyle)의 소설 속에서도 셜록 홈즈와 그의 숙적인 모리아티가 골상학을 바탕으로 대화하는 장면이 나오기도 했습니다[7]. 뛰어난 지성을 갖춘 것으로 묘사된 홈즈와 모리아티가 골상학의 지식을 언급할 정도였으니, 코난 도일 본인도 골상학을 꽤 신뢰했을 것으로 추측해볼 수 있습니다.

골상학이 인기를 끌면서 한동안 취업을 하기 위해서는 골상학자의 평가를 받아야 할 정도였습니다. 마치 우리나라의 모 기업에서 신입 직원 채용 때 곁에 관상학자를 두던 것과도 비슷하지요. 당시에 사용하던 정식 영어 명칭은 프리놀로지스트(phrenologist)이지만, 골상학자로 유명하던 두 형제의 성을 따서 파울러(Fowler)라는 속어로 불리기도 했습니다.

(64) 시체 도굴꾼 (Body snatcher 또는 Resurrectionist)

당시 영국의 법은 범죄로 처형된 죄인의 시신을 제외한 어떤 시신도 의학적 연구에 활용하지 못하도록 엄금했습니다. 하지만 의학 학위를 받기 위해서는 모든 학생이 시신 해부를 경험해야 했죠. 처형된 죄수들에 비해 의대에 입학한 학생의 수는 훨씬 많았고, 그 결과 시체 도굴꾼이라는 직업이 생겼습니다.

시체 도굴꾼은 최근 장례를 치른 무덤을 뒤져 시신을 꺼내 의대에 팔았습니다. 하지만 관에 함께 묻힌 귀중품은 절대 건드리지 않았기 때문에 범죄로 인식되지 않았습니다. 1832년에 관련 법이 개정되면서 더는 시신을 몰래 훔쳐서 공급할 필요가 사라졌고, 시체 도굴꾼이라는 직업도 사라지게 되었습니다.

(65) 쥐잡이 (Rat catcher)

빅토리아 시대의 영국은 곳곳에 쥐가 들끓어 문제가 되었고, 쥐잡이라는 직업이 생겼습니다. 쥐잡이들은 그들이 잡은 쥐의 숫자에 따라 돈을 받았습니다. 근로 계층 중에서도 특히 낮은 수준의 직업으로 인식되었지만, 영국 여왕을 직접 섬긴 쥐잡이도 있었습니다. 쥐잡이라는 명칭은 현대

7) Doyle, A. C. (1892). The Adventure of the Blue Carbuncle. The Strand Magazine.

에 와서 구제업자(Exterminator)로 불리게 되었으며, 쥐뿐만 아니라 해충박멸을 함께 진행하고 있습니다.

번외로 영국 런던에는 지금도 쥐가 많습니다. 총리 관저의 쥐를 잡는 고양이 공무원이 따로 있을 정도지요. 현 고양이 공무원의 이름은 래리(Larry)로 처음 채용되었을 때는 무려 6개월 가까이 쥐를 사냥하지 못했기 때문에 해고 위기를 맞기도 했습니다. 하지만 6개월째에 첫 쥐 사냥에 성공했고, 이후 10년간 데이비드 카메론, 테레사 메이, 보리스 존슨을 포함한 세 명의 총리와 함께 일한 베테랑이 되었습니다[8].

(66) 아이스맨 (Iceman)

마치 만화의 히어로와 유사한 이 명칭은 얼음을 배달하는 사람을 의미합니다. 영국은 1806년부터 노르웨이에서 얼음을 수입했고, 마치 우유를 배달하듯 가정과 식당 등에 얼음이 배달되었습니다. 얼음은 금방 녹았기 때문에 냉장 시설이 제대로 갖춰지지 않은 시장에서 판매하기보다 주문한 사람에게 직접 배달하는 방식을 택한 것입니다. 얼음이 쉽게 녹지 않도록 큰 덩어리로 잘라 운반했기 때문에 힘세고 덩치 큰 남성들이 무거운 얼음을 운반하는 아이스맨으로 일하곤 했습니다.

숫자는 많이 줄어들었지만 여전히 아이스맨들이 활동하는 지역이 있습니다. 대표적인 곳이 아미시(Amish) 일파의 거주지이지요. 아미시는 기독교의 일파로 주로 미국의 펜실베니아, 오하이오, 인디애나주 등에서 거주합니다. 이들은 새로운 문명을 거부하며 18－19세기와 같은 생활 방식을 고수합니다. 전기를 쓰지 않고 음식을 상하지 않게 보관하거나 더위를 식히려면 얼음을 사용해야 하지요. 이들 덕분에 아이스맨의 직업이 사라지지 않고 있습니다.

8) The guardian (13th Feb 2021). Larry. the No. 10 cat, celebrates 10 years on the seat of power. Retrieved from http://www.theguardian.com/world/2021/feb/13/larry－the－no－10－cat－celebrates－10－years－on－the－seat－of－power on 12th Nov 2021.

(67) 아이스 커터 (Ice cutter)

얼음을 배달하는 사람이 있다면 그 얼음을 생산하는 사람도 있었겠지요? 노르웨이 등지에서 얼음을 잘라내서 기차와 배로 실어 보내던 사람을 아이스커터라고 불렀습니다. 75명의 아이스커터가 하룻밤 사이에 1,500톤의 얼음을 잘라내기도 했다니 그들도 아이스맨처럼 체력이 매우 좋았을 것으로 추측할 수 있습니다. 그들은 얼음이 쉽게 녹지 않도록, 눈과 톱밥 등을 섞어서 얼음이 쉽게 녹지 않도록 처리해서 보냈다고 합니다.

냉장고와 냉동고가 개발되면서 아이스커터의 직업은 사라져갔습니다. 아이스맨이 적은 숫자나마 살아남은 것과는 달리 말입니다.

(68) 우유 배달부 (Milk man)

우유 배달부는 아이스맨처럼 냉장고와 냉동고의 개발로 규모가 대폭 축소된 직업 중 하나입니다. 냉장고의 보급 이전에는 우유를 신선하게 보관하기 어려웠기 때문에 거의 매일같이 새로운 우유를 배달받아야 했습니다. 이른 아침마다 문 앞으로 배달된 우유와 신문을 받아 집안으로 가져가는 것이 흔한 가정의 모습이었죠.

영국과 미국 등지에서는 사장되다시피 한 직업이지만, 우리나라를 포함한 몇몇 나라에는 지금도 새벽마다 우유를 배달하는 우유 배달부가 있습니다. 다만 영국과 미국의 우유 배달부들이 대부분 남성이었던 반면, 우리나라는 여성이 배달하는 경우가 많지요. 영국과 미국에서 배달되던 우유는 유리병에 담겨 있었지만, 우리나라의 배달 우유는 종이팩에 담겨 있다는 점도 차이가 있고요.

(69) 가로등 관리자 (Lamplighter)

전기가 흔히 보급되기 이전에는 가로등도 가스불이었습니다. 사람이 직접 다니며 불을 켜고, 꺼야 했습니다. 이런 일을 하는 사람이 가로등 관리자였습니다. 가로등 관리자는 긴 막대와 사다리를 들고 다니며 어두워지면 가로등을 켜고, 밝아지면 가로등을 껐습니다.

문제가 생기면 직접 수리도 해야 했는데, 한 사람이 대략 70~80개의 가로등을 관리했기 때문에 상당히 바쁘게 움직여야 했다고 합니다. 그래도 가로등 관리자는 빅토리아 시대의 다른 일자리에 비해 비교적 안전하고, 위생적이며, 위험이 낮은 일자리 중 하나였습니다.

지금도 영국 런던에는 소수의 가로등 관리자가 활동하고 있습니다. 문화재로 지정된 거리의 가스등을 밝히는 일을 하고 있지요.

(70) 보도 청소부 (Crossing sweeper)

길을 청소하는 환경미화원은 지금도 흔히 볼 수 있습니다. 다만 빅토리아 시대의 보도 청소부는 지금의 환경미화원과는 조금 다른 특징을 갖고 있었습니다. 바로 그들을 고용한 사람의 앞에서 걸어가면서 길을 쓸었다는 것이죠. 빅토리아 시대와 그 이전 시대의 길거리는 무척 더러웠습니다. 하수 시설이 도입되긴 했지만, 여전히 서민들 사이에서는 배설물과 오물을 길 위에 그대로 쏟아버리는 일이 흔했습니다. 하이힐이 발달한 이유가 바로 이렇게 더러운 길 때문이기도 했지요.

부유한 사람들은 신발과 옷을 버리지 않기 위해 어린아이나 노인을 보도 청소부로 고용했습니다. 그들은 항상 고용주와 동행하며 그들의 앞길을 청소했습니다. 급여는 매우 낮은 수준이었지만 대신 안전하고 비교적 청결한 편인 일자리였습니다.

(71) 다게레오타이피스트 (Daguerreotypist)

매우 복잡한 명칭을 가진 이 직업은 사실 현대의 사진사와 비슷합니다. 다게레오타이프는 루이 다게르가 개발한 최초의 사진 기술로, 은을 입히고 화학 물질로 처리한 구리판에 사람의 형상이 찍히도록 하는 방식이었습니다. 한 장의 사진을 찍기 위해 몇 시간이나 움직이지 않고 가만히 있어야 했으니 현대의 사진 기술과 비교하면 사진을 찍는 사람도 찍히는 사람도 힘든 일이었죠. 사진이 쉽게 녹슬었기 때문에 사진을 찍은 다음에도 전용 케이스 안에 조심스럽게 보관해야 했습니다.

그래도 초상화를 그리는 것보다는 비교적 짧은 시간이 걸렸기 때문에 당시 선풍적인 인기를 끌었고, 이 기술을 사용하는 사진사, 즉 다게레오타이피스트의 역할도 활발해졌다고 합니다. 심지어 멀고 먼 일본까지 진출할 정도였지요[9]. 하지만 더 신식의 흑백 사진 기술이 발명되면서 다게레오타이피스트의 직업도 사라졌습니다.

(72) 머드 클러크 (Mud clerk)

머드 클러크는 증기선에서 도제로 일하던 사람들로 배가 진흙에 파묻히지 않고 안전하게 부두에 닿도록 하는 역할을 맡았습니다. 미국의 남북전쟁 중에도 많은 머드 클러크가 고용되었지요. 이들은 본연의 업무 외에도 배 위에서 발생할 수 있는 모든 심부름을 도맡아 해야 했습니다. 머드(mud)라는 단어가 의미하듯이 가장 더러운 일은 모두 그들에게 맡겨졌습니다.

머드 클러크는 도제였기에 급여를 받지 않았습니다. 하지만 승진하면 일반 회계관을 거쳐 선박의 사무장까지도 될 수 있었습니다.

(73) 공 파머 (Gong farmer)

공(Gong)은 변을 의미합니다. 파머는 수확을 하는 사람이고요. 두 단어를 합치면 변을 수확하는 사람, 더욱 정확히는 변을 치워주는 사람이지요. 과거에는 재래식 화장실이 흔했고, 공 파머는 가정마다 돌아다니며 변을 퍼내어 치워주는 역할을 했습니다. 그들이 퍼낸 변은 비료로 쓰이거나 건축 자재로 쓰이기도 했습니다.

몸에 독한 냄새가 배기 때문에 오직 밤에만 일했고, 질병 감염의 위험이 높았으며, 다른 사람들을 피해 마을 외곽에서만 살 수 있었습니다. 상하수도 시설이 갖춰지고, 수세식 화장실이 보급되면서 그들의 역할도 줄

9) Harvard Library. Early photography of Japan. Retrieved from https://library.harvard.edu/sites/default/files/static/collections/epj/tourist_photography.html on 27th Jan 2022.

어들었지요.

우리나라에도 아직 재래식 화장실을 사용하거나, 하수도 시설이 연결되지 않아 따로 정화조를 묻어둔 곳이 있습니다. 도심 외곽이나 시골의 개인 주택 중에는 비교적 흔한 편이지요. 이런 집은 정기적으로 긴 호스를 단 녹색 분뇨수거차량을 불러서 변을 치워야 합니다. 빅토리아 시대에 가정에서 공 파머를 불렀듯이 말이죠.

(74) 스톤 이터 (Stone eater)

스톤 이터는 과거 우리나라에서 차력을 선보이며 약을 팔던 차력사들과 유사합니다. 조지안 시대(1714－1837)와 빅토리안 시대(1820－1914)에 많이 활동했으며, 여러 마을을 돌아다니면서 사람들에게 돌을 삼키는 모습을 공연하며 놀라움을 선사하곤 했습니다. 관중들은 직접 선택한 돌을 골라 스톤 이터가 삼키도록 할 수도 있었습니다.

하지만 당시의 신문은 스톤 이터가 사기꾼임을 반복적으로 보도했고, 관중들 역시 속임수를 알아보게 되면서 그들의 공연도 중단되었습니다.

(75) 인간 알람 시계 (Knocker-up 또는 Knockerupper)

인간 알람 시계는 이름 그대로 정해진 시간에 고객을 깨워주는 일을 했습니다. 고객이 창가의 벽돌에 원하는 시간을 써두면, 긴 금속 봉으로 그 시간에 창틀을 두드려 고객을 깨워주는 것이죠. 새총 같은 물건을 들고 다니며 작은 콩을 의뢰인의 창문에 쏘기도 했습니다. 한두 번 두드리고 끝나는 것이 아니라 고객이 잠에서 깨어나 창문을 열 때까지 했습니다. 바로 끄고 잠들 수 있는 현대의 알람 시계보다 훨씬 더 효과적이었던 거죠.

알람 소리를 낼 수 있는 시계를 구매하는 것보다 인간 알람 시계를 고용하는 것이 훨씬 저렴하던 시절, 인간 알람 시계는 많은 사람이 제시간에 일하러 갈 수 있도록 도왔습니다. 의사, 가게 점원, 운전사들이 그들의 서비스를 종종 활용했고, 공장에서 근로자들을 깨우기 위해 고용하기도 했습니다.

주로 노인이나 여성이 그 일을 했지만 때로는 경찰들이 부족한 월급을 메우기 위해 하기도 했습니다. 디킨스의 소설 위대한 유산(1861년 작)에서도 인간 알람 시계가 짧게 언급됩니다. 현대의 시각으로 본다면 매우 특이한 직업이지만, 당시에는 흔하고 수요가 높은 직업 중 하나였습니다.

(76) 전보 메신저 (Telegram messenger)

19세기 후반의 전보 메신저는 대부분 자전거로 빠르게 돌아다니는 소년들이었습니다. 당시 영국에서는 우체국이 국내 전보 소통을 총괄하게 되었고, 전보 메신저들이 정보와 소식을 전달하는 역할을 맡게 되었습니다. 자전거 탄 소년 메신저들이 전보의 상징이 되기도 했지요.

1930년대부터 영국의 우체국은 자전거 대신 오토바이를 도입했고, 17세 이상의 소년들은 전보 메신저로 자원하여 훈련을 받을 수 있었습니다. 세계 대전 중에도 수많은 급보를 전하기 위해 그들이 활약하곤 했습니다.

하지만 전쟁 이후 전화가 보급되면서 전보가 사용되는 일이 드물어졌습니다. 거듭되는 적자 속에 전보 시스템 자체가 사라졌고, 전보 메신저라는 직업도 함께 사장되었습니다.

(77) 구운 감자 판매원 (Baked potato seller)

영국에 감자가 전해진 것은 대항해 시대, 엘리자베스 1세 여왕의 연인으로도 알려진 월터 랄리 경의 항해 덕분이었습니다. 이후 감자는 영국인의 식생활에 매우 중요한 역할을 차지했습니다. 1800년대 이후부터는 런던 길거리 곳곳에서 감자를 구워 파는 사람들이 흔했다고 합니다.

지금도 영국의 일부 도심에서 구운 감자를 파는 사람들이 있습니다. 마치 우리나라에서 군밤, 군고구마를 파는 사람들처럼요. 영국에서 식품 위생 관련 법이 엄격하게 적용된다는 걸 고려할 때, 상당한 수준의 위생 수준을 유지하면서 감자를 굽는다고 믿어볼 만하지 않을까요?

독특한 점은 구운 감자에 토핑이 올라간다는 것입니다. 칼집을 내어 구운 감자 위에 토마토 소스에 담긴 콩과 치즈, 양배추샐러드, 참치 샐러드 등 원하는 토핑을 다양하게 골라서 올릴 수 있습니다. 간식보다는 한 끼 식사에 더 가깝습니다.

(78) 장례식 보조 (Funeral mute)

디킨스의 소설 올리버 트위스트(1838년 작)에서는 주인공 올리버가 장의사의 집에서 장례식을 보조하는 장면이 나옵니다. 까만 옷을 입고, 긴 띠를 두르고, 천을 감은 막대를 든 채 슬픈 얼굴로 죽은 사람의 집 입구에서 있다가, 묘지로 관을 옮길 때 앞에서 걸어가는 것이죠.

장례식 보조의 또 다른 역할은 관에 담긴 시신을 지키는 것이었습니다. 실험용으로 시신을 훔치거나, 시신이 걸치고 있는 옷과 귀금속을 탐내는 도둑들이 있었기 때문에 장례식이 시작될 때까지 안전하게 시신을 지키는 것이 그들의 일이었지요.

당시의 장례식 풍습에는 올리버 트위스트와 같은 어린 장례식 보조가 종종 활용되었고, 장례식 하객들로부터 많은 호응을 얻었다고 합니다. 관 앞에서 걸어가는 장례식 보조가 없이는 고인을 제대로 보내드리는 것이 아니라고 생각할 정도로 말이죠.

(79) 로그 드라이버 (Log driver)

로그는 통나무를, 드라이버는 운전사 또는 조종사를 의미합니다. 합치면 통나무를 조종하는 사람이 되지요. 트럭이 상용화되기 전, 통나무는 수로를 통해 운반되었습니다. 통나무를 배에 실은 채 운반하는 것이 아니라, 물에 띄워두고 상류에서 하류로 흐르는 물의 흐름을 이용하여 떠내려가게 한 것이죠.

통나무가 엉뚱한 곳으로 흘러가거나 도중에 걸리는 일이 없도록, 로그 드라이버들이 긴 막대를 이용해 통나무의 움직임을 조종했습니다. 로그 드라이버는 주로 강가에서 일했기 때문에 강가의 돼지를 의미하는 리버 피그(river pig)라고 불리기도 했습니다.

⑧⓪ 전신 기사 (Telegraphist)

전신 기사는 모스 코드를 이용하여 그들이 받은 연락을 해석하여 전달하거나, 그들이 받은 연락을 다시 모스 코드로 변화하여 다른 곳으로 전하는 역할을 맡았습니다. 근대로 접어들면서 가장 처음 나타난 첨단기술직으로 알려져 있습니다.

세계 대전 중에는 특히 그들의 역할이 중요했습니다. 전투선이 다른 전투선이나 육지와 자유롭게 소통하기 위해서는 사람의 언어를 빠르게 모스 코드로 전환할 수 있는 그들이 필요했습니다. 급여도 대우도 좋았기에 일자리를 얻기 위해 시골에서 도시로 올라온 청년층에게는 아주 매력적인 직업으로 꼽혔다고 합니다.

⑧① 렉터 (Lector)

렉터는 대학 등에서 강의를 하는 사람을 의미하기도 하지만, 당시에는 공장에서 근로자에게 소리내어 책을 읽어주는 사람을 의미했습니다. 쿠바의 담배 공장에서 시작된 직업으로 알려져있지요.

공장에서는 같은 업무를 하루종일 반복하기 때문에 빨리 지루해지고 지치게 됩니다. 렉터들은 근로자들이 지루해하지 않도록 책, 잡지, 신문을 소리 내어 읽어주는 일을 했습니다. 오히려 현대보다 더 나은 직원복지가 아닐까 싶은데요. 대부분의 다른 직업들이 사라져 간 반면, 렉터만큼은 쿠바의 일부 지역에서나마 현존하고 있다고 합니다.

⑧② 볼링핀 세터 (Pin setter)

볼링장에 가면 10개의 핀이 앞에 놓여있고, 볼링공을 던져 그 핀을 쓰러뜨려야 합니다. 지금은 볼링장에서 자동으로 움직이는 기계가 볼링핀을 세팅하지만, 과거에는 과연 어땠을까요? 1936년 이전까지 핀을 다시 세우는 건 수작업으로 진행되었습니다. 어린 소년들이나 체구가 작은 여성들이 그 안에서 볼링핀을 세팅했지요. 손으로 일일이 볼링핀을 정해진 위치에 끼워 맞추는 것이 그들의 역할이었습니다.

⑧③ 필름 관리자 (Film boxer)

디지털 시대 이전의 영화는 필름에 각 장면과 소리를 기록하는 방식으로 제작되었습니다. 지금처럼 파일 형태로 컴퓨터에 손쉽게 저장할 수 없었기 때문에 영화나 사진이 담긴 필름은 습기, 열기, 햇볕이 닿지 않는 곳에 소중하게 보관해야 했습니다.

필름 관리자는 과거 영화 제작사가 만든 영화 필름을 보관하고 관리하거나, 판매를 위해 배송처리하는 역할을 맡았습니다. 하지만 기술의 발전과 함께 필름 카메라로 영화를 찍는 일도 사라졌고, 그들의 일자리도 사라졌습니다.

⑧④ 빌리 보이 (Billy boy)

빌리 보이는 1950－1960년대에 도제로 일하면서 상급자와 성인 근로자를 위해 차를 만들어 나르던 소년들을 의미합니다. 현대에는 빌리 보이라는 명칭 자체는 없지만, 가장 젊은 인턴이나 여직원에게 음료를 구매해 오게 하거나, 탕비실에서 차를 끓여오게 하는 관습이 남아 있습니다. 나이나 직급에 따라 소소한 잡무를 몰아주는 행위가 우리나라와 같은 동양권에만 존재하는 것이 아니라는 걸 볼 수 있지요.

⑧⑤ 갠디 댄서 (Gandy dancer)

갠디 댄서는 댄서라는 명칭을 가졌지만, 춤과는 전혀 관련 없는 직업입니다. 과거 미국의 철도에서 철로를 깔거나 관리하는 일을 하던 사람들을 의미하는 속어지요. 그들이 작업을 할 때 쓰던 장비가 약 1.5미터의 라이닝 바(Gandy)였고, 장비를 들고 작업을 하는 모습이 마치 춤을 추는 것 같아서 댄서라는 명칭이 붙었다는 설이 있습니다. 지금은 중장비로 철로를 깔기 때문에 이 직업도 거의 사라졌다고 볼 수 있습니다.

⑧⑥ 전화 교환원 (Switchboard operator)

전화 교환원은 과거에 장거리 전화를 연결해주던 직업인입니다. 지금은 핸드폰으로 해외에도 자유롭게 전화를 걸 수 있지만, 과거에는 다른 지역에 전화를 걸기 위해서는 먼저 교환원에게 연락하여 원하는 지역과 번호를 말하고 연결을 요청해야 했습니다. 유럽뿐만이 아니라 우리나라도 마찬가지였죠. 예를 들어 서울에 사는 사람이 충청도에 사는 사람과 전화하려면 반드시 전화 교환원을 거쳐야 했던 것입니다. 80년대에 이르러 디지털 방식이 보급되면서 그들의 일자리도 사라졌습니다.

⑧⑦ 담배 판매원 (Cigarette girl)

담배 판매원은 1920년대 미국의 술집이나 클럽에서 담배를 들고 다니며 팔던 사람들을 의미합니다. 젊은 여성들이 담배 판매원으로 일하는 일이 많았기 때문에 당시의 문화적인 아이콘으로 여겨지기도 했습니다. 1950년대에는 스포츠 게임이 진행되는 경기장에서도 간이 가판대를 들고 다니며 담배를 파는 여성들을 볼 수 있었습니다.

하지만 흡연의 악영향에 대한 연구가 발표되고, 흡연에 대한 인식이 변화하면서 담배 판매원도 점차 줄어들게 되었습니다. 현재는 영화관이나 스포츠 경기장, 공공장소 대부분이 금연 구역이므로 담배 판매원이 설 자리가 없지요.

⑧⑧ 시계태엽 관리사 (Clockwinder)

지금은 배터리로 작동하는 시계가 많지만, 과거에는 직접 태엽을 감아서 사용하는 시계가 많았습니다. 시계태엽 관리사들은 정해진 시간마다 관리하는 시계의 태엽을 감는 역할을 맡았습니다. 영국의 빅벤과 같은 대형 첨탑의 시계 역시 이런 시계 태엽 관리사들이 첨탑을 올라가서 태엽을 감곤 했었지요. 산업혁명 때 전기로 작동하는 자동 태엽 감기 기기가 발명되면서 그들의 일자리도 사라졌습니다.

⑧⑨ 에글러 (Eggler)

달걀을 담는 상자가 발명된 것은 1911년의 일이었습니다. 그때부터 전문적으로 많은 양의 달걀을 판매하거나, 다른 양계장과 달걀을 바꾸는 일을 하는 직업인들이 생겼습니다. 왜 양계장끼리 달걀을 서로 바꿔야 했냐고요? 반복되는 근친교배를 막기 위해서입니다. 근친교배가 오랫동안 반복될수록 유전병이 발현되거나 약한 개체가 태어날 가능성도 높아지니까요. 따라서 다른 양계장에서 낳은 알을 바꿔 가져다가 암탉에게 품게 하고, 부화한 병아리를 키워서 유전적으로 새로운 개체를 섞어주는 것입니다.

에글러라고 불리던 그들의 일자리는 비교적 빨리 사라져갔습니다. 지금은 농장에서 생산한 식재료를 직접 판매하는 마켓에서 가끔 그들을 볼 수 있지만, 에글러라고 부르는 일은 드물어졌습니다.

⑩ 채석공 (Quarryman)

채석공은 현재도 존재하는 직업으로, 다양한 공사 자재를 만들기 위해 땅에서 바위를 꺼내어 적당한 모양으로 자르는 일을 했습니다. 지금의 채석공은 다양한 안전 장비와 설비가 갖춘 채로 일하는 경우가 대부분이지만, 근현대 시대 또는 그 이전 시대에는 모두 사람의 힘으로 직접 작업해야 했습니다. 따라서 노동 강도가 매우 높았고, 낙하하는 바위 때문에 안전사고의 위험도 무척 높았습니다.

⑪ 브레이커 보이 (Breaker boy)

브레이커 보이는 탄광에서 캐낸 석탄에서 오염물을 제거하던 어린 광부들을 의미합니다. 근대와 현대 초반에 이르기까지, 미국에서 어린아이가 노동 현장에서 가혹한 노동에 시달리는 것은 드물지 않았습니다. 브레이커 보이도 10살 이하의 어린아이가 많았고, 하루에 10시간 이상의 중노동을 해야 했습니다. 어린 아이에게는 가혹한 일이 아닐 수 없었죠.

석탄을 다루는 일은 위험했기 때문에 많은 아이들이 사고로 신체의 일부를 잃곤 했습니다. 브레이커 보이를 찍은 사진이 대중매체를 통해 알려지면서 아동 보호에 대한 인식이 사회에 확산되었습니다[10)]. 덕분에 노동법도 개정되었고, 어린아이에게 노동을 시키는 것이 법적으로 금지되었습니다.

㉒ 소다 저크 (Soda jerk)

소다 저크는 미국에서 소다와 향료, 설탕을 섞어서 탄산음료를 만들어 판매하던 직업입니다. 하얀 실험용 가운을 입은 바텐더의 이미지를 상상하시면 비슷할 겁니다. 1940년대에는 무려 50만 명이나 되는 사람들이 소다 저크로 일할 정도였다고 하니, 당시 탄산음료의 인기를 알 만하지요? 소다 저크는 탄산음료뿐만 아니라 밀크셰이크나 다른 무알콜 음료를 만들어 팔기도 했지요.

㉓ 허쉬 숍키퍼 (Hush shopkeeper)

미국에서는 1920년부터 1933년까지 술의 매매와 음주가 엄격히 금지되었습니다. 하지만 이전까지 술을 즐겨 마시던 사람들은 술 없이 살기가 힘들었을 것이고, 평소에 잘 마시지 않았으면서도 금주령이 실시되니 괜히 더 마시고 싶어지는 사람도 있었을 겁니다. 따라서 감시하는 눈을 피해 몰래 거래가 이뤄졌습니다.

허쉬 숍키퍼는 당시 몰래 믿을 수 있는 고객에게만 술을 팔던 사람이었습니다. 불법 판매가 발각되지 않도록 숨겨야 했기 때문에 그 명칭에도 조용히 하라는 의미의 'hush'라는 단어가 사용되었죠.

㉔ 캐디 버처 (Caddy butcher)

1940년대까지 영국과 미국 등지에서는 말고기를 먹는 일이 흔했습니다. 오랜 전쟁으로 다른 가축의 수가 대폭 줄어들었고 가격도 비쌌기 때문이죠. 지금은 말고기라는 말만 들어도 미간을 찌푸리고 질색하는 사람들이 많지만, 당시에는 다른 고기에 비해 상대적으로 흔하고 저렴한 말고기를 먹는 일이 꽤 흔했다고 합니다. 캐디 버처는 말을 도축해서 고기를

10) Energy History. Child labor, Pennsylvania Coal Mines(gallery). Retrieved from https://energyhistory.yale.edu/library-item/child-labor-pennsylvanhia-coal-mines-gallery on 12th Apr 2022.

판매하던 직업이었습니다.

우리나라에서도 제주도와 같은 지역에서 말고기를 파는 곳을 찾아볼 수 있습니다. 말을 도축해서 판매하는 직업인을 특별히 다른 명칭으로 부르진 않지만요.

⑮ 칼갈이 (Scissors grinder)

칼갈이는 일상에서 사용하는 칼, 가위, 다른 도구들을 갈아서 날카롭게 만들어주는 사람을 의미합니다. 그들은 집집마다 방문하면서 칼과 가위 등을 날카롭게 갈아주고 사례비를 받곤 했지요. 칼 가는 소리와 비슷한 울음을 우는 매미에게는 그 이름을 단 명칭이 붙여지기도 했습니다(Scissors grinder cicada).

1970년대에 공장에서 대량 생산되는 칼과 가위가 판매되면서, 오래된 칼과 가위를 갈아서 쓰기보다는 새로 구매하는 것이 더 저렴해졌습니다. 더불어 칼갈이라는 직업도 사라져갔지요. 하지만 당시에 칼갈이가 갈아주던 칼과 가위를 썼던 사람 중에는 그때를 그리워하는 사람도 있습니다. 그들의 말에 따르면 칼갈이가 막 갈아준 칼과 가위는 현대의 공장 생산 제품과는 차원이 다를 만큼 날이 잘 서 있어서 잘 썰리고, 잘 잘렸다고 합니다.

⑯ 관상가 (Physiognomist)

우리나라에는 관상을 보는 사람들이 있습니다. “내가 왕이 될 상인가?”라는 대사로 유명한 관상(2013년작)이라는 영화도 있지요. 1900년대 초반 유럽에서도 관상가가 인기를 끌었습니다. 겉으로 드러나는 신체적인 특징이 그 사람의 성격을 알려준다고 믿었던 것이죠.

하지만 유럽의 관상학은 무척 인종차별적인 이론을 바탕으로 만들어졌습니다. 서유럽인의 전통적인 특징을 보여주는 용모는 정직함의 상징으로(예: 흰 피부와 파란 눈), 그 외 인종의 용모는 사기성이나 천박함을 의미한다고 보곤 했습니다(예: 긴 눈과 매부리코, 거무스름한 피부).

⑰ 영사 기사 (Film projectionist)

과거에 영화관에서 영화를 상영할 때는 둥글게 감긴 영화 필름을 이용하곤 했습니다. 영사 기사는 필름을 빛에 비춰 화면에 영화의 장면이 뜨도록 하는 사람들이었지요. 필름의 방향을 제대로 알고, 영사기가 돌아가는 속도를 잘 맞추는 등 섬세함이 필요한 직업이었다고 합니다. 하지만 디지털 방식이 보급되면서 이제는 필름으로 영화를 상영할 줄 아는 사람도 드물어졌습니다.

⑱ 엘리베이터 기사 (Elevator operator)

지금은 엘리베이터가 버튼 한두 개를 누르는 것만으로도 움직이지만, 1970년대 이전까지는 엘리베이터를 수동으로 조작해야 했습니다. 엘리베이터 문을 여닫고, 원하는 층으로 가는 것 모두 꽤 복잡한 조작을 거쳐야 했지요. 그 때문에 엘리베이터에 상주하면서 고객을 위해 엘리베이터를 조작하고 이동하는 속도를 조절하는 사람들이 있었습니다. 그들이 바로 엘리베이터 기사로 주로 여성들이 많았다고 합니다.

⑲ 전투기 리스너 (Aircraft listener)

리스너(listener)는 소리를 듣는 사람이라는 뜻의 영어 단어입니다. 전투기 리스너는 적국기가 다가오는 소리를 듣고 아군에게 경고하는 사람들이었죠. 2차 세계대전 이전에 정부는 적국기의 침입을 사전에 알기 위해 음향 미러(acoustic mirror)를 사용하는 전투기 리스너를 활용하곤 했습니다. 하지만 음향 미러에 적국기의 소리가 잡힐 때쯤이면 이미 너무 가까이 와 있었기에 경고가 소용없을 때도 많았다고 합니다.

⑳ 급보 전달원 (Dispatch rider)

급보 전달원은 현재 우리나라에서 활동하는 퀵 서비스 운전자들과 유사합니다. 1, 2차 세계대전 당시, 오토바이를 타고 부대 간에 급한 소식을 빠르게 전달하던 사람들을 의미하지요. 무선 전송으로 소식을 전할 경우,

적국이 훔쳐 들을 확률이 높았기 때문에 무선 전송보다는 빠르고 신뢰할 수 있는 급보 전달원을 선호했다고 합니다.

⑩ 금속활자 인쇄 기사 (Linotype operator)

디지털 방식의 인쇄 기술이 보급되기 전에는 금속활자를 활용한 인쇄 기술이 활발히 이용되었습니다. 금속활자 인쇄 기사들은 인쇄해야 할 내용에 따라 활자를 맞춰 세우고, 오류 없이 인쇄되도록 관리하는 역할을 맡았습니다. 하지만 1960년대 이후 더 저렴하고 빠른 신기술이 보급되면서 지금은 금속활자 인쇄 기사를 찾아보기 어렵게 되었습니다.

2. 현대 사회의 이색직업

이제 과거의 직업세계에서 벗어나 현대의 이색직업을 살펴보겠습니다. 현대로 들어오면서 산업과 기술, 사회적 변화가 한층 더 빨라지고 있습니다. 이전에 존재하지 않았던 산업이 생기기도 하고, 신기술이라고 불리던 것이 불과 몇 달 만에 낡은 기술이 되기도 합니다. 기계와 소프트웨어가 인간이 하던 일을 대체하고, 스스로 판단할 수 있는 인공지능(AI)마저 탄생했습니다.

과거 인류가 최첨단 미래 사회를 상상할 때는 '차가운 금속의 세계' '기계화된 인간'을 떠올릴 때가 많았습니다. 하지만 인공지능의 등장 이후에는 인간화된 로봇, 인간적이고 유연한 첨단기술 등을 떠올리곤 합니다. 기술 발전과 동시에 인간성과 인간 존중을 함께 추구하려는 의지가 작용하고 있음을 보여주는 것이죠.

좀 더 사람의 삶을 즐겁고 행복하고 편안하게 만들기 위한 직업과 더불어 과거에 사라졌던 직업이 부활하기도 하고, 동물 반려 인구가 증가하면서 동물과 관련된 직업이 새롭게 등장하기도 했습니다. 과거에 존재한 적 없던 직업도 다수 등장했고, 기존에 존재하던 직업에서 파생된 다른 직업이 새롭게 나오기도 했습니다. 저에게 다음 생을 기약하게 한 직업 역시 그중에 포함됩니다.

(1) 웰빙 · 웰에이징 · 웰다잉 분야

인간 존중의 의지와 함께 드러난 우리 사회의 특징 중에는 '웰빙' '웰에이징' '웰다잉'이 있습니다. 먼저 '웰빙'은 물질적인 풍요를 우선적으로 추구하던 것에서 벗어나, 정신적·육체적 삶의 질을 높이려는 현대인들의 열망이 발현된 것입니다. '사람이 사람답게 사는 것'을 추구하는 것이라고도 볼 수 있고요. 일상생활에서는 슬로푸드 등 건강한 음식, 심리를 안정시키는 요가 같은 운동과 여가생활, 마음의 여유를 찾을 수 있는 여행, 자연과 함께하는 전원생활 등을 찾는 움직임이 활발해졌습니다. 또한 급여를 많이 주는 일자리보다 즐겁게 일할 수 있는 일자리를 찾는 사람이 많아지고 있습니다.

'웰에이징'은 그저 장수하고자 하던 욕구를 넘어서 나이가 들어도 건강하게, 활발하게, 행복하게 사는 삶을 추구하는 것입니다. '사람이 사람답게 늙는 것'이라고도 표현됩니다. 퇴직 후 시간 여유가 있는 사람이 많기에 이 시기를 제3의 인생이라고 부르는 경우도 있습니다. 웰에이징을 추구하는 사람들의 삶의 방식은 웰빙의 방식과 유사합니다.

마지막으로 '웰다잉'은 환자에게 고통을 주는 연명치료보다는 자연스럽게, 인간다운 죽음을 맞을 수 있도록 하는 존엄사의 논쟁이 시작될 때 도입된 개념입니다. '사람이 사람답게 죽는 것'이라고 표현할 수 있습니다. 죽음을 스스로 준비하고, 살아온 날을 정리해 평화롭게 삶의 마무리를 맺을 수 있도록 하는 것입니다. 이미 노인 복지관 등에서 웰다잉을 위한 프로그램을 제공하는 경우도 있습니다. 유언장이나 자서전 작성, 묘비명 작성, 장례식 계획 세우기 등의 내용이 포함됩니다.

사람들의 웰빙, 웰에이징, 웰다잉을 돕기 위해 다양한 새로운 직업들이 생성되었고, 기존의 직업이 대체되기도 했습니다.

① 푸드 테라피스트

푸드 테라피스트는 웰빙 관련 직업으로, 개인의 건강 상태에 따라 맞춤형 식이요법을 알려주는 역할을 합니다. 다양한 식품의 효능과 영양소, 맛, 그리고 적합한 조리법 등 정보를 갖추고 있어야 하며, 의뢰인이 편안하고 솔직하게 자신의 상태를 설명할 수 있도록 헤야 합니다. 자신의 전문적인 지식과 의뢰인으로부터 파악한 정보를 바탕으로 의뢰인의 몸에 적합한 식재료와 조리법을 판단해 식이요법을 구성하는 것입니다.

Q: 어디에서 주로 일하나요?

A: 푸드 테라피스트는 병원, 요양원, 카페테리아, 정부 및 지방자치단체 등에서 근무하기도 하고, 개인 사업자로 일하기도 합니다. 개인적으

로 그들의 도움을 원하는 사람들의 주요 목적은 건강과 체중 관리, 질병 예방, 섭식장애 치료 등을 포함합니다.

Q: 어떤 교육을 받아야 하나요?

A: 미국에서는 푸드 테라피스트가 되기 위해 주정부에서 발급하는 자격증을 받아야 합니다. 흔히 영양학과 관련하여 4년제 학사 학위를 이수하거나, 영양학 관련 1-2년 정도의 과정을 이수한 뒤 관련 분야의 경험을 쌓아 테라피스트가 되기도 합니다. 교육과정을 통해 그들이 학습하는 분야는 다음과 같습니다: 1) 유전학, 2) 영양과 신체단련, 3) 영양과 건강, 4) 생애 주기에 따른 필요 영양, 5) 영양학적 생화학, 그리고 5) 영양과 질병. 흔히 생물학, 화학, 생리학을 통해 관련 지식을 쌓게 됩니다.

Q: 어떤 역량이 필요한가요?

A: 푸드 테라피스트는 의뢰인의 상태를 파악하고 적합한 식이요법을 구성해야 하므로, 높은 수준의 의사소통역량과 대인관계역량, 정보분석역량을 필요로 합니다. 의뢰인의 상태에 따라 민감한 정보를 공유해야 할 경우도 있으므로, 의뢰인이 신뢰하고 의지할 수 있는 태도와 마음가짐, 직업윤리를 갖는 것도 필요합니다.

Q: 수입은 얼마나 되나요?

A: 미국의 2020년 통계에 따르면 푸드 테라피스트들의 연봉 중간값은 약 63,090달러였습니다[11]. 2020년에서 2030년 사이, 일자리가 11% 이상 증가할 것으로 추정되어, 평균보다 빠르게 성장하는 직업 중 하나로 예측되고 있습니다.

11) Occupational Outlook Handbook. Dietitians and Nutritionists (2020 figure). Retrieved from https://www.bls.gov/ooh/healthcare/dietitians-and-nutritionists.htm on 1st Nov 2021.

② 베드 테스터 (Bed tester)

베드 테스터 역시 웰빙과 관련된 직업으로, 침대를 테스트하는 사람입니다. 아직 우리나라에는 알려진 직업이 아니지만, 미국이나 영국 등지에는 이미 정식으로 이 직업을 가진 사람들이 있습니다. 베드 테스터가 테스트하는 항목에는 매트리스, 담요, 베개, 수면용 조명과 백색소음 기기, 호텔 방, 수면제 등이 포함됩니다. 직접 제품을 테스트하기도 하고, 다른 사람들이 더 편안하게 제품을 사용할 수 있도록 침구를 정리를 해주기도 합니다.

Q: 어디에서 주로 일하나요?

A: 베드 테스터는 침대 매트리스와 침구를 생산하는 공장에서 일하기도 하고[12], 수면 질환을 앓는 환자들의 검사를 돕기 위해 병원에서 일하기도 합니다. 호텔에서 일하며 호텔에서 사용하는 침구를 테스트하기도 하고, 수면 및 침구 관련 연구를 추진하는 실험실에서 일하거나 직접 실험에 참여하기도 합니다[13].

Q: 어떤 교육을 받아야 하나요?

A: 베드 테스터가 되기 위해 받아야 하는 교육은 따로 정해져 있지 않습니다.

Q: 어떤 역량이 필요한가요?

A: 베드 테스터가 되기 위해서는 물품을 세세하게 점검하는 꼼꼼함과 분석력, 점검한 결과를 효과적으로 전달하기 위한 의사소통역량이 필

12) Zip Recruiter. What is a professional bed tester and how to become one. Retrieved from https://www.ziprecruiter.com/Career/ Professional-Bed-Tester/What-Is-How-to-Become on 29th Oct 2021.

13) How do you get rich on line. Professional Sleeper: How to become a bed tester Retrieved from https://howdoyougetrichonline..com/professional-l-sleeper-how-to-become-a-bed-tester-dream-job on 29th Oct 2021.

요합니다. 요구되는 학력이나 자격은 따로 없지만, 풍부한 관련 경험을 가졌는지가 중요합니다. 그런 경험은 마켓 리서치에서 물품을 테스트하는 체험단으로 참여하면서 얻을 수 있습니다.

어느 분야의 베드 테스터로 일하는가에 따라 추가로 요구되는 역량은 조금씩 다를 수 있습니다. 만약 실험실의 베드 테스터로 일한다면, 다음과 같은 역량이 도움 됩니다: 1) 어떤 장소에서나 잠들 수 있는 역량, 2) 다른 사람이 지켜보고 있음을 알면서도 잠들 수 있는 역량, 3) 장비나 기기를 단 채로 잠들 수 있는 역량, 4) 수면의 질에 대해 상세하게 보고할 수 있는 소통 역량(구두, 서면), 5) 얌전한 수면 습관, 6) 뛰어난 관찰력, 7) 정리·정돈을 잘 할 수 있는 역량, 8) 건강한 심신.

참여하는 실험의 종류에 따라 때로는 1-3번 대신, 불면증을 앓고 있는 것이 유리하기도 합니다. 불면증을 앓더라도 건강 상태는 양호해야 합니다. 실험으로 건강이 더 악화될 가능성이 있는 사람은 참여시키지 않는 것이 연구윤리이기 때문입니다.

호텔에서 고객이 사용할 침구를 테스트하는 것이 역할이라면, 위의 6)-8)번과 함께 침구의 품질에 대해서 개선할 방법을 찾고 소통하는 분석력과 의사소통역량이 도움 됩니다.

Q: 수입은 얼마나 되나요?

A: 베드 테스터의 평균 급여에 대해서는 의견이 분분합니다. 어느 곳에서 일하는 베드 테스터인가에 따라서 격차가 크기도 하고, 시급에 따라 급여를 받는 경우는 본인이 얼마나 많은 시간을 일하는가에 따른 차이가 크기 때문이지요. 실험에 참여하는 베드 테스터는 한달을 일하고 1만 달러가 넘는 돈을 받기도 합니다. 호텔에서 일하는 베드 테스터는 연봉 4-5만 달러, 경력에 따라 그 이상을 받기도 하지요. 개인 사업자로 일하거나 정식 고용 계약을 맺고 일하는가에 따라서도 수입이 크게 달라집니다.

③ 가구 테스터 (Furniture tester)

가구 테스터는 베드 테스터와 비슷한 직업입니다. 고객이 사용할 가구가 편안한지, 사용하는데 어려움은 없는지, 딱딱하게 배기는 것은 없는지, 인체공학적으로 적합하게 만들어졌는지, 사용하기에 안전한지를 테스트하고 결과를 보고하는 것이죠. 가구에 문제가 있다면 개선점을 제안하기도 합니다.

Q: 어디에서 주로 일하나요?

A: 가구 테스터는 가구를 생산하는 회사에 소속되어 일하기도 하고, 개인 사업자로서 여러 회사의 의뢰를 받아서 일하기도 합니다.

Q: 어떤 교육을 받아야 하나요?

A: 가구 테스터가 되기 위해서 특별히 필요한 교육은 없습니다. 하지만 가구를 세심하게 분석하고 보고서를 쓸 수 있는 수준이 되어야 하므로, 고졸 이상의 학력을 가진 것이 유리합니다.

Q: 어떤 역량이 필요한가요?

A: 가구 테스터에게는 세부적인 사항을 잘 살피고 장단점을 판단할 수 있는 관찰력과 분석력이 반드시 필요합니다. 분석한 결과를 소통하여 보고서로 작성하기 위해서 의사소통역량이 필요하고, 여러 의뢰인이나 동료와 함께 일하기 때문에 대인관계 역량과 팀워크 역량도 도움이 됩니다.

Q: 수입은 얼마나 되나요?

A: 영국에서 일하는 가구 테스터의 평균 연봉은 26,000파운드 수준이라는 통계가 있습니다[14]. 개인 사업자로 일하는 사람들은 시급 10-15파운드 정도를 받고 있다고 합니다.

14) https://www.careeraddict.com/become-a-furniture-tester

④ 퍼스널 쇼퍼 (Personal shopper)

재벌이 등장하는 드라마나 영화를 보면, 그들이 편안하게 소파에 앉아서 기다리는 동안, 그들이 원하는 물품을 가져와서 소개하는 사람들이 나옵니다. 우리나라에서는 주로 백화점의 VIP룸을 배경으로 그런 장면이 나오지요. 그런 사람들이 바로 퍼스널 쇼퍼입니다.

퍼스널 쇼퍼는 고객을 위해 그들이 원하는 물품을 찾아서 구매해주는 역할을 합니다. 때로는 고객이 미처 필요하다고 생각하지 못하던 물품을 추천해 주기도 하지요. 특히 패션 분야에서 일하는 퍼스널 쇼퍼는 고객의 신체적 특성을 살펴서 적절한 의복과 소품을 추천하기 때문에 고객 본인보다 더 그들에게 필요한 것, 어울리는 것을 잘 파악하고 있어야 합니다.

Q: 어디에서 주로 일하나요?

A: 퍼스널 쇼퍼는 개인 사업자로 의뢰를 받아 일하기도 하며, 부티크나 가게, 백화점에서 일하기도 합니다.

Q: 어떤 교육을 받아야 하나요?

A: 퍼스널 쇼퍼에게 특별히 요구되는 교육과정이나 자격은 없지만, 본인이 구매를 담당하는 분야와 관련된 학위가 있는 것이 도움됩니다. 퍼스널 쇼퍼 중 다수가 패션 분야에서 일하는 만큼, 패션이나 디자인 관련 학위를 가진 것이 유리합니다.

Q: 어떤 역량이 필요한가요?

A: 고객을 만족시켜야 하기 때문에 무엇보다도 고객 서비스 역량이 뛰어나야 하며, 고객에게 편안함을 느끼게 하는 성격과 행동, 태도, 의사소통 역량과 대인관계역량이 필요합니다. 여러 고객과 함께 일하는 만큼, 고객과의 네트워크를 유지하는 역량을 갖춰야 합니다. 고객조차 미처 알지 못하던 필요를 파악할 수 있어야 하기 때문에 창의성과 작은 것도 놓치지 않는 섬세함도 필요합니다.

구매를 담당하는 물품과 최신 유행, 관련된 시장과 산업의 동향에 대해서도 잘 이해하고 있어야 합니다. 고객의 돈을 대신 쓰는 직업인 만큼 높은 윤리의식을 필요로 합니다. 고객을 만족시킬 물품을 찾기 위해 하루종일 여러 가게를 돌아다니게 되므로 체력도 좋아야 합니다.

Q: 수입은 얼마나 되나요?

A: 2018년 기준, 영국 신입 퍼스널 쇼퍼의 연봉은 14,000-18,000파운드, 경력직은 19,000-23,000파운드 수준이라는 언급이 있습니다. 개인 사업자의 평균 일일 수입은 250파운드 수준이었고요[15]. 2021년 기준, 미국 퍼스널 쇼퍼의 평균 연봉은 56,624달러 수준이라는 통계가 있었습니다[16]. 3년간의 급여 인상률을 감안하더라도, 영국보다 미국의 퍼스널 쇼퍼가 훨씬 더 높은 수입을 얻고 있는 것이죠.

⑤ 건강 코치 (Health coach)

PT를 받아보신 분이라면 건강 코치의 개념을 좀 더 쉽게 이해하실 수 있을 겁니다. PT를 하는 트레이너들이 주로 운동에 대해서 조언을 제공한다면, 건강 코치는 건강 관리 전반에 대한 조언을 제공하고, 의뢰인이 의지를 잃지 않도록 곁에서 지지해주는 사람입니다. 흡연, 스트레스 관리, 영양 섭취, 수면, 활동, 시간 관리 등 건강과 관련된 모든 분야를 다루며 건강한 삶을 유지하도록 돕습니다.

건강 코치는 의뢰인의 건강 상태와 생활 습관을 확인한 뒤 개선점을 찾아내고, 의뢰인이 쉽게 습관을 들일 수 있는 방식으로 개선점을 실행하도록 합니다. 때로는 의뢰인의 집에서 함께 생활하면서 아침부터 밤까지

15) Career Addict (26th Jun 2018). How to become a personal shopper. Retrieved from https://www.careeraddict.com/become-personal-shopper on 19th Nov 2021.

16) Indeed (25 Jun 2021). How to become a personal shopper in 6 steps. Retrieved from https://ca.indeed.com/career-advice/finding-a-job/how-to-become-a-personal-shopper on 19th Nov 2021.

잘못된 생활 습관을 교정해주기도 합니다.

건강 코치와 유사한 일을 하지만, 주로 알콜이나 약물 중독자를 돕는 중독치료 도우미(sober companion)라는 직업도 있습니다. 미국 TV 시리즈인 엘리멘터리(2012-2019년작)에서는 약물중독인 셜록 홈즈를 돕는 조안 왓슨이 중독치료 도우미로 처음 등장하지요.

Q: 어디에서 주로 일하나요?

A: 헬스 코치는 건강 관리 회사, 헬스케어 회사, 건강 보험 회사, 헬스장, 체중 관리를 돕는 회사 등에서 일합니다. 회사에서 직원에 대한 복지 차원에서 건강 코치를 채용하기도 하고, 개인 사업자로서 다양한 의뢰인과 함께 일하는 건강 코치도 있습니다.

Q: 어떤 교육을 받아야 하나요?

A: 규모 있는 조직일수록 헬스 코치를 채용할 때, 관련 학위를 이수했는지를 확인합니다. 건강 웰니스 코칭, 건강 과학, 건강 관리, 간호학, 식품 영양학, 행동 테라피 등의 관련 분야의 학위나 자격 과정을 제공하는 교육기관도 있습니다. 또한 미국에는 공인 건강 웰니스 코치 자격증(NBC-HWC)이 있습니다. 3개월에서 1년 이상이 걸리며, 과정 끝에 150문항의 시험에 통과해야 합니다. 자격증을 받은 다음에도 자격 유지를 위한 지속적인 노력과 학습이 필요합니다.

Q: 어떤 역량이 필요한가요?

A: 헬스 코치가 되기 위해서는 스스로 건강 관리를 잘 하는 사람이 되어야 하며, 다른 사람의 건강도 챙길 수 있어야 합니다. 의뢰인의 생활 전반을 확인하고 관리하는 만큼, 의뢰인과 밀접하고 편안한 관계를 잘 유지하기 위한 대인관계역량과 의뢰인의 상황이나 감정 변화를 잘 이해하는 공감 역량을 갖춰야 합니다.

의뢰인 중 다수가 건강을 잃고 불안정한 정서상태에 놓여있을 수 있기 때문에 함부로 그들을 판단하지 않고, 그들의 말을 존중하고 잘 들어주면서도, 항상 그들에게 관심을 갖고 있음을 보여주는 방식으로 의사소통을 할 수 있어야 합니다.

의뢰인과 함께 하면서 다양한 돌발상황을 접할 수 있으므로 모든 상황에 잘 대응할 수 있어야 하며, 강한 인내심이 필요합니다. 건강 관리에 대한 최신 정보를 잘 숙지해야 하므로 항상 학습을 하는 습관을 길러야 하며, 고객과 친분을 쌓으면서도 지나치게 가까워지지는 않도록 전문적인 거리를 유지할 수 있어야 합니다.

Q: 수입은 얼마나 되나요?

A: 2021년 기준, 미국 건강코치의 연봉은 약 50,000-100,000달러 수준이라는 보고가 있었습니다[17]. 약 127,100개의 관련 직업의 연봉을 분석한 결과이지요.

⑥ 가정 건강 관리 보조사 (Home health aide)

과거와는 달리, 현재는 장애가 있는 사람이나 거동이 불편해진 고령자도 시설에 들어가기보다 자신의 집에 머무르며 생활하기를 원하는 경우가 증가하고 있습니다. 가정 건강 관리 보조사는 바로 이런 사람들이 본인의 집에 머무르며 생활할 수 있도록 돕는 사람입니다.

가정 건강 관리 보조사는 고령자나 장애인이 식사, 목욕을 할 수 있도록 돕고, 그들을 위해 요리, 운전, 가벼운 청소 등을 해주기도 합니다. 또한 그들의 신체적·정서적 건강 상태를 확인하여 기록하고, 집안이 그들이 활동하기에 안전한 곳이 될 수 있도록 관리합니다. 고령자나 장애인의 가족들이 그들을 간호하고 보살필 수 있도록 도움을 주고, 의료진의 도움이 필요할 때는 바로 연락을 취하기도 합니다.

17) Kresser Institute. Health Coach Salary; What you need to know. Retrieved from https://kresserinstitute.com/health-coach-salary-what-you-need-to-know/ on 19th Nov 2021.

우리나라에도 가정 건강 관리 보조사의 역할을 하는 사람들이 있으며, 가정에 중증 장애인이나 거동이 불편한 고령자가 있는 경우, 지역자치단체의 복지 담당 부서를 통해 그들의 서비스를 신청할 수 있습니다.

Q: 어디에서 주로 일하나요?

A: 가정 건강 관리 보조사는 지역자치단체의 관련 부서나 복지기관, 의료기관 등에 채용되어 일하거나, 개인 사업자로 등록하여 일하기도 합니다.

Q: 어떤 교육을 받아야 하나요?

A: 미국에서 가정 건강 관리 보조사가 되기 위해서는 최소 75시간 이상의 학습을 하고, 관련 자격을 이수해야 합니다. 주정부에 따라 120시간 이상의 학습과 40-60시간의 실습을 요구하기도 하지요. 과정을 이수하는 동안 환자의 체온과 혈압, 활력 징후를 확인하는 방법, 기초적인 간호 방법, 응급 상황에 대한 대응, 의학 용어, 건강 관리와 환자 지원, 가정 환경 관리 등을 배우게 됩니다.

Q: 어떤 역량이 필요한가요?

A: 가정 건강 관리 보조사가 되기 위해서는 환자와 소통하고 교류하기 위한 의사소통역량과 대인관계역량이 필수적입니다. 환자의 생활 곳곳을 관리해야 하기 때문에 정리 정돈을 잘 하고 시간 관리를 할 수 있어야 하며, 어떤 돌발 상황에도 대응할 수 있는 적응력이 필요합니다.
상황에 따라 환자의 몸을 들어올리거나 몸을 써야하는 일도 있으므로 신체적인 건강과 체력을 유지하는 것이 중요합니다. 응급 상황에서 환자의 상태를 확인하고 의료진과 소통할 수 있어야 하므로 의학적인 지식도 갖춰야 합니다.

Q: 수입은 얼마나 되나요?

A: 미국의 공식 통계에 따르면, 2020년 5월 기준, 가정 건강 관리 보조

사의 평균 연봉은 28,060달러 수준이었습니다[18]. 하지만 지역이나 소속된 기관, 제공하는 서비스의 수준에 따른 격차가 큰 것으로 나타났습니다.

⑦ 전문 커들러 (Professional cuddler)

정서적 웰빙을 위해 타인과의 편안한 신체적 접촉, 즉 커들링을 필요로 하는 사람들도 있습니다. 그들을 위한 직업이 전문 커들러입니다. 점차 삭막해져 가는 디지털 사회, 1인 가구의 증가, 인간관계에서의 불신 증가 속에서 전문 커들러에 대한 수요가 발생하고 있습니다. 고립감과 고독을 느끼는 사람들을 위해 성적인 감정이 배제된, 따스한 접촉을 제공하는 것이 전문 커들러의 역할입니다. 성적인 면이 배제된다는 점에서 성매매와는 명확하게 구분됩니다. 자칫 성매매로 오해되지 않도록 커들러 스스로가 선을 그을 수 있어야 하지요.

전문 커들러의 역할은 일본, 미국, 인도네시아 등 여러 국가에서 점점 더 확장되어 가고 있습니다. 코로나 팬데믹으로 인해 비대면이 강조되면서, 온라인으로 서비스를 제공하는 커들러도 있다고 합니다.

Q: 어디에서 주로 일하나요?

A: 전문 커들러는 관련 에이전시에 소속되어 일하거나, 개인 사업자로 일합니다. 일하는 장소는 의뢰인과 커들러 양측이 모두 편안하고 안전을 느끼는 곳입니다. 사생활 보호를 위해 본인의 집에서는 절대 일하지 않는 커들러들이 많다고 합니다. 아무리 커들러가 선을 긋는다고 해도, 의뢰인이 선을 넘으려고 할 위험성이 존재하기 때문이지요.

Q: 어떤 교육을 받아야 하나요?

A: 전문 커들러가 되기 위해 필요한 교육과정이나 자격 과정은 알려져

18) U.S. Bureau of Labor Statistics. Occupational Employment and Wage Statistics (31－1120 Home health and Personal Care Aides). Retrieved from https://www.bls.gov/oes/current/oes311120.htm on 19th Nov 2021.

있지 않습니다. 다만, 미국 포틀랜드 주의 Cuddle Up To Me에서 전문 커들러 자격 과정을 제공하고 있다고 합니다. 과정을 통해 다양한 커들링 포즈를 배우고, 고객과 적절한 거리를 유지하는 방법, 안전 수칙, 위기사항 대처 방법 등을 학습하게 됩니다.

Q: 어떤 역량이 필요한가요?

A: 전문 커들러를 찾는 고객들은 따스한 관심과 함께 그들의 이야기를 들어줄 사람을 필요로 하는 경우가 많습니다. 따라서 배려와 함께 그들의 말을 들어줄 수 있는 카운슬러와 같은 역량을 필요로 합니다. 또한 밀접한 신체적 접촉이 발생하는 가운데서도 성적인 접촉은 배제해야 하므로 고객과 적절한 거리를 유지할 수 있어야 합니다. 전문적인 태도와 따스한 배려의 균형을 지키고, 고객 스스로 원하는 것을 말할 수 있도록 유도하는 의사소통능력도 갖춰야 합니다.

Q: 수입은 얼마나 되나요?

A: 전문 커들러의 평균 연봉에 대한 자료는 찾아보기 어려웠습니다. 다만 미국의 전문 커들러에 대한 2019년도의 기사에서 시급 80달러, 연간 40,000달러의 수입을 거두고 있다는 언급이 확인되었습니다[19]. 다만 이 수치에는 과장이 섞여 있을 수도 있다는 비판이 있었습니다.

⑧ 노년 플래너 (Retirement planner)

노년 플래너는 웰에이징 및 웰다잉과 관련된 실버 산업 분야의 직업 중 하나입니다. 노인들이 일자리에서 은퇴한 후에 행복한 삶을 꾸릴 수 있도록 건강이나 경제 관리, 정서 관리 등을 돕는 역할을 합니다. 재테크

19) Fox News (8th Jan 2019). Woman earns $40G a year as a 'professional cuddler'. Retrieved from https://www.foxnews.com/lifestyle/woman-40k-a-year-as-a-professional-cuddler on 24th Nov 2021.

등 자산을 관리하는 법이나 자손들과 좋은 관계를 유지하는 법을 조언하는가 하면, 유산 상속과 유서 작성, 본인의 생을 마무리하고 장례식을 준비하는 엔딩노트 작성, 존엄사 등에 대한 정보를 제공해 당당하고 의연한 죽음을 준비하도록 돕기도 합니다.

Q: 어디에서 주로 일하나요?

A: 노년 플래너는 개인 사업자와 같은 개인 사업자로 일하는 경우와 은행과 투자회사, 보험회사 등의 금융권에서 일하는 경우, 실버타운 등에서 일하는 경우가 있습니다.

Q: 어떤 교육을 받아야 하나요?

A: 미국에는 약 3개의 관련 자격이 있습니다[20].

첫 번째, 공인금융설계사(Certified Financial Planner: CFP)는 공인금융설계사협회의 표준에 따르는 자격입니다. 자격을 이수하기 위해서는 먼저 금융설계 분야의 학사 학위를 소지하고 있어야 하며, 약 1,000시간 동안 관련 분야의 경험을 쌓기 위한 관련 활동(course work)를 하고, 시험에 합격해야 합니다.

두 번째, 공인금융분석가(Chartered Financial Analyst: CFA)는 투자를 위한 조사와 투자 포트폴리오 관리를 위해 특히 중요한 자격입니다. 금융설계 분야의 학사 학위를 소지하고, 최소 48개월 이상 현직에서 관련 경력을 쌓고, 3번의 시험에 합격해야 합니다. 각 시험은 6시간동안 치러지며, 회계, 경제, 윤리, 금융, 수학 분야의 전문지식을 테스트합니다.

세 번째, 개인금융관리전문가(Personal Financial Specialist: PFS)는 공인회계사(Certified Public Account) 자격을 갖고 있으면서, 동시에 금융과 재산 관리의 다양한 분야에 전문성을 가진 사람이 얻

20) Investopedia. Reirement Planner. Retrieved from https://www.investopedia.com/terms/r/retirement-planner.asp on 3rd Nov 2021.

을 수 있는 자격입니다. 관련 분야의 학사 학위를 소지하고, 2년 이상 경력을 쌓아야 하며, 부동산, 은퇴, 투자, 보험, 기타 개인 금융 설계에 대해 학습하여 1회 시험에 합격해야 합니다.

Q: 어떤 역량이 필요한가요?

A: 의뢰인의 노년과 재산 설계를 관리해주는 사람인 만큼, 매우 높은 수준의 윤리의식이 요구됩니다. 뛰어난 정보력과 정보분석력으로 투자 시장의 최신 트렌드를 잘 파악해야 하기도 합니다. 연령대가 높은 의뢰인과 소통하는 만큼, 신뢰감을 주는 말투와 태도를 갖춰야 하며, 상대방을 배려하는 의사소통역량과 대인관계역량을 발휘해야 합니다.

Q: 수입은 얼마나 되나요?

A: 노년 플래너 자체에 대한 통계는 찾기 어려웠지만, 유사한 직업인 개인금융조언자(Personal Financial Advisor)의 2020년 연봉 중간값은 89,330달러였습니다[21]. 2020년부터 30년 사이에 기대되는 일자리 증가율은 5% 정도로 다른 직업보다 적은 편입니다.

⑨ 고령자 이사지원 관리자 (Senior move manager)

미국 고령자 이사지원 관리자는 우리나라의 포장이사 책임자와 유사한 일을 합니다. 다만 우리나라의 포장이사가 보통 하루 만에 이뤄지지만, 미국의 고령자 이사지원 관리자는 짧게는 며칠, 길게는 몇 주간에 걸쳐 필요한 물건과 그렇지 않은 물건, 추억이 담긴 물건과 처분할 수 있는 물건 등을 구분할 수 있도록 돕는 역할도 함께 수행합니다. 고령자의 이사는 대체로 지금까지 살던 집보다 작은 곳으로 옮겨가는 일이 많고, 소유

21) Occupational Outlook Handbook. Personal Financial Advisors. Retrieved from https://www.bls.gov/ooh/business-and-financial/personal-financial-advisors.htm on 3rd Nov 2021.

한 물건을 줄일 필요가 있기 때문입니다.

고령자 이사지원 관리자는 오랫동안 간직해 왔던 물건을 처분하는 과정에서 발생하는 고령자의 슬픔을 위로하고, 그들이 새로운 집에서 새로운 시작을 할 수 있도록 격려하기도 합니다[22]. 새로 이동한 지역에서 활용할 수 있는 고령자 지원 서비스나 혜택 등에 대해 간략하게 알려주는 경우도 있습니다.

Q: 어디에서 주로 일하나요?

A: 고령자 이사지원 관리자는 주로 개인 사업자로 활동하며, 이사를 진행할 때마다 일용직 또는 사전에 계약되어 있던 직원과 함께 일합니다.

Q: 어떤 교육을 받아야 하나요?

A: 고령자 이사지원 관리자가 되기 위해 정해진 교육과정은 없습니다. 하지만 경영과 인적자원 관리, 이사를 위해 필요한 장비, 이삿짐과 작업해야 하는 업무에 따라 견적을 내는 회계 등에 대해 학습하는 것이 도움됩니다.

Q: 어떤 역량이 필요한가요?

A: 개인 사업자로서 활동하는 만큼, 스스로 적극적으로 사업을 홍보하고 경영할 줄 알아야 합니다. 일반적인 이사를 위해 필요한 작업뿐만 아니라 고객의 개인적인 특성이나 필요에 따라 요구되는 추가 작업을 확인하기 위해 고객과 능동적으로, 효율적으로 소통할 수 있는 의사소통역량과 대인관계 역량도 필요합니다.

이사의 사전 준비부터 최종 정리까지 전체 작업량과 이동 거리, 추가 작업과 야간 작업이 필요한 상황을 파악하여 견적에 감안할 수 있는

22) ParentGiving. The right move: working with a senior move manager. Retrieved from https://www.parentgiving.com/elder-care/the-right-move-working-with-a-senior-move-manager/ on 12th Nov 2021.

분석력과 회계역량을 갖춰야 하며, 그런 사항을 고객에게 잘 이해시킬 수 있어야 합니다.

고객뿐만 아니라 함께 일하는 작업팀과 소통하고 좋은 관계를 유지하는 것도 필요합니다. 고령자 고객을 상대하고 그들이 소중하게 아끼는 물품을 다루는 만큼, 배려심과 높은 윤리의식, 인내심, 공감역량을 갖추는 것도 좋습니다. 또한 사업자로서 업무에 대해 충분한 이윤을 확보하면서도 동시에 고객이 비용을 절약할 수 있도록 다양한 정보를 확보하고 제공하는 역량을 갖는 것이 비즈니스 유지에 도움됩니다.

Q: 수입은 얼마나 되나요?

A: 2021년 11월 10일 기준으로 미국의 고령자 이사지원 관리자의 평균 연봉은 40,279달러였습니다[23].

⑩ 언어 치료사 (Speech therapist 또는 Speech-language pathologist)

언어 치료사는 말을 하거나, 글을 읽거나, 삼키는 데 장애를 겪는 사람들을 검사하고, 증상을 진단한 뒤, 치료하는 직업입니다. 주로 심장마비를 겪거나 뇌 질환으로 인해 의사소통을 다시 배워야 하는 고령자들, 선천적인 장애인들, 언어 장애를 겪는 어린 아이들을 대상으로 치료를 합니다.

Q: 어디에서 주로 일하나요?

A: 언어 치료사는 학교, 요양원, 재활기관, 병원 등에서 주로 일하며, 개인 사업자로 등록하여 여러 의뢰인과 함께 일하기도 합니다.

23) Glassdoor (10th Nov 2021). How much does a move manager make? Retrieved from https://www.glassdoor.com/Salaries/move-manager-salary-SRCH_KO0,12.htm on 12th Nov 2021.

Q: 어떤 교육을 받아야 하나요?

A: 미국에서 언어 치료사가 되기 위해서는 언어 치료 관련 분야의 학사와 석사 학위를 이수하고, 36주간 임시 자격증으로 활동한 경력을 쌓아야 합니다. 환자를 상대하는 직업인만큼 범죄 기록이 없어야 하고, 임시 자격증을 발부받기 전 지문인식을 등록해야 하며, 경력을 쌓는 동안 일할 기관의 증빙 자료를 제출해야 합니다.

Q: 어떤 역량이 필요한가요?

A: 언어 치료사가 되기 위해서는 환자가 하는 말, 쓰는 글을 관찰하면서 정상적이지 않은 패턴을 찾아내고, 관찰 결과와 함께 환자와 가족을 면담한 결과를 바탕으로 진단하고 치료 계획을 세울 수 있어야 합니다. 따라서 세심한 관찰력과 분석력, 판단력, 의사소통역량이 필요하며, 환자와 가족들이 편안하게 대화할 수 있도록 유도하는 대인관계역량이 필수적입니다.

언어 장애로 인해 정서가 불안정해진 환자들이 돌발행동을 할 수 있으므로, 다양한 상황에 능숙하게 대응하는 적응력과 문제해결역량도 필요합니다. 환자와 가족들이 신뢰할 수 있도록 믿음을 주는 소통 방식과 환자의 치료를 잘 이끌어나갈 수 있도록 리더십 역량과 의사결정역량도 발휘할 수 있어야 합니다.

개별 환자의 치료에 충분한 시간을 할애하면서도, 부수적인 다른 업무도 수행할 수 있도록 시간 관리를 잘할 줄 아는 것도 도움 됩니다. 환자의 상황과 괴로움을 잘 이해하는 공감능력과 함께, 환자와 관련된 정보를 항상 기밀로 잘 유지해야 하므로 높은 윤리의식도 요구됩니다.

Q: 수입은 얼마나 되나요?

A: 미국의 공식 통계에 따르면, 2020년 기준, 언어 치료사의 연봉 중간값은 80,480달러였습니다[24)]. 2020년부터 2030년 사이에 일자리 규모가 29% 증가할 것으로 예상되고 있습니다.

⑪ 죽음 조언자 (End of life doula 또는 Death doula)

죽음 조언자는 질병 등으로 시한부의 삶을 사는 사람을 정서적으로 안정시켜주고, 죽음을 맞이할 준비를 돕는 사람입니다. 과거에는 죽음이 꺼려지는 것, 피하고 싶은 것으로 인식되었으나 웰빙, 웰에이징, 웰다잉의 인식이 확산되면서 죽음도 긍정적으로 받아들이고자 하는 사람들이 점차 증가하고 있습니다.

하지만 죽음을 앞둔 사람은 복잡한 감정의 변화와 정서적 갈등을 겪는 일이 흔하며, 가족들도 슬픔에 잠긴 탓에 그들의 안정에 도움이 되지 못하기도 합니다. 죽음 조언자는 이런 사람들과 그들의 가족이 겪는 혼란과 슬픔에 공감하고, 장례식 준비를 도우며, 죽어가는 사람을 보살핍니다[25]. 호스피스 병동에서 일하는 사람들의 역할과도 유사하지만, 더욱 정서적인 면에 집중한다는 점에서 약간의 차이가 있습니다.

Q: 어디에서 주로 일하나요?

A: 현재 활동하는 죽음 조언자는 대부분 개인 사업자로 병원이나 호스피스, 요양원 등을 방문하여 의뢰인과 함께 시간을 보냅니다. 그들 중 일부는 특정 의료기관이나 요양기관과 계약을 맺고, 입원한 환자들을 돕기도 합니다.

Q: 어떤 교육을 받아야 하나요?

A: 미국과 영국의 일부 교육기관에서 죽음 조언자의 자격 과정을 제공하고 있습니다. 의료 분야의 경험이 있는 것이 도움 되지만, 필수는

24) Occupational Outlook handbook. Speech－language pathologists. Retrieved from https://www.bls.gov/ooh/healthcare/speech－language－－pathologists.htm on 19th Nov 2021.

25) Willed. What is a death doula? The complete guide of non－medical end of life carers. Retrieved from https://www.willed.com.au/guides/what－is－a－death－doula－the－complete－guide－to－non－medical－end－of－life－carers/ on 16th Nov 2021.

아닙니다. 과정에 따라 세부적인 학습 내용은 다르지만, 대체로 다른 사람이 죽음을 긍정적으로 받아들일 수 있도록 도우면서 그들의 슬픔과 괴로움을 애정과 함께 들어주고 대응하는 방법이 포함됩니다. 미국의 INELDA(International End of Life Doula Association)과 NHPCO(National Hospice and Palliative Care Organization), NELDA(National End of life Doula Alliance)등을 통해 관련 정보를 얻을 수 있습니다. 영국에서는 Crossfield Institute와 LWDW(Living Well Dying Well)의 협력으로 5일간의 단기 과정과 4개의 모듈로 구성된 디플로마 과정을 제공하고 있습니다[26]

Q: 어떤 역량이 필요한가요?

A: 죽음 조언자는 공감 역량을 갖춰야 하지만, 동시에 지나치게 의뢰인의 감정에 동화되어 흔들리는 모습을 보여선 안됩니다. 따라서 공감과 적당한 정서적 거리 유지 사이의 균형을 잘 맞출 수 있어야 하지요. 환자가 죽는 시간은 정해져 있지 않기 때문에 오랜 시간동안 곁을 지키며 기다려야 할 수도 있습니다. 오랜 시간 내내 죽음 조언자로서의 태도를 유지해야 하므로 인내심과 성실성이 요구되지요.

소중한 사람을 잃고, 그 상실감을 극복해 본 경험이 있는 것이 도움됩니다. 직접 죽음을 경험해보지 못한 사람은 할 수 없는 차원의 정서적 교류를 환자나 그 가족들과 나눌 수 있기 때문입니다. 본인도 언젠가 죽을 수 있음을 수용하고, 죽음에 대해 편안한 마음을 갖는 것도 도움이 됩니다. 죽음을 두려워하거나 불안해하는 사람이 죽음 조언사가 되는 것은 쉽지 않습니다.

죽음을 앞둔 환자나 가족들이 하는 말은 논리적으로 맞지 않을 수도 있고, 때로는 갑작스런 분노와 공격성을 포함할 수도 있습니다. 때로는 죄책감과 후회로 고통스러워할 수도 있습니다. 죽음 조언자

26) LWDW. Our training & Events. Retrieved from https://www.lwdwtraining.uk/our-training-events/ on 16th Nov 2021.

는 그들의 혼란을 이해하고 감싸 안으며 동시에 진정하도록 도와줄 수 있어야 합니다.

Q: 수입은 얼마나 되나요?

A: 죽음 조언자의 연봉에 대한 정보는 찾아보기 어려웠지만, 미국의 죽음 조언자는 시급 25~100달러를 받는다는 의견이 있었습니다[27].

⑫ 시신 화장 전문가 (Mortuary makeup artist 또는 Desairologist)

시신 화장 전문가는 죽은 사람이 생전의 모습과 유사하게 보이도록 화장해주는 직업입니다. 외국은 관을 열어둔 채로 장례식을 치르는 일이 많습니다. 따라서 고인의 마지막 모습이 생전의 건강하던 모습과 비슷하도록 화장을 하는 관습이 생긴 것이지요.

시신 화장 전문가는 시신의 모습이 유족이 전달한 사진과 최대한 비슷해지도록 머리를 손질하거나 얼굴과 드러나는 피부에 화장을 해줍니다. 머리를 염색하고 가발을 씌우거나, 손톱에 색을 칠하기도 합니다. 사고로 시신이 많이 손상된 경우에도 최대한 깨끗한 모습을 유지할 수 있도록 분장을 해줍니다. 따라서 단순 화장 전문가의 수준을 넘어서 분장사의 기술이 필요한 직업입니다.

Q: 어디에서 주로 일하나요?

A: 시신 화장 전문가는 주로 장례업체에서 일하지만, 개인 사업자로 여러 의뢰인과 일하기도 합니다.

Q: 어떤 교육을 받아야 하나요?

A: 미국의 시신 화장 전문가는 장의사나 장례 조언사로 일하다가 화장

---

27) CAKE (9th Nov 2021). How to become a death doula: Training, Salary & FAQs. Retrieved from https://www.joincake.com/blog/how-to-become-a-death-doula/ on 16th Nov 2021.

및 분장 기술을 배우거나, 미용 학원에 다니다가 관련 자격을 이수한 뒤에 활동하기도 합니다. 가장 빠르게 진입하는 방법은 미용 학원을 통한 것으로 보통 1년간 1,000시간의 훈련을 이수한 뒤에 자격을 받게 됩니다.

Q: 어떤 역량이 필요한가요?

A: 시신 화장 전문가가 되기 위해서는 먼저 죽은 사람과 죽음을 존중하는 마음가짐을 갖춰야 하며, 어떤 상태의 시신을 봐도 놀라거나 두려워하지 않아야 합니다. 생전의 사진을 바탕으로 시신을 최대한 가까운 모습으로 단장할 수 있는 뛰어난 화장과 분장 기술을 갖추는 것이 필수입니다.

Q: 수입은 얼마나 되나요?

A: 2018년 기준, 미국 시신 화장 전문가의 평균 연봉은 54,911달러라는 통계가 있습니다[28]. 가장 낮은 수치는 10,618달러, 가장 높은 수치는 282,048달러로 직업 내에 격차가 매우 심한 것을 확인할 수 있었습니다.

⑬ 친환경 장례 지도사 (Green funeral director)

서양에서는 장례식 기간 동안 시신이 부패하지 않도록 포르말린을 주입하며, 잘 썩지 않는 장식이 달린 관(casket)과 금속 또는 돌로 만든 보호용 관(vault)을 사용해 왔습니다. 그 상태로 시신이 땅에 묻히면서 자연환경에도 좋지 않은 영향을 미쳐왔고요. 이런 문제점을 지적하고 최대한 친환경적인 방법의 장례식을 진행하는 직업이 친환경 장례 지도사입니다. 친환경 장례식은 단순하고 기본적인 형태의 관을 쓰며, 시신을 방부 처리

28) Comparably. Mortuary Makeup artiist salary. Retrieved from https://www.comparably.com/salaries/salaries-for-mortuary-makeup-artist on 19th Nov 2021.

하지 않기 때문에 비용적인 면에서도 더 경제적입니다.

외국에서는 1990년대부터 나타나기 시작한 비교적 새로운 직업 중 하나이지만, 우리나라에서는 모든 장례 지도사가 곧 친환경 장례 지도사입니다. 우리나라는 시신을 염할 때 부패를 방지하는 화학 물질을 주입하지 않습니다. 우리나라에서 사용하는 관은 가장 단순하게 나무를 잘라내어 만든 것이며, 땅에 묻혀도 자연 생태계에 별다른 영향을 주지 않지요.

환경 보호, 자연 친화에 대한 관심이 높아지는 지금, 우리나라의 자연 친화적인 장례 문화를 해외에 보급하는 것도 새로운 직업 분야가 될 수 있지 않을까요?

Q: 어디에서 주로 일하나요?

A: 친환경 장례 지도사는 장례업체에서 주로 일합니다. 자영업자로서 본인의 사업체를 운영하는 사람이 많습니다. 또한 이미 친환경 장례업체인 곳에 채용되어 일하기도 합니다.

Q: 어떤 교육을 받아야 하나요?

A: 미국에서는 일부 조직에서 친환경 장례 자격 프로그램을 운영하고 있습니다. NFDA(National Funeral Directors Association)이나 GBC(Green Burial Council) 등에서 관련 프로그램의 내용을 확인할 수 있습니다. 하지만 정식으로 공인된 자격은 아닙니다. 따라서 일반 장례 지도사와 같은 교육과정을 이수한 뒤, 친환경 장례식에 대해 추가로 학습하는 방식으로 친환경 장례 지도사가 되는 것으로 추측해볼 수 있습니다.

미국에서 일반 장례 지도사가 되기 위해서는 2년 이상 고등교육기관에서 장례 서비스 분야의 학습을 받고 자격을 이수해야 합니다. 그 후, 1~3년간 다른 장례 지도사의 밑에서 도제로 활동하며 경력을 쌓은 뒤, 주 정부에서 주최하는 장례 지도사 자격 시험에 합격해야 합니다. 시험에는 심리학, 장례 서비스, 경영 관련 법률, 장례 서비스의 역사, 미생물학, 병리학, 시신 방부 처리(embalming), 해부학, 손상된 시신 복구 방법 등의 문제가 출제됩니다.

Q: 어떤 역량이 필요한가요?

A: 모든 장례 지도사와 같이, 친환경 지도사도 죽은 사람과 죽음을 존중하는 태도를 갖춰야 합니다. 유족의 슬픔을 공감하고 이해할 수 있어야 하며, 그들을 위로하고 원하는 장례식 절차를 논할 수 있는 뛰어난 의사소통역량과 고객 서비스 역량이 필요합니다. 복잡한 장례식 절차가 차질없이 진행되도록 잘 관리하는 역량도 갖춰야 합니다. 문화, 종교 등에 따라 장례의식에 차이가 있을 수 있으므로 관련 지식을 잘 숙지하고, 장례식을 주관할 때 활용할 수 있어야 합니다.

Q: 수입은 얼마나 되나요?

A: 친환경 장례 지도사의 수입에 대한 통계는 찾아보기 어려웠습니다. 하지만 미국 장례 지도사 전반의 연 평균 수입은 2020년 기준 59,000달러 수준인 것으로 확인되었습니다[29].

⑭ 분골 예술가 (Ash artist)

미국 북동부에 있는 뉴햄프쇼 주에는 죽은 사람의 분골로 예술 작품을 만드는 스튜디오가 있습니다. 그곳에서 일하는 사람들이 분골 예술가지요. 분골 예술가는 사랑하는 가족이나 친지를 쉽게 떠나보내지 못하고 추억을 간직하고 싶어 하는 유족을 위해 그들의 슬픔을 달래주는 아름다운 작품을 만듭니다.

고인의 흔적을 자연으로 완전히 돌려보내는 것을 긍정적으로 보는 우리나라에서는 극히 보기 드문 직업이긴 합니다. 하지만 우리나라에도 반려동물을 화장한 뒤, 남은 분골을 메모리 스톤 형태로 만들어 간직하는

---

29) U.S. Bureau of Labor Statistics. Occupationa Employment and Wage Statistics (Morticians, undertakers and funeral arrangers). Retrieved from https://www.bls.gov/oes/current/oes394031.htm on 19th Nov 2021.

반려인들이 있습니다. 거기서 더 나아간다면 분골로 예술 작품을 만드는 예술가의 수요도 증가할지 모릅니다.

Q: 어디에서 주로 일하나요?

A: 미국에는 두 곳의 스튜디오에서 분골 예술가들이 일하는 것으로 알려져 있습니다. 테라핀 글라스블로잉(Terrapin Glassblowing)과 아트프롬아쉬스(Art from Ashes)지요. 우리나라에는 반려동물 장례식장에서 반려동물의 분골을 메모리 스톤으로 만들어주는 사람들이 있습니다.

Q: 어떤 교육을 받아야 하나요?

A: 분골 예술가에게 특별히 요구되는 교육과정은 없습니다. 하지만 다른 예술가와 같이 순수미술을 전공하는 것이 도움됩니다. 대학에서 학위를 전공한 다음에도 현직 예술가와 함께 경험을 쌓으며 훈련을 받기도 합니다.

Q: 어떤 역량이 필요한가요?

A: 분골 예술가는 뛰어난 미적 감각과 손재능을 지니고 있어야 하며, 유족들의 슬픔을 이해하는 공감 역량을 가진 것이 도움됩니다. 유족이 특별히 원하는 형태의 작품이 무엇인지 소통하고 이해할 수 있어야 하므로 의사소통역량과 대인관계역량을 키우는 것도 도움됩니다. 본인이 다루는 재료의 특성을 잘 이해해야 하며, 분골만으로 작품을 만들기 어려울 때 추가할 수 있는 다양한 재료와 그 재료를 가공하기 위해 필요한 도구를 잘 알고 있어야 합니다.

Q: 수입은 얼마나 되나요?

A: 분골 예술가의 수입에 대한 별도의 통계는 찾기 어려웠습니다. 하지만 순수 미술가의 연봉과 관련된 통계를 보면, 2020년 5월 기준, 평균 65,020달러, 중간값 52,340달러 수준이었습니다[30].

(2) 관광 · 레저 분야

웰빙과 삶의 질을 추구하는 움직임은 관광·레저 분야의 활성화를 가져왔습니다. 일－집을 왔다갔다 하는 삶에서 벗어나 주말마다 새로운 여행지나 활동을 찾아 떠나는 사람들이 많아졌지요. 1－2주일 이상의 휴가와 함께 해외여행을 떠나는 일도 흔해졌고요. 그런 관광 · 레저 분야의 새로운 직업, 이색직업에는 어떤 것들이 있을까요?

⑮ 개인 미디어 콘텐츠 제작자

유튜브를 통해 널리 알려진 개인 미디어 콘텐츠 제작자(일명 유튜버)는 삶을 즐기기 위한 다양한 방법을 소개합니다. 맛있는 음식을 만드는 방법이나 맛집을 소개하고, 흔히 접하기 어려운 새로운 체험들을 기획해 경험해보고 후기를 알려줌으로써 다른 사람들의 도전을 돕거나 대리만족을 하도록 해주기도 합니다. 또 본인이 잘 아는 분야나 전문 분야를 살려서 구독자들에게 유용한 정보와 기회를 제공하기도 합니다.

음식을 맛있게 먹거나 많은 양을 먹어 치우는 모습을 보여주는 먹방, 듣는 사람의 심신에 안정을 주는 소리를 들려주는 ASMR 방송, 현실에 존재하는 물품과 식품, 건물을 초소형 또는 초대형으로 제작하는 과정과 결과물을 보여주는 방송, 법적 지식, 의료 지식, 동물 반려 관련 지식을 알려주는 방송, 장애인의 관점에서 보는 삶을 보여주는 방송, 아름다운 여행지와 맛집을 알려주는 방송, 직업군인의 삶을 알려주는 방송 등 매우 다양한 주제의 방송이 매일 새롭게 제작되고 있습니다.

Q: 어디에서 주로 일하나요?

A: 여행 블로거와 마찬가지로 대부분 개인 사업자로 일합니다. 일부는

---

30) US Bureau of Labor Statistics. Occupational Employment and Wages Statistics (May 2020) 27－1013 Fine artists, including painters, sculptors and illustrators. Retrieved from https://www.bls.gov/oes/current/oes271013.htm on 15th Nov 2021.

특정 기업이나 조직에 채용되기도 합니다. 유튜브, 트위터, 아프리카TV, 팟캐스트 등 다양한 매체를 통해 그들이 제작한 콘텐츠를 방송합니다.

Q: 어떤 교육을 받아야 하나요?

A: 개인 미디어 콘텐츠 제작자가 되기 위해 정해진 학과나 자격은 없습니다. 하지만 방송학과나 영상예술학과, 연극영화학과, 문예창작과, 미디어학과 또는 유사한 학위를 이수하거나, 과정을 듣는 것이 도움됩니다.

Q: 어떤 역량이 필요한가요?

A: 개인 미디어 콘텐츠 제작자는 기본적으로 도전정신과 모험심을 가진 사람입니다. 또한 새로운 콘텐츠를 만들기 위한 창의력과 기획력이 필요합니다. 구독자의 관심과 흥미를 끌 수 있는 방식으로 콘텐츠를 구성할 수 있는 기획력. 연출력, 연기력, 영상 촬영과 편집 역량도 필요합니다. 구독자에게 지속적으로 인기를 끄는 콘텐츠와 최근 인기가 높아진 콘텐츠의 트렌드에 대해서도 꾸준히 탐구하는 자세를 갖춰야 합니다. 누리는 인기에 안주하지 않고 더 나은 콘텐츠를 만들기 위해 끊임없이 개선하고 노력하는 성실함과 인기를 위해 자극적인 콘텐츠 생산에 빠져들지 않는 윤리의식도 필요합니다.

Q: 수입은 얼마나 되나요?

A: 개인 미디어 콘텐츠 제작자의 수입은 구독자 수와 후원금, 광고와 협찬 등에 따라 천차만별로 다릅니다. 유튜브를 기준으로 보면, 1인이 영상을 구독할 때마다 0.1-0.3달러의 수입이 발생하며, 1,000명이 광고 전체를 볼 때마다 18달러를 지불합니다. 매일 20,000명 이상이 구독할 때, 평균 연수입은 10,403-17,338달러 수준입니다[31].

⑯ 투어 리더 (Tour leader)

투어 리더는 우리나라의 여행 가이드와 매우 유사하지만, 보편적으로 여행객에게 좀 더 많은 자유를 주는 형태의 여행 상품에서 활동하는 사람들입니다. 여행 가이드가 여행객의 모든 편의를 살펴주고, 여행지에 대한 상세한 설명을 제공하고 여행 일정 전반을 챙긴다면, 투어 리더는 비교적 제한적인 서비스를 제공합니다.

1일 이상 진행되는 투어 전체를 담당하는 투어 리더는 여행객을 여행 일정대로 정해진 관광지, 식당, 숙소에 데려다주고, 여행객이 자유롭게 보낼 수 있는 시간을 알려줍니다. 관광지에 대한 약간의 설명을 제공하고, 여행객에게 위급 상황이 발생하면 대처를 도와주기도 합니다.

관광지 한곳에 계속 머무르는 투어 리더도 있습니다. 이들은 다른 투어 리더가 데려온 여행객에게 관광지 내부의 안내와 체험을 돕습니다. 소속된 관광지에 대해서 매우 상세한 정보를 갖고 있으며, 관광지에 대한 여행객의 다양한 질문에 답해주기도 합니다.

국내 일부 여행사에서 '길잡이' 또는 다른 명칭으로 투어 리더를 활용하고 있기도 합니다.

Q: 어디에서 주로 일하나요?

A: 투어 리더는 여행사나 특정 관광지, 또는 그 관광지가 위치한 지역자치단체에서 주로 근무합니다. 개인 사업자로 일하며, 지역자치단체나 정부의 허가를 얻어 스스로 발굴한 투어 상품을 여행객에게 제공하기는 투어 리더도 있습니다.

Q: 어떤 교육을 받아야 하나요?

A: 담당하는 여행지나 관광지에 따라 관광학, 미술, 고고학, 역사학, 지

31) Influencer Marketing Hub (19th Oct 2021). How much do YouTubers make? A Youtuber's pocket guide (calculator). Retreived from https://influencermarketinghub.com/how-much-do-youtubers-make/ on 5th Nov 2021.

질학 등 다양한 분야의 전공지식이 활용됩니다. 현지어를 능숙하게 하는 것도 도움됩니다.

Q: 어떤 역량이 필요한가요?

A: 투어 리더는 모험심과 탐구력, 개방적인 사고방식 등이 도움됩니다. 현지어를 빨리 익히고 여행객에게 관광지에 대해 흥미로운 설명을 제공하기 위해 뛰어난 언어 역량과 의사소통역량, 특히 스토리텔링 역량을 갖추는 것이 좋습니다.

위기 상황에 능동적이고 유연하게 대처하는 문제해결역량을 갖고 있어야 하며, 동시에 시간을 잘 지키고 체계적으로 계획을 세우고 일하는 역량도 필요합니다. 반복적으로 여러 사람을 상대해야 하므로 대인관계역량이 뛰어나야 하며, 새로운 사람을 만나거나 새로운 환경을 접하는 것에 대한 두려움이 없어야 합니다.

항상 활기찬 모습으로 여행객을 대해야 하므로 에너지가 많은 사람이 유리합니다[32]. 또한 여행객을 배려하고 아끼는 마음이 필요하며, 투어 기간 동안 여행객들이 의존하게 되는 직업인만큼 높은 윤리의식이 필요합니다.

Q: 수입은 얼마나 되나요?

A: 2021년 10월 28일 기준, 미국 투어 리더의 평균 연봉은 48,981달러이었습니다[33]. 최저는 17,000달러, 최고는 105,000달러 수준이었습니다.

⑰ 워터 슬라이드 테스터 (Water slide tester)

워터 슬라이드 테스터는 워터파크의 놀이기구를 직접 타면서 안전도

32) TripSchool. How to become a tour guide. Retrieved from https://thetripschool.com/how-to-become-a-tour-guide-2/ on 12th Nov 2021.

33) ZipRecruiter. Tour Leader Salary. Retrieved from https://www.ziprecruiter.com/Salaries/Tour-Leader-Salary on 5th Nov 2021.

와 흥미도를 평가하고 분석하는 일을 합니다. 단순히 워터 슬라이드를 타며 즐기는 것이 아니라, 놀이기구를 이용하는 고객들의 안전이 충분히 보장되는지, 고객들에게 즐거움을 줄 수 있도록 디자인되었는지 등을 빠르게 분석할 수 있어야 합니다[34]. 지나친 위험도로 고객에게 스트레스를 주어선 안 되지만, 스트레스 해소가 될 만큼의 충분한 스릴을 주는 수준은 되어야 하므로 그 균형을 맞추도록 돕는 것입니다. 정확한 분석을 위해 각각의 기구를 여러 차례 타야 하기 때문에 가벼운 부상의 위험도가 높은 편입니다. 마냥 즐겁고 신나기만 한 직업은 아니라는 의미죠.

Q: 어디에서 주로 일하나요?

A: 대형 워터파크 프랜차이즈에 소속되어 있는 경우와 개인 사업자로 여러 워터파크의 의뢰를 받아 일하는 경우로 나뉩니다.

Q: 어떤 교육을 받아야 하나요?

A: 워터 슬라이드 테스터가 되기 위해 따로 이수해야 하는 학위나 자격은 없습니다.

Q: 어떤 역량이 필요한가요?

A: 여러 놀이기구를 타고 내려오는 짧은 순간동안 빠르게 분석을 진행해야 하기 때문에 관찰력과 분석력, 분석한 결과를 소통할 수 있는 의사소통역량이 매우 중요합니다. 또한 놀이기구를 타면서 공포를 느끼지 않도록 차분하고 안정된 마음을 유지할 수 있어야 하며, 어떤 아슬아슬한 놀이기구도 탈 수 있는 용기를 갖춰야 합니다.

SNS를 통해 직접 테스트한 워터파크의 놀이기구를 홍보해야 하므로, 활발한 온라인 활동을 유지하는 것도 필요합니다. SNS 관리를

34) FindCareerInf. Want to become a water slide tester? [must know things] Career Guide. Retrieved from https://www.findcareerinfo.com/become-a-water-slide-tester/ on 12th Nov 2021.

위한 언어능력, 표현력, 소통력이 요구되지요.

직접 놀이기구를 타야 하기 때문에 항상 건강한 몸 상태를 유지해야 합니다. 신체가 쇠약하여 탈 수 없는 놀이기구가 많은 사람은 워터 슬라이드 테스터로서 일하기 어렵습니다. 마지막으로 여러 테마파크를 다니며 때로는 해외의 테마파크를 방문해야 하므로 여행을 즐기는 성향이 유리합니다.

Q: 수입은 얼마나 되나요?

A: 워터 슬라이드 테스터는 추운 계절에는 일하지 않습니다. 대체로 연중 5-8개월 정도만 일하지요. 그 기간동안 그들이 버는 급여는 약 30,000-34,000 달러 수준입니다. 추운 계절에는 다른 일자리에서 일하거나 대학에 다니면서 여름 방학 동안만 워터 슬라이드 테스터로 일하는 사람도 있습니다.

⑱ 테마파크 건축가 (Theme park architecture)

테마파크 건축가는 테마파크 디자이너라고 불리기도 하며, 테마파크의 전체 또는 일부를 설계하는 직업입니다. 테마파크 내부의 동선 배치와 놀이기구의 디자인, 안전도와 스릴을 줄 수 있는 정도 등을 모두 고려하여 이용객의 흥미와 즐거움을 오랫동안 지속시킬 수 있도록 설계하는 역할을 담당합니다[35]. 예술적인 감각과 동선에 대한 이해도, 놀이동산을 이해하는 사람들의 심리에 대한 이해도 모두를 갖춰야 하는 직업으로 볼 수 있지요.

Q: 어디에서 주로 일하나요?

A: 테마파크 건축가는 월트 디즈니(Walt Disney), 이매지니어링

35) TPA. How to become a theme park architect. Retrieved from https://themeparkarchitect.com/how-to-become-a-theme-park-architect/ on 12th Nov 2021.

(Imagineering), 유니버설 크리에이티브(Universal Creative)와 같은 대형 테마파크 기업에서 주로 일합니다.

Q: 어떤 교육을 받아야 하나요?

A: 테마파크 건축가가 되기 위해서는 대학에서 건축학이나 관련 학문을 전공하고, 정식 자격을 갖춘 건축가로서 활동한 경력이 있어야 합니다. 대형 테마파크 기업에서 인턴으로 활동한 경험이 있으면 유리합니다. 인턴과 정식 건축가로서 활동한 포트폴리오를 구축하여 테마파크 건축가로서 적합하다고 자기홍보를 할 수 있어야 합니다.

Q: 어떤 역량이 필요한가요?

A: 테마파크 건축가는 그들이 설계한 건축물에 대한 법적 책임을 이해하고, 여러 건물 내부와 외부를 연결하는 동선과 시스템, 토목공학, 조경건축, 구조공학, 건축 자재 선별 등에 대한 깊은 지식을 갖추고 있어야 합니다.

새로운 테마파크 또는 테마파크의 일부를 다시 건축하기 위한 프로젝트를 계획하고, 프로젝트와 관련된 계약과 법적 이슈를 해결할 수 있는 역량을 갖춰야 하며, 건축 관련 안전 지침과 규정 등에 대해서도 상세하게 이해하고 있어야 합니다.

동시에 효율적으로 이동할 수 있는 동선을 설계하며, 파크의 핵심이 되는 놀이기구와 부수적인 놀이기구를 적절히 배치하여 테마파크 이용객의 흥미와 관심을 유지할 수 있는 창의력과 설계역량을 함께 갖춰야 합니다.

설계 및 시공 단계에서 발생하는 문제를 현명하게 해결할 수 있는 문제해결역량이 필요하며, 함께 일하는 팀과 효율적으로 소통하는 의사소통역량과 대인관계역량을 갖추는 것도 매우 중요합니다. 설계와 개발을 위한 컴퓨터 소프트웨어를 능숙하게 다룰 줄도 알아야 합니다. 매우 다양한 분야의 역량을 요구하는 직업이라고 볼 수 있지요.

Q: 수입은 얼마나 되나요?

A: 2021년 11월 4일 기준, 미국 테마파크 건축가의 평균 연봉은 50,233달러로 확인되었습니다[36]. 대형 테마파크가 많은 로스앤젤레스의 평균 연봉은 55,247달러로 미국 전체의 평균보다 10%가량 높은 수준이었습니다.

⑲ 테마파크 구토 청소부 (Vomit cleaner 또는 Vomit collector)

같은 영어 명칭을 가진 직업이 고대 로마 시대에도 있었지요? 과거의 직업인들이 귀족이나 부유층의 집에서 그들이 토해낸 음식을 치웠다면, 현대의 구토 청소부는 테마파크에서 일하는 사람이 많습니다.

테마파크에 있는 놀이기구 중에는 유달리 심한 어지러움을 유발하는 것이 있습니다. 기구에 타고 있다가 구토를 하는 사람들도 생기지요. 그 결과 테마파크 구토 청소부를 채용하게 된 것입니다. 사람들이 타는 기구뿐만 아니라 기구가 움직이는 레일, 그 외에 토사물이 묻은 모든 곳을 닦아내는 것이 그들의 역할입니다. 청소를 위해 놀이기구를 탄 채로 일하는 때도 많기 때문에 질리도록 실컷 놀이기구를 탈 수 있는 직업이기도 합니다.

Q: 어디에서 주로 일하나요?

A: 테마파크 구토 청소부는 테마파크에서 주로 일합니다.

Q: 어떤 교육을 받아야 하나요?

A: 테마파크 구토 청소부가 되기 위해서 특별히 이수해야 하는 교육과정은 없습니다.

Q: 어떤 역량이 필요한가요?

A: 테마파크 구토 청소부가 되기 위해서는 청결을 중요하게 여기는 마

36) ZipRecruiter (4th Nov 2021). Theme Park Design salary in Los Ageles, CA. Retrieved from https://www.ziprecruiter.com/Salaries/Theme-Park-Design-Salary-in-Los-Angeles,CA on 12th Nov 2021.

음가짐과 더불어 위험해 보이는 놀이기구를 즐길 수 있는 용기가 필요합니다. 때로는 토사물 청소를 위해 놀이기구를 탄 채로 더럽혀진 위치를 찾아가야 할 수도 있기 때문이죠.
청소 전후로 청소도구를 깨끗이 소독해야 하므로 안전하게 소독약을 사용하는 방법도 잘 이해해야 합니다. 소독약을 잘못 섞으면 유독한 증기가 발생하거나, 오염된 곳을 잘 닦아낼 수 없을 수도 있으니까요.

Q: 수입은 얼마나 되나요?

A: 테마파크 구토 청소부의 수입에 대한 통계는 확인하기 어려웠습니다. 하지만 쓰레기를 치우는 쓰레기 수거인과 비슷한 수준으로 가정한다면, 2019년 연봉 중간값이 약 37,840달러라는 통계가 있습니다[37].

⑳ 유령 관광 가이드 (Ghost tour guide 또는 Haunted history tour Guide)

유령 관광 가이드는 심령 현상과 초자연 현상, 괴이한 역사를 좋아하는 여행객과 함께 유령이 나오거나 초자연 현상이 발생하는 것으로 알려진 장소, 끔찍한 사건이 일어난 장소 등을 방문하고 배경을 설명하는 가이드입니다. 공동묘지, 유령이 출몰하는 건물, 살인이 발생한 길거리나 물가 등 공포심을 자극하는 다양한 장소 등에서 활동합니다.

Q: 어디에서 주로 일하나요?

A: 유령 관광 가이드는 관련된 관광 서비스를 제공하는 관광 회사에 소속되어 일하기도 하고, 개인 사업가로 여러 관광 회사에서 일하기도 합니다.

Q: 어떤 교육을 받아야 하나요?

A: 유령 관광 가이드가 되기 위해서 반드시 이수해야 하는 교육과정이

37) US News. Garbage collector Salary. Retrieved from https://money.usnews.com/careers/best-jobs/garbage-collector/salary on 15th Nov 2021.

있지는 않습니다. 하지만 역사에 대한 깊은 이해가 도움되므로, 역사를 전공했거나 관련 교육을 받은 것이 유리합니다. 외국인 관광객을 상대로 할 수도 있으므로 외국어를 전공한 것도 도움됩니다.

Q: 어떤 역량이 필요한가요?

A: 유령 관광 가이드도 다른 여행 가이드와 마찬가지로 대인관계역량과 의사소통역량이 뛰어나야 하며, 다른 사람을 배려하고 세심한 점을 잘 챙기는 섬세함이 필요합니다. 여행객의 흥미를 끌 수 있는 방식으로 정보를 전달해야 하기 때문에 뛰어난 스토리텔링 역량을 갖고 있는 것이 좋습니다. 여행객의 반응이나 상태를 살펴가며 때로는 더 공포를 느끼고 놀라게 하거나, 때로는 지나치게 두려워하는 여행객을 안정시키는 등 사람을 잘 돌보는 역량이 필요하기도 합니다.

Q: 수입은 얼마나 되나요?

A: 미국 유령 관광 가이드의 평균 연봉은 25,727달러 수준이라는 통계가 있었습니다[38]. 하지만 가이드하는 팀의 규모와 팁의 액수 등에 따라 수입의 격차가 클 수 있지요. 높은 급여를 벌지는 못하더라도 흥미롭고 재미있는 직업인 것은 분명합니다.

㉑ 빙고 매니저 (Bingo manager)

빙고는 미국인들이 즐기는 게임 중 하나로 흔히 비영리 단체를 돕기 위한 자금 마련 등을 목적으로 합니다. 빙고 매니저는 호텔이나 게임장에서 게임을 운영하고, 돈을 딴 사람이 누구인지 알리며, 상금을 받기 위한 서류 작업을 돕습니다. 빙고 게임은 다른 도박과는 달리 합법으로 인정되어 있으며, 빙고 매니저로 활동하기 위해서는 반드시 법에 명시된 규정을 따라야 합니다.

38) Comparably. Haunted history tour guide salary. Retrieved from https://www.comparably.com/salaries/salaries-for-haunted-history-tour-guide on 15th Nov 2021.

Q: 어디에서 주로 일하나요?

A: 빙고 매니저는 호텔, 게임장, 행사장, 카지노 등 빙고 게임을 진행하는 다양한 곳에서 일합니다.

Q: 어떤 교육을 받아야 하나요?

A: 일부 교육기관에서 빙고 매니저가 되기 위한 교육과정을 제공하고 있지만 필수적인 것은 아닙니다. 대부분은 고졸 학력을 요구하며, 일부 카지노에서 대학 학위를 요구하기도 합니다. 교육과정이나 자격증 이상으로 중요한 건 현장에서의 경험입니다. 빙고 매니저가 되기 위해서는 관련 분야에서 3-5년 이상 일한 경력이 필요합니다.

Q: 어떤 역량이 필요한가요?

A: 빙고 매니저가 되기 위해서는 고객을 대응하고 적절한 서비스를 제공하는 것에 능숙해야 합니다. 빙고 게임 중의 사기 행위를 찾아내고 예방할 수 있어야 하며, 게임의 규칙이 잘 지켜지고 있는지, 게임이 잘 운영되고 있는지, 직원들이 스케쥴에 맞게 잘 움직이고 있는지 등을 항상 잘 파악하는 관찰과 관리 역량도 필요합니다.

Q: 수입은 얼마나 되나요?

A: 2021년 10월 29일 기준으로 빙고 매니저의 연봉 중간값은 66,939 달러였습니다[39]. 그들의 급여는 근무 경력과 경험, 교육과 관련 자격 수준, 개인 역량, 직장의 위치 등에 따라서 큰 차이가 있었습니다.

㉒ 주사위 품질 검사관 (Dice quality inspector 또는 Dice inspector)

카지노에서 하는 게임 중에는 주사위를 사용하는 것도 있습니다. 공정

39) Salary.com. Bingo manager salary in the United States. Retrieved from https://www.salary.com/research/salary/benchmark/bingo–manager–salary on 17th Nov 2021.

한 게임을 보장하기 위해서는 주사위의 6면이 모두 완벽한 정사각형에 동일한 무게여야 하며, 특정 번호가 많이 나오는 일은 없어야 하지요. 주사위의 고품질을 보장하기 위해 주사위를 검사하는 사람이 바로 주사위 품질 검사관입니다.

주사위 품질 검사관의 확인 결과 문제가 있는 것으로 확인된 주사위는 모두 분쇄하거나, 마킹을 새긴 채로 재판매됩니다. 마킹이 새겨진 주사위는 어떤 정식 게임에서도 사용될 수 없지요.

Q: 어디에서 주로 일하나요?

A: 주사위 품질 검사관은 카지노, 주사위 생산 기업 또는 미국의 주정부의 관련 조직에서 일하기도 합니다.

Q: 어떤 교육을 받아야 하나요?

A: 주사위 품질 검사관에게 어떤 교육이 필요한지는 알려져 있지 않습니다. 다만 대체로 대학 학위 이상이 요구된다고 합니다. 주사위 품질을 분별하기 위한 교육은 현직에서 일하는 주사위 품질 검사관의 도제로서 일하면서 받는 것으로 알려져 있습니다.

Q: 어떤 역량이 필요한가요?

A: 주사위 품질 검사관에게 요구되는 역량이 무엇인지는 확실히 알려져 있지 않습니다. 카지노와 관련된 직종은 기밀유지에 민감하기 때문입니다. 따라서 기밀을 잘 지키면서, 항상 공정하고 정직한 판단을 할 수 있는 높은 윤리의식을 갖추는 것이 도움됩니다[40]. 작은 주사위를 검사하는 만큼 뛰어난 관찰력과 세부 사항을 놓치지 않는 날카로운 눈도 필요하겠지요.

40) Everywaytomakemoney.com. How to become a dice inspector. Retrieved from https://everywaytomakemoney.com/dice-inspector.html on 18th Nov 2021.

Q: 수입은 얼마나 되나요?

A: 주사위 품질 검사관의 연봉에 대한 공식적인 통계는 찾아보기 어려웠습니다. 다만 연 25,000달러 이상을 번다는 언급이 있었습니다[41].

㉓ 숙취 치료사 (Hangover cure specialist)

미국의 라스베가스는 파티의 도시로 유명합니다. 라스베가스를 방문한 여행객이 지나치게 파티를 즐기다가 과음을 하고, 다음 날 숙취로 고생하며 소중한 시간을 망치는 일도 흔하지요. 라스베가스의 신시티(Sin City) 지역에는 그런 사람들의 수요에 맞춰 숙취를 치료하는 치료사들이 활동하고 있습니다.

의뢰인이 너무 술에 취해서 침대에서 일어나지도 못할 정도가 되면 숙취 천국 버스(Hangover Heaven Bus)로 치료사들이 직접 의뢰인을 방문하는 서비스를 제공하기도 합니다. 서비스 정신이 아주 뛰어난 직업으로 볼 수 있지요.

Q: 어디에서 주로 일하나요?

A: 숙취 치료사는 대부분 개인 사업자로 활동합니다. 그들이 가장 활발하게 일하는 것으로 알려진 지역은 라스베가스입니다. 그 외에도 일부 고강도의 음주 행위가 자주 발생하는 곳에서 활동한다고 합니다.

Q: 어떤 교육을 받아야 하나요?

A: 숙취 치료사가 되기 위한 필수 교육과정은 알려져 있지 않습니다. 하지만 현재 활동하고 있는 사람들의 경력을 보면 의학(특히 마취과) 학위나 세포 과학 분야 등의 박사 학위를 소지한 사람들이 있습니다. 효과적인 숙취 치료를 할 수 있을 만큼의 높은 전문성을 갖춰야 한다는 의미지요. 숙취 치료에는 의학적인 치료가 동반되는 경우가 흔하므로, 그런 치료를 할 수 있는 자격도 갖춰야 합니다.

---

41) Podcast. Dice Inspectors. Retrieved from https://www.enpodcast.com/podcasts/item/dice-inspectors/ on 18th Nov 2021.

Q: 어떤 역량이 필요한가요?

A: 숙취의 원인은 탈수 외에도 다양합니다. 그런 증상 하나하나를 파악하고, 적합한 치료를 결정할 수 있는 진단력이 필요합니다. 술에 취해서 불쾌감을 느끼는 고객을 상대해야 하는 만큼, 높은 수준의 서비스 정신도 필요합니다.

Q: 수입은 얼마나 되나요?

A: 숙취 치료사의 연봉에 대한 통계는 찾아보기 어려웠습니다. 하지만 2016년도 기준 1회 평균 치료비가 225달러라는 언급이 있었습니다[42]. 고작 숙취 치료를 위해 25만원이 넘는 돈을 지불하는 것이 아깝다고 생각하는 사람도 있을 겁니다. 하지만 라스베가스에서 하룻동안 파티와 도박을 하며 오가는 돈이 백만원, 천만원 단위를 쉽게 넘어간다는 걸 생각하면 생각보다 비싼 비용은 아닐지도요.

㉔ 아이스크림 공장 투어 가이드 (Ice cream factory tour guide)

버몬트는 벤 앤 제리 아이스크림의 탄생지입니다. 버몬트에 있는 벤 앤 제리 공장에서는 매일 350,000파인트의 아이스크림을 생산하고 있으며, 그 생산 공정을 여행객에게 투어 형태로 공개하고 있습니다. 아이스크림 공장 투어 가이드는 바로 그런 투어를 운영하는 사람들이지요.

Q: 어디에서 주로 일하나요?

A: 아이스크림 공장 투어 가이드는 투어를 제공하는 아이스크림 공장에서 주로 일합니다. 미국 버몬트 주의 벤 앤 제리(Ben & Jerry's), 오레곤 주의 구디스 초콜릿 앤 아이스크림(Goody's Chocolate and Ice cream), 오하이오 주의 그리터스(Graeter's)와 이 올드 밀 엣

42) Makeit (6th Apr 2016). God $225? These guys say they can cure your hangover. Retrieved from https://www.cnbc.com//2016/04/05/got-225-these-guys-say-they-can-cure-your-hangover.html on 18th Nov 2021.

벨벳 아이스크림(Ye Olde Mill at Velvet Ice Cream), 콜로라도 주의 보울더 아이스크림(Boulder Ice Cream), 펜 스테이트 대학의 버키 크리머리(Berkey Creamery), 펜실베니아 주의 터키 힐 익스피리언스(Turkey Hill Experience), 텍사스 주의 블루벨 크리머리스(Blue Bell Creameries), 노스캐롤라이나 주의 홈랜드 크리머리(Homeland Creamery) 등에서 투어를 제공하는 것으로 알려져 있습니다[43].

Q: 어떤 교육을 받아야 하나요?

A: 아이스크림 공장 투어 가이드에게 반드시 요구되는 정규 교육과정은 따로 있지 않습니다. 하지만 다른 여행 가이드와 유사한 교육 수준과 함께 외국어나 식품과학 관련 분야를 전공한 것이 도움 됩니다.

Q: 어떤 역량이 필요한가요?

A: 다른 여행 가이드와 마찬가지로 대인관계역량과 의사소통역량이 뛰어나야 하며, 다른 사람을 배려하고, 그들의 세세한 요구를 잘 챙길 수 있어야 합니다. 아이스크림 공장의 역사와 생산 공정을 흥미롭게 설명할 수 있어야 하므로 뛰어난 스토리텔링 역량이 도움됩니다.

Q: 수입은 얼마나 되나요?

A: 아이스크림 공장 투어 가이드의 평균 연봉에 대한 정보는 찾아보기 어려웠습니다. 하지만 2021년에 등록된 관련 구인 광고를 보면 시급 12달러, 팁은 시간당 1-8달러 수준이라는 언급이 있었습니다[44]. 급

---

43) Frommer's. America's 10 best ice cream factory tours. Retrieved from https://www.frommers.com/slideshows/821121-america-s-10-best-ice-cream-factory-tours on 18th Nov 2021.

44) Salary.com. (5th Oct 2021). Retrieved from https://www.salary.com/job/ben-jerry-s/ben-jerry-s-hospitality-factory-tour-guides/db19c3a8-9f69-449d-9c74-ef1a7ba2de62 on 18th Nov 2021.

여가 높지는 않습니다. 하지만 많은 미국인이 10대 후반부터 일을 시작한다는 것을 생각하면 직업 세계에 입문하기에 좋은 직업이 될 수도 있지요.

㉕ 수면 컨시어지 (Sleep concierge)

뉴욕의 벤자민 호텔(The Benjamin)은 고객에게 편안한 수면을 약속하며, 고객이 편히 잠들지 못했을 때는 돈을 돌려주는 것으로도 유명합니다. 고객의 수면을 돕기 위해 특별히 수면 컨시어지를 두고 있을 정도죠.

수면 컨시어지는 방을 계약한 고객에게 12가지의 베개 중 하나를 고르도록 합니다. 고객이 도착하면 선택된 베개를 들고 그들을 맞아주지요. 고객에게 편하게 잠드는 방법을 가르쳐주기도 합니다. 침실에서는 핸드폰이나 컴퓨터를 사용하는 것을 피하고, 과식하지 않으며, 침실은 오로지 수면을 취하는 데만 사용할 것을 권합니다. 눈가리개와 귀마개, 아로마 오일, 회색 소음, 취침 전 공복을 막기 위한 가벼운 간식 등 수면을 돕는 모든 서비스를 제공하기도 합니다.

호텔 측은 고객의 숙면을 위해 최선을 다한 서비스를 제공하고, 고객도 숙면을 취했다면 정직하게 인정할 것이라고 서로 믿는 신뢰 관계 속에서 존재할 수 있는 직업이지요. 숙면했으면서도 하지 않았다고 주장하는 진상 고객이 많다면 수면 컨시어지의 입지도 좁아질테니까요.

Q: 어디에서 주로 일하나요?

A: 수면 컨시어지는 뉴욕의 벤자민 호텔에서 일합니다.

Q: 어떤 교육을 받아야 하나요?

A: 수면 컨시어지가 되기 위한 특화된 교육과정은 없습니다. 일반 컨시어지가 되기 위해서는 고졸 이상의 학력과 접대 관련 자격이 흔히 요구되며, 호텔링 분야에서 일한 경력이 유리합니다. 호텔리어를 양성하는 전문 교육기관이나 학교에서 교육을 받을 수도 있습니다.

Q: 어떤 역량이 필요한가요?

A: 수면 컨시어지는 고객과 밀접하게 소통해야 하므로 의사소통역량과 대인관계역량, 고객 서비스 역량 등이 필요합니다. 여러 고객이 요구하는 것을 잘 취합하고 효과적으로 대응해야 하므로 업무를 잘 조직하고 정돈하는 역량도 필요합니다. 고객에게 신뢰를 줄 수 있어야 하며 쉽게 대화를 이끌어낼 수 있어야 하고, 수면을 돕는 다양한 방법에 대해 풍부한 지식을 갖춰야 합니다. 주로 팀 멤버와 함께 일하므로 팀워크 역량을 갖추는 것도 좋습니다.

Q: 수입은 얼마나 되나요?

A: 수면 컨시어지의 급여 수준에 대한 통계는 찾아보기 어려웠습니다. 유사 직종인 야간 컨시어지의 경우, 2021년 11월 13일 기준, 연봉 30,196달러 수준을 번다는 통계가 있었습니다45)

㉖ 유튜브 컨시어지 (Youtube concierge)

푸에르토 리코에 있는 생 후안 매리어트 리조트 앤 스텔라리스 카지노(San Juan Marriott Resort & Stellaris Casino)에서는 고객들이 영상 편지를 만들어 지인에게 보내는 것을 돕는 서비스를 제공하고 있습니다. 그 일을 담당하는 사람이 바로 유튜브 컨시어지이지요.

유튜브 컨시어지는 호텔 안을 돌아다니며 고객들에게 영상 편지를 촬영할 것을 권하고, 고객이 말하고 행동하는 것을 녹음하여 30초의 영상을 만들어줍니다. 유튜브의 특성과 리조트가 위치한 아름다운 환경을 잘 활용한 신규 직업이지요. 고객에게는 아름다운 추억의 기록을, 리조트에는 그만큼의 부수입을 가져다주는 윈윈 직업이기도 합니다.

45) ZipRecruiter (13 Nov 2021). Retrieved from https://www.salary.com/jSalaries/Night-Concierge-Salary on 21st Nov 2021.

Q: 어디에서 주로 일하나요?

A: 유튜브 컨시어지는 푸에르토 리코의 생 후안 메리어트 리조트 앤 스텔라리스 카지노에서 일하고 있습니다.

Q: 어떤 교육을 받아야 하나요?

A: 유튜브 컨시어지는 영상 제작 관련 학위나 교육과정을 이수한 것이 도움 됩니다. 호텔링과 관련된 교육과정을 이수하고, 영상 제작을 따로 학습하는 것도 방법이 될 수 있습니다.

Q: 어떤 역량이 필요한가요?

A: 유튜브 컨시어지가 되기 위해서는 영상기기를 잘 다루는 한편, 뛰어난 고객 서비스 정신을 갖춰야 합니다. 고객의 영상 편지를 더 흥미롭게 만들기 위한 기획력과 창의력, 소통역량, 대인관계역량도 필요합니다.

Q: 수입은 얼마나 되나요?

A: 유튜브 컨시어지의 평균 연봉에 대한 정보는 찾아보기 어려웠습니다.

㉗ 스쿠버 다이빙 피자 배달부 (Scuba diving pizza delivery man)

1990년대 우리나라의 TV 광고에서 "짜장면 시키신 분!"을 외치며 바다 곳곳에 등장하는 배달부를 보신 기억이 있으신가요? 미국에는 한층 더 떠서 스쿠버 다이빙으로 물속에 피자를 배달하는 직업인이 있습니다. 바로 미국 플로리다의 줄스 언더씨 롯지(Jules' Undersea Lodge)에서 근무하는 스쿠버 다이빙 피자 배달부입니다.

줄스 언더씨 롯지는 수중 호텔로, 마치 잠수함을 탄 것처럼, 하지만 더욱 편안하게 수중 생물과 함께 할 수 있는 곳입니다. 호텔 자체도 무척 독특하지만, 여행객을 위해 스쿠버 다이빙으로 피자를 배달해주는 서비스로 눈길을 끌고 있기도 합니다. 현재 활동하는 스쿠버 다이빙 피자 배달부는 수중 생태계를 관리하고, 여행객에게 스쿠버 다이빙을 가르치는 일도 병행하고 있습니다.

Q: 어디에서 주로 일하나요?

A: 스쿠버 다이빙 피자 배달부는 미국의 줄스 언더씨 롯지에서 일합니다.

Q: 어떤 교육을 받아야 하나요?

A: 스쿠버 다이빙 피자 배달부가 되기 위해서는 먼저 스쿠버 다이빙 관련 자격을 받아야 합니다. 오픈 워터로 가이드 없이 독립적으로 스쿠버 다이빙을 할 수 있는 자격을 시작으로, PADI(Professional Association of Diving Instructors)의 스쿠버 다이빙 강사 자격을 이수하는 것이 좋습니다.

Q: 어떤 역량이 필요한가요?

A: 스쿠버 다이빙 피자 배달부가 되기 위해서는 스쿠버 다이빙 강사와 같은 역량을 갖춰야 합니다. 바다 생태계에 대한 풍부한 지식과 선박 및 다이빙 장비의 관리, 마케팅, 고객 서비스 역량 등이 필요합니다. 다양한 고객들과 어울리게 되는 만큼, 여러 나라의 언어를 할 줄 아는 것도 도움됩니다.

Q: 수입은 얼마나 되나요?

A: 스쿠버 다이빙 피자 배달부의 수입에 대한 정보는 찾아보기 어려웠습니다. 유사 직업인 스쿠버 다이빙 강사의 수입을 보면, 2021년 10월 29일 기준, 미국 캘리포니아에서 활동하는 강사의 평균 연봉은 약 52,878달러 수준이라는 통계가 있습니다[46].

46) Salary.com. Scuba Diving Instructor salary in California. Retrieved from https://www.salary.com/research/salary/posting/scuba-diving-instructor-salary/ca on 23rd Nov 2021.

㉘ 전기 충격가 (Toques vendor 또는 Electric shock giver)

전기 충격가는 멕시코의 길거리에서 찾아볼 수 있는 직업입니다. 취객이나 여행객을 상대로 전기 충격을 최대한 오랫동안 버티는 게임을 하도록 유도하고, 게임을 진행하는 것이 그들의 역할입니다. 멕시코에서는 이 게임을 토끄(toque)라고 부릅니다.

게임은 혼자 참여할 수도 있고, 함께 자리한 일행과 손을 잡은 채로 진행할 수도 있습니다. 가장 오랫동안 손을 놓지 않거나 비명을 지르지 않고 버티는 사람이 승리하는 것이 규칙이며, 전기 충격은 최대 120볼트까지 올릴 수 있습니다. 유명 축구선수인 데이비드 베컴도 멕시코 방문 중 이 게임에 참여한 것으로 알려져 있습니다.

Q: 어디에서 주로 일하나요?

A: 전기 충격가는 대부분 개인 사업자로, 멕시코에서 여행객이 모이는 지역을 돌아다니며 일합니다.

Q: 어떤 교육을 받아야 하나요?

A: 전기 충격가에게 특별히 요구되는 교육과정이나 자격 과정은 알려져 있지 않습니다. 하지만 전기 충격 장비를 안전하게 사용하는 방법을 학습해야 합니다.

Q: 어떤 역량이 필요한가요?

A: 전기 충격가는 여러 고객을 상대로 게임을 하도록 설득해야 하므로 뛰어난 의사소통능력과 대인관계능력, 설득력을 갖춰야 합니다. 고객의 반응을 보고 흥미를 느끼는지 거부감을 느끼는지를 빠르게 파악할 수 있어야 하며, 게임 진행 중 고객의 건강에 문제가 생기지 않도록 살피는 섬세한 관찰력이 필요합니다.

Q: 수입은 얼마나 되나요?

A: 전기 충격가의 급여에 대한 통계는 찾아보기 어려웠습니다. 다만 게

임당 약 1-2달러를 받는다는 언급을 확인할 수 있었습니다[47)48)].
인터뷰에 등장한 전문 전기 충격가는 주말 동안 300회 이상의 게임을 운영한다고 합니다.

㉙ 여행 블로거

네이버 블로그를 보면 여행 정보를 업데이트하는 많은 블로거가 있습니다. 우리나라뿐만 아니라 외국에도 마찬가지지요. 이들은 특정 국가나 지역을 여행할 때 필요한 숙식과 교통편, 유명 관광지를 찾아가는 방법과 입장료, 관련 규정 등의 세세한 정보를 알려줍니다. 숙소나 식당, 여행 중 필요한 물품에 대해 리뷰를 작성하기도 합니다.

Q: 어디에서 주로 일하나요?

A: 여행 블로거들은 대부분 개인 사업자로 일합니다. 특정 기업이나 조직에 채용되더라도 전국과 세계 각국을 여행하는 것이 그들의 역할입니다.

Q: 어떤 교육을 받아야 하나요?

A: 여행 블로거가 되기 위해 정해진 교육은 없습니다.

Q: 어떤 역량이 필요한가요?

A: 정식 여행 블로거가 되기 위해서는 무엇보다도 여행에 대한 강한 열

47) Culture Trip (22nd Mar 2018). In Mexico, street vendors offer electric shocks for a price. Retrieved from https://theculturetrip.com/north-america/mexico/articles/in-mexico-street-vendors-offer-electric-shocks-for-a-price/ on 24th Nov 2021.

48) DailyMail (31st Mar 2015). Last night was a real buzz! The shocking drinking game seeing a surge in Mexican bars - where party-goers are electrocuted until they scream. Retrieved from https://www.dailymail.co.uk/news/article-3019323/Last-night-real-buzz-shocking-drinking-game-seeing-surge-Mexican-bars-party-goers-electrocuted-scream.html on 24th Nov 2021.

정과 끝없는 여행에도 지치지 않는 강인한 정신력이 필요합니다. 한 두 달의 여행만으로도 지쳐서 집으로 돌아가길 바라는 사람들이 많습니다. 그 가운데 여행 블로거는 1년, 혹은 그 이상의 긴긴 여행에도 끝없는 열정으로 여행하고, 보는 사람의 관심과 흥미를 끄는 블로그를 작성해야 합니다. 일상으로부터의 휴식을 위해 여행을 떠나는 것이 아니라, 여행 자체가 직업이고 삶이 되어야 합니다. 긴 여행으로 발생하는 불안정한 인간관계와 외로움을 극복해야 하고, 몸과 마음을 항상 건강하게 유지해야 합니다.

블로그를 작성할 때도 개인이 다녀온 여행을 기록하는 수준에 머물러서는 안됩니다. 블로그를 찾는 일반 이용자들과 각종 여행 상품을 후원하는 업체들의 관심을 얻고 유지하기 위해 끝없는 노력이 필요합니다. 최신 여행 트렌드를 놓치지 않아야 하고, 투숙객들의 인기를 끌 가능성이 큰 숙소나 새로운 여행지, 여행 물품 정보도 지속적으로 발굴해야 합니다. 뛰어난 분석력으로 여행지, 여행 상품, 숙소, 식당, 물품의 장단점과 가성비를 분석하고, 보는 사람을 몰입하게 하는 뛰어난 전달 역량을 발휘해야 합니다.

팔로어를 유지하고, 투자자나 협찬을 유치하기 위해 상업성을 발휘하면서도, 과도한 상업성을 드러내어 팔로어들을 불편하게 하는 일이 없도록 정도를 유지해야 합니다.

Q: 수입은 얼마나 되나요?

A: 2021년 10월 26일 기준으로 미국의 여행 블로거들은 연 평균 63,173달러를 벌고 있다는 통계가 리크루팅 업체의 조사를 통해 확인되었습니다[49]. 최저는 16,500달러, 최대는 126,500달러 수준이었습니다. 통계의 데이터에는 포함되지 않았지만, 세계적으로 유명한 여행 블로거 중에는 연 수입이 100만 달러를 넘는 사람도 있습니다.

49) ZipRecruiter. Travel Blogger Salary. https://www.ziprecruiter.com/Salaries/Travel-Blogger-Salary

이들의 수입은 대부분 광고와 협찬 등에서 나옵니다. 단순히 블로그에 글을 쓰고 높은 방문자 수를 유지하는 것만으로는 벌 수 있는 수입이 한정됩니다.

(3) 경영 · 관리 · 홍보 분야

직업 세계가 아무리 빨리, 크게 변화해도 조직은 존재합니다. 한 형태의 조직이 사라져가도, 곧 다른 형태의 조직이 만들어지기 마련이니까요. 따라서 경영, 관리, 홍보 분야의 직업은 지속성이 높은 편입니다. 그 와중에도 새롭게 등장하는 해당 분야의 직업들이 있습니다.

㉚ 디지털 윤리학자 (Digital ethicist)

온라인 범죄 수사를 위해서는 범죄와 관련된 온라인 매체나 서버를 보유한 국가 등의 협력이 필요합니다. 사이버수사대에 용의자를 확정하고 범죄의 증거를 마련하기 위한 정보를 제공하는 한편 피해 범위가 더욱 확산되지 않도록 돕는 역할도 수행할 수 있지요. 하지만 이 과정에서 다양한 윤리적 가치가 충돌을 겪게 되고, 경영진이 판단에 어려움을 겪게 됩니다. 이때 경영진에게 의사결정에 따라 발생할 수 있는 윤리·도덕적 영향과 효과를 분석하여 설명하고, 윤리적인 선택이 이뤄질 수 있도록 돕는 것이 디지털 윤리학자입니다.

디지털 윤리의식을 지키는 것은 종종 이윤 추구와 충돌하며, 감당해야 할 업무 영역이 늘어나는 결과를 낳기도 합니다. 비윤리적 영상물을 자동 차단·삭제하는 시스템을 운영하고 있는 페이스북 사례에서도 이런 부분을 확인해볼 수 있지요. 페이스북은 AI를 활용해 비윤리적이고 선정적인 영상물이 게시되면 자동으로 차단하고 있습니다. 과거 이용자의 신고에 의존하던 것에서 한발 더 나아가 SNS 자체가 주도적으로 나서고 있는 것입니다.

만약 모든 SNS 매체가 미리부터 페이스북과 같은 정책을 도입했다면 과연 n번방 사건같은 대형 범죄가 발생할 수 있었을까요? 비윤리적 영상물이 AI 검색으로 자동 차단되고, 가해자가 피해자에게 그러한 영상을 요구하는 것 자체가 불가능했을 것입니다. n번방 사건뿐만 아니라 개인이 제작했거나 보유한 비윤리적 영상물의 SNS 공유도 불가능했겠지요.

이런 조치는 물론 SNS 운영진의 이윤 창출에는 기여하지 않습니다. 하지만 이용자를 보호하고, 비윤리적 영상물 확산을 막는 '윤리적' 선택이었습니다. 이렇게 의사결정권자들의 윤리적 의사결정을 돕기 위해 디지털 윤리학자가 역할을 하게 되는 것입니다.

디지털 윤리학자는 AI 윤리학자라고 불리기도 합니다. 기업과 사업체 중 AI를 활용하는 곳이 늘어나면서, 그로 인해 발생하는 윤리적인 문제나 위험을 피하기 위한 의사결정을 돕는 역할을 하기 때문입니다. 디지털 윤리학자보다 AI 윤리학자라는 표현이 더욱 빨리 알려지고 있기도 합니다.

Q: 어디에서 주로 일하나요?

A: 인터넷 포털과 SNS를 운영하는 조직 외에도 IT분야의 기업, 때로는 일반 기업에서도 일할 수 있습니다.

Q: 어떤 교육을 받아야 하나요?

A: 디지털 윤리학자가 되려면 경영 및 IT 분야의 학위가 필요하며, 학위 과정 중 철학과 윤리에 대해 집중적으로 학습한 경험이 필요합니다.

Q: 어떤 역량이 필요한가요?

A: 다음과 같은 역량을 갖춰야 합니다[50]: 1) AI 도구와 기술에 대한 이해도, 2) 기업과 산업의 특성과 관련되어 쉽게 발생할 수 있는 AI 관련 윤리적인 이슈들에 대한 이해도, 3) 뛰어난 의사소통 역량, 4) 기업 내 여러 부서와 함께 일할 수 있는 역량, 5) 관련 법령과 정책, 조직 내부의 규정에 대한 풍부한 지식, 6) 윤리의 철학, 심리학, 사

50) Woodie, A. (2 Mar 2021), Looking for an AI ethicist? Good luck. Retrieved from https://www.datanami.com/2021/03/02/looking-for-an-ai-ethicist-good-luck/ on 1st Nov 2021.

회적 영역들에 대한 이해와 경험, 7) 사업체와 팀을 윤리적으로 구성하는 방법, 그리고 8) AI의 활용으로 인한 악영향을 완화시키는 노하우.

Q: 수입은 얼마나 되나요?

A: 디지털 윤리학자라는 직업은 비교적 최신에 소개되었기에 아직 관련된 통계는 부족한 편입니다. 다만 일반적으로 경영과 관련되어 윤리적인 조언을 제공하는 윤리 컨설턴트(Business Ethics Consultant)를 기준으로 보면, 연봉이 최저 14,500달러, 최고 158,500달러라는 모 리크루팅 회사의 통계가 있습니다[51].

㉛ 방지 조언사 (Prevention advisor)

방지 조언사는 근로자의 물리적, 심리적 근무 환경에 영향을 줄 수 있는 모든 요소를 분석하고 관리해서, 근로자가 쾌적하고 행복하게 일할 수 있도록 돕습니다.

물리적인 환경을 다루는 방지 조언사는 안전사고 위험을 최소화하고, 건물 내부의 쾌적한 공기 순환과 효율성 높은 동선을 유지하기 위해 직장 안팎을 설계하고, 지속적으로 시설을 점검하는 역할을 합니다.

심리적인 환경을 다루는 방지 조언사는 직장 내 괴롭힘과 대인 갈등, 업무 스트레스 등에 대한 상담창구이자 신고창구 역할을 합니다. 신고를 접수하면 사건을 조사하여 가해자를 처벌하고 피해자를 보호하고, 다른 괴롭힘이 발생하지 않도록 방지하는 조치도 담당합니다. 충분한 전문성을 쌓은 경우, 한 명의 방지 조언사가 물리적, 심리적 근무 환경 모두를 다루기도 합니다.

북유럽과 벨기에 등지에서는 방지 조언사의 활용이 의무화되어 있습

51) Motivation Job (23 Oct 2021). How much does an ethics consultant make? Retrieved from https://motivationjob.com/advices-skills/how-much-does-an-ethics-consultant-make/ on 1st Nov 2021.

니다. 방지 조언사가 경영진이나 간부의 압력으로부터 자유롭도록 그들의 근평 제도가 다른 부서와 완전히 독립된 형태로 이뤄지도록 명시하는 곳도 있습니다.

벨기에에서는 코로나19와 같은 위기로 인해 휴업하거나, 업무를 축소하는 조직에 대해서도 사업주와 경영진이 일방적으로 방지 조언사의 역할을 축소하는 것은 경계할 것을 명시하고 있습니다[52]. 어떤 상황에서건 방지 조언사의 휴직은 반드시 노조와 협의하여 결정해야 합니다.

우리나라에도 제한적인 범위에서 방지 조언사의 역할을 하는 산업안전기사와 산업안전산업기사, 지도사 자격 과정이 있긴 합니다. 다만 유럽의 방지 조언사가 물리적·심리적 근로환경 전반을 다룬다면, 산업안전지도사는 물리적인 안전과 보건 관련 업무에 치중하고 있습니다. 또한 현장감독과 같은 다른 직업명으로 불리기도 합니다.

Q: 어디에서 주로 일하나요?

A: 방지 조언사는 모든 사업체와 조직에서 일할 수 있습니다. 벨기에는 방지 조언사의 활용을 법에 명시하고, 50인 이상의 직원으로 구성된 기업은 반드시 방지 조언사를 채용하게 하고 있습니다[53]. 또한 50인 미만의 기업은 외부 전문가를 자문위원 방식으로 방지 조언사로 활용하도록 하고 있습니다.

Q: 어떤 교육을 받아야 하나요?

A: 벨기에에서는 석사 단계에서 방지 조언사 과정을 제공하고 있습니다.

52) Mensura (28th Apr 2020). The role of your internal prevention advisor during the corona crisis. Retrieved from https://www.mensura.be/en/blog/rol-interne-preventieadviseur-coronacrisis on 5th Nov 2021.

53) Van Gyes, G. & Van Peteghem, J. (2015). Belgium: New Legislation on preventing psychosocial risks. Retrieved from https://www.eurofound.europa.eu/publications/article/2015/belgium-new-legislation-on-preventing-psychosocial-risks on 5th Nov 2021.

과정은 2년간 진행되며, 근로자의 안전에 대한 법적·경제적·조직적 측면, 의료적 측면, 기술적 측면, 조직문화 등에 대해 학습합니다. 또한 조직 심리학 석사 과정을 통해 좀 더 광범위한 학습을 하고, 현장의 경력을 쌓은 뒤 방지 조언사가 되기도 합니다.

Q: 어떤 역량이 필요한가요?

A: 방지 조언사의 역할은 조직 내에서 근로자의 신체적·정신적 안녕을 저해하는 요소를 분석하는 것에서 출발하므로, 뛰어난 분석력과 통찰력을 필요로 합니다. 문제점이 있을 때, 경영진의 압력에 굴하지 않고 그 문제를 해결하려고 노력해야 하므로 권위주의에 굴복하지 않는 성향이 도움됩니다.

근로자로부터 신고를 접수하고, 조사가 진행되는 동안 신고자를 보호하는 역할을 담당하기도 하므로 의사소통역량과 대인관계역량, 배려심, 공감역량 등을 갖는 것도 중요합니다. 당면한 문제와 관련된 법적, 경제적, 조직적, 의료적, 기술적 지식을 실제 상황에 잘 적용하는 역량도 갖춰야 합니다.

Q: 수입은 얼마나 되나요?

A: 벨기에 방지 조언사의 평균 연봉은 약 48,000유로라는 리크루팅 사이트의 통계가 있습니다54). 최저 39,700유로, 최대 57,100유로 수준입니다.

㉜ 지속 가능성 조언사 (Sustainability advisor 또는 Sustainability consultant)

지속 가능성 조언사는 기업이나 사업체가 사회적이나 환경적으로 더욱 책임감있는 경영을 하도록 돕는 직업입니다. 상황에 따라 물질적인 이윤 추구, 구성원들의 요구, 환경과 사회적인 책임이 모두 다른 방향을 가

54) StepStone. Prevention advisor salaries in Belgium. Retrieved from https:/www.stepstone.be/salary/Prevention－adviser.html on 5th Nov 2021.

리킬 때가 있습니다. 그때 기업이 적절한 이윤을 추구하고 구성원을 만족시키면서도, 환경과 사회에 책임을 다할 수 있도록 최선의 해결 방법을 찾는 것이 지속 가능 조언사의 역할입니다[55].

기업과 사업체의 의사결정과 활동이 환경과 사회에 미치는 영향을 분석하고, 악영향을 최소화하며, 제한된 자원의 활용도를 높이기 위한 계획을 세우기도 합니다. 도시와 농산어촌 지역 개발 계획과 건설, 토지와 건물의 재활용 등이 지속 가능성 조언사의 주요 활동 분야입니다.

Q: 어디에서 주로 일하나요?

A: 지속 가능성 조언사는 개인 사업자로 일하거나, 기업 또는 사업체에 소속되어 일하기도 합니다. 주로 건축과 건설, 엔지니어링 분야에서 일하지만, 환경 관련 비영리 단체나 대학, 지역자치단체에 소속되어 일하기도 합니다.

Q: 어떤 교육을 받아야 하나요?

A: 반드시 학위가 필요한 건 아니지만, 생물학, 건축 및 건설 관리, 비즈니스와 경영, 토목 공학, 부동산 관리, 지질학, 지리학, 도시 계획 등의 학위를 이수한 것이 도움됩니다.

담당하는 업무의 특성상 제한된 한 분야의 전문성만으로는 지속 가능성 조언사로서 활동하기 어렵습니다. 학위 전공 분야 외에도 위에서 제시된 관련 분야의 폭넓은 지식을 갖추는 것이 좋습니다. 또한 환경 영향 분석가로서 첫 활동을 시작한 뒤, 이후 경험을 쌓아 지속 가능성 조언사가 되기도 합니다.

Q: 어떤 역량이 필요한가요?

A: 환경 보호와 사회적으로 선한 영향력을 발휘하는 것과 사업체로서 이

55) Prospects. Job profile: Sustainability consultant. Retrieved from http://www.prospects.ac.uk/job-profiles/sustainability-consultant on 13th Nov 2021.

윤을 추구하는 것, 그 사이에서 균형을 잘 잡을 수 있는 자세가 필요합니다. 기업과 사업체가 최대의 이윤을 포기하고, 사회와 환경에 더 기여할 수 있는 최선의 윤리적인 선택을 하도록 설득해야 하므로 의사소통역량과 대인관계역량을 갖추는 것이 중요합니다. 변화에 저항하는 사람들의 마음을 바꿀 수 있도록 뛰어난 설득력과 호소력을 발휘할 수 있어야 하며, 관계자들 앞에서 정보를 제공하고 조언을 할 때 자신감 있는 모습을 보일 수 있어야 합니다.

여러 관계자 사이에서 갈등 상황이 발생할 때, 해소를 도울 수 있는 문제해결역량을 갖추는 것도 중요합니다. 환경적인 문제와 관련 법령 및 지침 대해 잘 알고 있는 것도 중요하며, 동시에 친환경적 기술을 통해 환경에 미칠 악영향을 최소화하는 다양한 방법도 잘 숙지하고 있어야 합니다. 질적, 양적 정보를 빠르고 효율적으로 분석하는 분석력과 그 결과를 알아보기 쉽게 제시하는 표현력도 갖춰야 합니다.

Q: 수입은 얼마나 되나요?

A: 영국에서 활동하는 지속 가능성 조언사의 초기 연봉18,000-25,000 파운드입니다. 숙련된 조언사는 25,000-40,000 파운드, 상급 조언사는 40,000-60,000 파운드를 받는 것으로 확인되었습니다.

㉝ 그로스 해커 (Growth hacker)

그로스 해커는 빅데이터 분석과 같은 다양한 연구와 분석 기법을 활용하여 사업체의 성공적인 경영을 돕는 직업입니다. 새로운 마케팅 프로그램을 개발하고, 테스트하고, 실행하는 것입니다. 직접 광고를 하는 데 드는 비용을 절약하기 위해 간접적이지만 효율적인 홍보 방식을 찾아내거나, 이메일 홍보를 할 때 가장 효과적으로 많은 응답을 얻을 수 있는 이메일의 내용과 표현방식을 찾아내기도 합니다.

이런 점에서 그로스 해커의 업무는 과거 마케팅 분야의 직업인들이 하던 일 중 일부가 전문화된 형태라고도 볼 수 있습니다. 다만 차이점은 그로스 해커는 주로 스타트업과 같은 작은 사업체와 함께 일하며, 물품의 생산 과정에서부터 함께 관여한다는 점입니다[56]. 이미 생산된 물품을 홍보하는 전통적인 마케팅과는 다소 차이가 있지요.

Q: 어디에서 주로 일하나요?

A: 그로스 해커는 개인 사업자로 일하기도 하고, 컨설팅 업체에 소속되어 일하기도 합니다. 여러 사업체의 의뢰를 받아서 일하기 때문에 출장이 많고, 근무 환경도 다양하게 바뀌는 편입니다.

Q: 어떤 교육을 받아야 하나요?

A: 그로스 해커가 되기 위해서는 컴퓨터 과학, 소프트웨어 엔지니어링, 또는 관련 분야의 학위가 필요합니다. 온라인과 이메일 마케팅이나 웹사이트 관리 경험이 있는 것도 도움이 되지요.

Q: 어떤 역량이 필요한가요?

A: 그로스 해커의 기반은 마케팅이므로, 마케팅과 홍보 분야에 대한 전반적인 지식을 갖추는 것이 필요합니다. 마케팅을 위한 프로그램을 구축하고 가동해야 하기 때문에 뛰어난 IT 기반 역량도 갖고 있어야 합니다[57]. 프로그램을 테스트한 뒤, 수집된 결과를 해석하여 더욱 효율적인 마케팅 전략을 세워야 하기 때문에 높은 수준의 분석력도 필요합니다.

어떤 가설도 세우기 어려운 상황에서 다양한 방법을 시도하는 일이

56) Wired (15th May 2015). Does growth hacking actually count as a real job? Retrieved from https://www.wired.com/2015/05/growth-hacking-actually-count-real-job/ on 13th Nov 2021.

57) Best Accredited Colleges (20th Oct 2021). What is a growth hacker? -job description & salary. Retrieved from https://bestaccreditedcolleges.org/articles/what-is-a-growth-hacker-job-description-salary.html on 13th Nov 2021.

많기 때문에 뛰어난 창의력과 연구역량이 필요합니다. 여러 차례 시도 해보고 실패하기를 반복하는 일이 다반사이므로 쉽게 포기하지 않고, 인내심을 발휘하는 성향이 도움됩니다.

고객이나 다른 팀에게 데이터의 결과를 설명하고 설득해야 때문에, 분석한 결과를 시각화하는 도구를 사용할 줄 알아야 하며, 능숙한 의사소통역량과 설득력, 대인관계역량을 갖추는 것도 중요합니다.

Q: 수입은 얼마나 되나요?

A: 2021년 10월 9일 기준, 미국에서 일하는 그로스 해커의 평균 연 수입은 약 77,220달러였다는 통계가 있습니다[58].

㉞ 치프 스토리텔러 (Chief storyteller)

치프 스토리텔러는 기업이나 사업체와 같은 조직의 역사와 비전, 목표, 새롭게 생산된 물품의 특징을 직원이나 고객들이 쉽게 이해하고, 긍정적인 관심을 갖도록 유도하는 스토리 형태로 작성하는 직업입니다[59]. 인터넷의 성장과 함께 사업체의 이미지와 고객의 인식이 사업의 성과에 큰 영향을 주면서 대두된 직업이지요.

예를 들어, 새로운 상품에 대한 스토리텔링을 한다면, 상품 자체에 집중하기보다 상품으로 인해 사용자들이 겪는 긍정적인 변화에 초점을 두고 한 편의 이야기처럼 풀어나감으로써 고객들이 상품의 가치를 더 쉽게 이해하고 받아들이도록 하는 것입니다[60]. 뛰어난 공감력과 표현력을 요구하기 때문에 전에 소설가였던 사람들이 이 일을 하는 경우가 흔합니다.

---

58) Indeed (9th Oct 2021). Growth Hacker salary in United States. Retrieved from https://www.indeed.com/career/growth-hacker/salaries on 13th Nov 2021.

59) Whatis.com. Chief Storyteller. Retrieved from https://whatis.techtarget.com definition/chief-storyteller on1 3th Nov 2021.

60) Skyword (22th Mar 2018). What is a chief storyteller? Five business leaders share their stories. Retrieved from https://www.skyword.com/contentstandard/what-is-a-chief-storyteller-five-business-leaders-share-their-stories/ on 13th Nov 2021.

과거에는 조직의 최고 의사결정권자가 임의로 조직의 비전과 목표에 대해 작성하는 일이 흔했습니다. 하지만 지금은 대부분의 조직이 온라인에서 홈페이지를 운영하고 있으며, 홈페이지를 방문하는 사람들이 가장 먼저 보는 내용 중 하나가 바로 비전과 목표입니다. 따라서 최근에는 뛰어난 표현력과 집필력을 가진 치프 스토리텔러를 활용하여, 방문자들이 호감을 가질 수 있는 방식으로 비전과 목표를 제시하는 경우가 많습니다. 또한 SNS를 운영하는 조직은 포스팅의 관리를 치프 스토리텔러에게 맡기기도 합니다.

Q: 어디에서 주로 일하나요?

A: 치프 스토리텔러는 어느 정도 규모가 있는 조직에 채용되어 일하거나, 개인 사업자로 여러 조직의 의뢰를 받아서 일하기도 합니다.

Q: 어떤 교육을 받아야 하나요?

A: 치프 스토리텔러가 되기 위해서 특별히 요구되는 교육과정은 없습니다. 하지만 언론사의 기자나 출판사의 편집자, 소설가로 활동한 경험이 도움됩니다.

Q: 어떤 역량이 필요한가요?

A: 치프 스토리텔러는 기본적으로 홍보를 하는 사람입니다. 홍보를 위해 온오프라인의 언론사와 좋은 네트워크를 형성하고 있어야 합니다. 소속된 조직이나 의뢰를 받은 조직의 내부를 살피면서 좋은 스토리가 될 수 있는 소재를 찾아내고, 읽는 사람의 즐거움과 흥미를 끌 수 있는 글로 작성할 수 있어야 합니다. 따라서 호기심과 관찰력, 의사소통역량과 대인관계역량, 뛰어난 표현력과 집필력이 필요합니다. 유머 감각이 뛰어나야 하지만 과도한 유머로 조직의 이미지를 가볍게 만드는 것은 피하는 센스가 있어야 합니다[61].

61) Econsultancy (25h Jun 2015). What the hell is a chief storyteller anyway? Retrieved from https://econsultancy.com/what-the-hell-is-a-chief-

Q: 수입은 얼마나 되나요?

A: 미국의 치프 스토리텔러의 평균 연 수입은 약 85,100달러라는 통계가 확인되었습니다62). 최저 20,500달러, 최대 213,000달러 수준이었습니다.

(4) 식품 분야

생활 수준이 높아지면서 더 맛있는 음식, 더 건강한 음식에 대한 관심이 끝없이 높아지고 있습니다. 사람들의 미각을 만족시키고 식생활을 풍성하게 하는 다양한 직업들이 등장했습니다. 일상적으로 마시던 물도 더 맛있는 물, 음식과 궁합을 잘 이루는 물, 마시는 사람의 건강상태에 잘 맞는 물을 찾아주는 직업이 있을 정도로 말이죠.

㉟ 워터 소믈리에 (Water sommelier)

워터 소믈리에는 독일에서 시작된 매우 독특한 직업입니다. 우리가 마시는 미네랄 워터를 감별하기도 하지만, 다른 종류의 물에 대한 폭넓은 지식을 바탕으로 컨설턴트 역할을 하기도 합니다63). 마치 와인처럼 먹는 음식에 따라 물을 맞춰서 마시거나, 의뢰인의 건강 상태에 따라 적합한 물을 권하는 등 다양한 활용이 가능한 것입니다.

Q: 어디에서 주로 일하나요?

A: 워터 소믈리에는 호텔이나 고급 레스토랑에서 근무하며 고객에게 그들의 건강 상태나 주문한 요리와 매칭되는 미네랄 워터를 추천합니다. 음료 판매장에서 일하며 의뢰인에게 다양한 물의 종류와 차이점에

---

storyteller-anyway/ on 13th Nov 2021.

62) ZipRecruiter. How much do chief storyteller jobs pay per year? Retrieved from https://www.ziprecruiter.com/Jobs/Chief-Storyteller on 13th Nov 2021.

63) Doemens. Water Sommelier, Unique in the world. Retrieved from https://doemens.org/en/savour-sensory/water-sommelier/ on 12th Nov 2021.

대해 설명하고 그들의 목적에 맞는 물을 추천하기도 합니다. 또한 미네랄 워터를 생산하는 공장에서 일하며 물의 맛을 유지하기 위한 수질 관리를 돕거나, 마케팅과 판매를 담당하기도 합니다.

Q: 어떤 교육을 받아야 하나요?

A: 현재까지 알려진 바에 의하면 약 5개의 교육기관에서 워터 소믈리에 과정을 운영하고 있습니다[64]: 독일의 도멘스 미각 아카데미(Doemens Savour Academy), 미국의 파인 워터 아카데미(Fine Water Academy), 이탈리아의 ADAM(Associazione Degustatori Acque Mierali), 중국의 퓨어로지카 아카데미(Purelogical Academy), 우리나라의 KISA(Korea International Sommelier Associaion).

교육과정은 대부분 2주 이내의 짧은 과정으로 진행됩니다. 도멘스 아카데미의 과정은 9일간이며, 80가지의 수업을 듣고, 4번의 시험을 통과해야 합니다. 도멘스 아카데미에서는 과일 주스 소믈리에와 맥주 소믈리에 과정도 함께 제공하고 있습니다.

Q: 어떤 역량이 필요한가요?

A: 물을 맛보고 선별하는 직업인만큼 매우 섬세한 미각과 분석력, 판단력을 필요로 합니다. 선별한 결과를 소통하는 의사소통역량도 중요하며, 고객 앞에서 직접 물을 소개하기 때문에 그들의 흥미를 끄는 스토리텔링 역량을 갖추는 것도 도움이 됩니다.

미각은 몸의 건강 상태에 따라 많은 영향을 받기 때문에 항상 건강한 신체상태를 유지하는 것도 필요합니다. 또한 미각을 둔하게 만드는 음식을 함부로 섭취해서는 안되므로 식탐을 조절할 수 있는 자제력을 갖추는 것이 도움 됩니다.

---

64) Pineo (24th Aug 2019). Fine Water Academy. Retrieved from https://www.pineo.cat/en/blog/news/you-can-follow-a-water-sommelier-course-at-one-of-these-five-schools/ on 12th Nov 2021.

Q: 수입은 얼마나 되나요?

A: 워터 소믈리에의 수입에 대해서는 공개된 통계를 찾아보기 어렵습니다. 전세계적으로 단 100여명만이 현직에 있을 만큼 독특한 직업이기 때문이지요. 다만 초급 와인 소믈리에(1-3년의 숙련도)의 연봉 중간값이 55,000달러 수준이므로, 그에 준하여 추정해 볼 수 있습니다[65].

미국의 유명한 워터 소믈리에 마틴 리즈(Martin Riese)는 파티나 레스토랑(Patina Restaurant Group)에서 일하며 매우 높은 급여를 받는 것으로 알려져 있습니다. 다만 정확한 금액은 공개되지 않았고요[66]. 마틴 리즈는 독일 출신으로 그의 워터 소믈리에 자격을 바탕으로 미국에 외국인 취업 비자를 받았고, 몇 년 전 영주권을 취득하기도 했습니다.

㊱ 치즈 전문가 (Cheese monger 또는 Cheese connoisseur)

치즈 전문가는 와인 소믈리에처럼 고객의 기호성이나 함께 먹게 될 음식과 음료 등을 바탕으로 적합한 치즈를 권하고 판매하는 사람입니다. Delicatessen 또는 Deli라고 부르는 영어권 국가의 식품 판매점에 가면 커다란 치즈를 전시해놓고, 고객이 원하는 만큼을 잘라서 파는 사람들이 있는데 그들도 치즈 전문가 중 하나입니다.

Q: 어디에서 주로 일하나요?

A: 치즈 전문가는 치즈를 판매하는 식품 판매점이나 고급 레스토랑, 호텔 등에서 주로 일합니다.

---

65) Binwise. Wine Sommelier Salary: How much do Sommeliers make? Retrieved from https://home.binwise.com/blog/sommelier-salary on 12th Nov 2021.

66) Eater (7th Apr 2015). How America's only water sommelier is changing the way people taste H2O. Retrieved from https://www.eater.com/drinks/2015/4/7/8360993/how-las-only-water-sommelier-is-changing-the-way-people-taste-h20 on 12th Nov 2021.

Q: 어떤 교육을 받아야 하나요?

A: 일반 치즈 전문가(Cheese monger)가 되기 위한 특별한 교육과정은 따로 없습니다. 하지만 공인 치즈 전문가(Certified Cheese Professional)가 되려면 미국 치즈 협회(American Cheese Society)에서 제공하는 공인 치즈 전문가 자격시험에 합격해야 합니다. 준비하는 데만 최소 몇 달, 몇 년 이상 걸리기도 하는 매우 까다로운 시험입니다.

다양한 치즈의 종류뿐만 아니라 치즈의 역사, 치즈 생산 과정과 마케팅 전략, 우유의 품질을 유지하기 위한 저장과 재료 관리 방법, 식품 생산 관련 법령과 규정 등 치즈를 만드는 데 필요한 모든 지식을 충분히 갖춰야 합니다.

시험은 약 3시간 동안 11개 분야의 150개 문항에 답하는 방식으로 진행됩니다. 질문의 종류를 보면, 1) 같은 무게일 때 가장 칼로리가 낮은 치즈는 무엇인가?, 2) 어떤 지역에서 스틸톤 생산이 법적으로 금지되어 있는가?, 3) 블루치즈를 바늘로 찌르는 이유는 무엇인가? 등 치즈의 특성과 생산 과정, 각 지역별 규정도 잘 이해해야 답할 수 있는 질문이 많습니다[67]. 또한 항상 전문성을 유지해야 하므로 3년마다 자격을 다시 검증받아야 합니다[68]

Q: 어떤 역량이 필요한가요?

A: 치즈 전문가가 되기 위해서는 민감하고 섬세한 미각, 후각, 촉각이 필요합니다. 공인 치즈 전문가가 되기 위해서는 치즈 생산 과정과 관련 법령이나 규정을 숙지하기 위한 이해력과 암기력도 필요하지요.

---

67) Saputo. How to become an ACS certified cheese professional? Retrieved from https://yourbusiness.saputousafoodservice.com/posts/become-acs-certified-cheese-professional on 18th Nov 2021.

68) Cheese professor (29th Jan 2021). How to become a certified cheese professional. Retrieved from https://www.cheeseprofessor.com/blog/how-to-become-a-certified-cheese-professional on 18th Nov 2021.

자격을 이수한 다음에는 고객이나 의뢰인의 필요에 따른 적절한 치즈를 추천해야 하므로 뛰어난 의사소통역량과 대인관계역량, 서비스 역량이 필요합니다. 치즈를 매우 좋아하는 것도 중요하지요.

Q: 수입은 얼마나 되나요?

A: 2021년 11월 10일 기준, 미국의 일반 치즈 전문가의 평균 연봉은 29,413 달러 수준이라는 통계가 있었습니다[69]. 전문 자격을 갖춘 치즈 전문가의 연봉은 훨씬 높아서 평균 45,198달러나 되었습니다[70].

㊲ 아이스크림 테이스터 (Icecream taster)

아이스크림 테이스터는 아이스크림과 같이 얼려진 달콤한 식품을 새롭게 개발하고, 맛보고 장단점과 개선점을 판단하며 마켓에서 잘 팔릴 수 있을지를 분석하는 역할을 합니다.

판매되고 있는 아이스크림의 품질 관리를 하기도 하고, 시장에서 실패한 아이스크림을 분석하여 개선점을 새로운 상품 개발에 반영하기도 합니다. 또한 대형 마트를 다니며 아이스크림 샘플을 나눠주고 고객들의 반응을 분석하기도 합니다. 따라서 아이스크림 테이스터의 역할은 과학과 비즈니스, 마케팅을 통합하는 일이기도 합니다.

아이스크림 테이스터의 다른 명칭으로는 감각 분석가(sensory Analyst), 테이스트 마스터(taste master), 맛전문가(flavorlogist)등이 있습니다[71].

Q: 어디에서 주로 일하나요?

A: 아이스크림 테이스터는 주로 아이스크림을 생산하는 대형 사업체에

---

69) ZipRecruiter (10th Nov 2021). Cheese monger salary. Retrieved from http://www.ziprecruiter.com/Salaries/Cheesemonger-Salary on 18th Nov 2021.

70) ZipRecriter (10th Nov 2021). Cheese Expert Salary. Retrieved from http://www/.zprecruiter.com/Salaries/Cheese-Expert-Salary on 18th Nov 2021.

71) Indeed (6th Oct 2021). How to become an incecream taster. Retrieved from https://www.indeed.com/career-advice/finding-a-job/how-to-become-ice-cream-taster on 12th Nov 2021.

서 일합니다. 많은 회사들이 아이스크림 개발의 도제 과정이나 체험 과정에 참여하던 사람을 정식 직원으로 채용하곤 합니다.

Q: 어떤 교육을 받아야 하나요?

A: 아이스크림 테이스터가 되기 위해서는 대학에서 식품 과학이나 유제품 과학을 전공해야 합니다. 식품 화학, 식품 품질 관리 및 경영학, 식품 미생물학, 농업 경제학 등이 관련 학과에 해당합니다. 대학 과정을 이수하면서 또는 이수한 다음에 아이스크림 회사에서 도제 과정을 이수하는 것이 좋습니다.

Q: 어떤 역량이 필요한가요?

A: 아이스크림 테이스터가 되기 위해서는 새로운 상품을 개발하기 위한 창의력과 고객의 흥미와 미각을 충족시킬 적절한 식감과 맛, 색깔 등을 개발하기 위한 연구역량이 필요합니다. 미각을 섬세하게 유지하고 관리하기 위해 커피, 맵고 자극적인 음식, 흡연 등을 자제하는 인내심도 필요합니다.

Q: 수입은 얼마나 되나요?

A: 미국의 2020년 통계에 따르면 아이스크림 테이스터를 포함한 식품 과학자의 연봉 중간값은 68,830달러였습니다[72]. 2020년과 2030년 사이에 일자리가 9% 가량 증가할 것으로 추정되고 있습니다.

㊳ 초콜릿 테이스터 (Chocolate taster)

초콜릿 테이스터는 초콜릿을 생산하는 공장에서 새롭게 생산된 여러

72) US Bureau of Labor Statistics. Agricultural and Food Scientists. Retrieved from https://www.bls.gov/ooh/life-physical-and-social-science/agricultural-and-food-scientists.htm on 12th Nov 2021.

초콜릿을 맛보며 개선점과 문제점을 찾아내는 역할을 합니다. 하루 종일 초콜릿을 맛보면서도 맛과 식감의 차이와 문제점을 알아차릴 수 있어야 하기 때문에 매우 민감한 미각을 필요로 하는 직업이지요.

카카오나 설탕, 다른 재료가 너무 많거나 적게 들어가지는 않았는지 판단할 수 있어야 하고, 초콜릿의 맛, 식감 영양적인 가치를 판단하고 분석하여 마켓에서 성공을 거둘 수 있을지 조언하는 역할도 합니다[73]. 초콜릿 생산 단계 초반에 원재료부터 맛보는 일을 시작으로 최종 생산품까지 전체적인 품질 관리자로서 일하게 됩니다.

초콜릿 테이스터에서 더 발전한 직업은 초콜릿 컨설턴트입니다. 초콜릿 컨설턴트는 개인 사업자로 일하며, 여러 브랜드의 초콜릿 생산 과정과 특징을 분별하여 바이어에게 정보를 제공하곤 합니다. 린트 초콜릿(Lindt Chocolate)은 생산품을 홍보하기 위해 작은 파티를 여는 초콜릿 어드바이저(RSVP Advisor)를 채용하고 있기도 합니다.

Q: 어디에서 주로 일하나요?

A: 초콜릿 테이스터는 대형 초콜릿 회사에서 일합니다. 미국에는 뉴욕의 마스트 브라더스(Mast Brothers)와 자크 토레스(Jacques Torres), 콜럼비아의 패트릭 초콜릿(Patric Chocolate), 매사추세츠의 로그 쇼콜라티에(Rogue Chocolatier), 시애틀의 초콜로폴리스(Chocolopolis)와 테오 초콜릿(Theo Chocolate) 등 여러 대형 회사들이 있습니다. 유럽에는 고디바 초콜릿(Godiva Chocolate), 린트 초콜릿, 몬델레즈(Mondelez) 등의 회사가 있습니다.

Q: 어떤 교육을 받아야 하나요?

A: 미국에서 초콜릿 테이스터가 되기 위해서는 총 3단계의 교육을 이수

73) FindCareerInfo. How to become a chocolate taster in 2021. Salary & Career scope. Retrieved from https://www.findcareerinfo.com/chocolate-taster/ on 12th Nov 2021.

해야 합니다. 첫 번째는 고등학교 졸업장입니다. 두 번째는 초콜릿 테이스팅 자격증(Certificate in Chocolate Tasting)을 받아야 합니다. 세 번째는 전문 쇼콜라티에 프로그램(Professional Chocolatier Program)을 이수해야 합니다. 이 프로그램을 이수하기 위해서는 약 1-3개월의 학습이 필요합니다. 학사 과정에서 영양학 또는 관련 분야를 전공하는 것도 도움됩니다.

Q: 어떤 역량이 필요한가요?

A: 수많은 초콜릿과 원재료를 맛보며 장단점과 문제점을 분석할 수 있어야 하기 때문에 민감한 미각과 섬세한 분석력, 판단력, 그 결과를 소통하는 의사소통역량이 필요합니다. 초콜릿 생산 과정을 이해할 수 있어야 하기 때문에 기본적인 조리 기능을 갖추고 있어야 하며, 초콜릿 생산 과정에 대한 이해도가 필요합니다.

종일 선 채로 초콜릿 생산 과정에 따라 움직이며, 맛을 보기 위한 초콜릿과 관련 장비를 운반하기도 해야 해서 신체적으로도 건강하고 인내심이 강해야 합니다.

Q: 수입은 얼마나 되나요?

A: 초콜릿 테이스터는 대부분 파트타임으로 일하며, 평균 연봉은 21,000달러 수준입니다. 하지만 감별력이 뛰어난 상급의 테이스터는 연봉 90,000-100,000 달러를 받기도 합니다.

㊴ 미슐랭 조사관 (Michelin inspector)

자동차 타이어 회사로 유명한 미슐랭은 전 세계의 레스토랑을 조사하고 등급을 매기는 미슐랭 가이드를 발표하고 있습니다. 미슐랭 조사관은 일반 손님으로 위장한 채, 레스토랑을 방문하여 1) 음식의 품질, 2) 맛과 조리법, 3) 쉐프의 인성, 4) 재료와 소스 맛의 조화, 5) 조사관이 방문할 때마다 서비스와 음식의 질이 일정하게 유지되고 있는지 여부를 바탕으로 공정하고 정직한 평가를 내립니다[74]. 그 평가 결과가 미슐랭 가이드를 구성하는 자료가 되지요.

Q: 어디에서 주로 일하나요?

A: 미슐랭 조사관은 여러 레스토랑을 방문하여 직접 식사를 하고 서비스를 이용합니다. 따라서 출장이 잦고, 일하는 장소가 정해져 있지 않습니다.

Q: 어떤 교육을 받아야 하나요?

A: 미슐랭 조사관이 되기 위해서는 호텔리어를 양성하는 학교를 졸업했거나, 5-7년 이상 레스토랑 부엌에서 일한 경험이 요구됩니다. 조사관으로 선별되기 위해서는 평가 대상인 레스토랑에 단독으로 방문하여 평가 보고서를 작성해서 제출해야 합니다. 다음에는 미슐랭 내부 담당부서의 팀원과 동행하여 다시 한번 레스토랑을 방문하여 평가 보고서의 내용이 적절한지, 높은 수준으로 작성되었는지 평가가 이뤄집니다[75].

Q: 어떤 역량이 필요한가요?

A: 미슐랭 조사관은 공정하고 정직한 평가를 위해 일반 고객으로서 행동하며, 본인의 익명성을 충실하게 유지할 수 있어야 합니다. 미슐랭 그룹에만 소속되어야 하며, 다른 어떤 조직에서도 영향받지 않는 독립성을 갖춰야 합니다. 좋은 평가를 위한 뇌물이나 추가 서비스 등을 요구해선 안되므로 높은 윤리 수준이 요구됩니다.

섬세한 관찰력으로 서비스의 수준을 파악할 수 있어야 하며, 음식이 차려진 상태를 평가하기 위한 높은 미적 감각도 요구됩니다. 음식의

74) Michelin Guide. Michelin Inspectors. Retrieved from https://guide.michelin.com/th/en/michelin-guide-inspectors on 13th Nov 2021.

75) Finedininglovers (2nd Nov 2020). How to become a Michelin Inspector. Retrieved from https://www.finedininglovers.com/article/how-become-michelin-inspector on 13th Nov.

맛과 향을 변별하기 위한 섬세한 미각과 후각도 필수입니다. 이런 노력이 있기에 우리가 미슐랭 가이드를 신뢰할 수 있는 것이죠.

Q: 수입은 얼마나 되나요?

A: 미국 미슐랭 조사관의 연 수입은 46,919달러 수준이라고 발표한 리크루팅 업체가 있습니다[76]. 하지만 미슐랭 그룹은 조사관들의 급여를 공개하지 않고 있다고 합니다.

㊵ 플레이버리스트 (Flavorist 또는 Flavor chemist)

플레이버리스트는 우리나라에서도 일부 알려진 직업으로, 직역하면 미각 과학자로 볼 수 있습니다. 플레이버리스트는 다양한 화학 물질을 활용하여 우리에게 익숙한 맛이나 새로운 맛을 만들어냅니다. 원재료만으로는 충분히 맛과 향을 낼 수 없을 때, 식용 성분을 추가하여 더 나은 맛과 향을 더하기도 합니다. 따라서 식재료가 우리의 감각 기관과 어떻게 반응하는지를 잘 이해하며, 그런 지식을 바탕으로 자연적인 맛과 인공의 맛을 개발합니다.

실제 토마토나 칠리 페퍼가 전혀 들어가지 않지만, 살사소스의 맛이 나는 콘칩이나 딸기가 안 들어가도 딸기 맛이 나는 우유, 체리 맛이 나는 시럽약 등 그들의 연구 결과가 반영된 식품은 일상에서도 쉽게 찾아볼 수 있습니다.

Q: 어디에서 주로 일하나요?

A: 플레이버리스트는 제약회사, 대형 식품 생산 회사, 대학과 연구소, 중앙정부와 지역자치단체, 식품 맛에 대해 컨설팅을 제공하는 회사, 화장품이나 모발 관리 용품을 생산하는 회사 등 다양한 곳에서 일합니다.

---

76) Indeed. Quality control inspector yearly salaries in the United States at Michelin. Retrieved from https://www.indeed.com/cmp/Michelin/salaries/Quality-Control-Inspector on 13th Nov 2021.

Q: 어떤 교육을 받아야 하나요?

A: 플레이버리스트가 되기 위해서는 화학, 생물, 물리, 화학 엔지니어링, 식품 과학 등 관련 과학 분야를 전공해야 합니다. 식품 또는 미각 화학 분야의 석사 학위가 있으면 플레이버리스트로 활동할 자격을 얻을 수 있습니다. 대학이나 연구소에서 일하는 것이 목표라면 박사 학위를 받는 것이 도움됩니다.

Q: 어떤 역량이 필요한가요?

A: 플레이버리스트가 되기 위해서는 무엇보다도 식품과 맛에 깊은 관심을 갖고 있어야 합니다. 실험실에서 일하며 반복적인 실험과 연구를 수행하는 것을 즐길 수 있어야 하며, 연구 결과나 근거를 기반으로 한 의견을 다른 사람들과 능숙하게 소통할 수 있어야 합니다. 새롭게 만들어 낸 맛을 잘 설명할 수 있는 표현력도 필요합니다.

Q: 수입은 얼마나 되나요?

A: 2021년 11월 19일 기준, 미국 플레이버리스트의 평균 연봉은 125,423달러 수준이라는 통계가 있습니다[77].

㊶ 바나나 숙성 전문가 (Banana gasser)

바나나는 열대 지방에서 자라지만, 이제는 열대 지방이 아닌 곳에서도 맛있는 바나나를 먹을 수 있습니다. 바나나 숙성 전문가들의 덕분이지요.

바나나 숙성 전문가는 녹색인 상태로 수확한 바나나가 시장에 도착할 때까지 적정한 수준으로 숙성시키는 역할을 합니다. 바나나가 너무 많이 익었거나 너무 익지 않아도 상품 가치가 떨어지기 때문에 그 적정한 수준을 유지하는 것이 매우 중요합니다. 도매 시장에 모인 바나나의 상태를 확인하고, 트럭에 실려 시장으로 나갈 때까지 걸리는 시간을 감안하여, 그

77) ZipRecruiter (11th Nov 2021). Flavorist Salary. Retrieved from https://www.ziprecruiter.com/Salaries/Flavorist-Salary on 19th Nov 2021.

시간 동안 서서히 익으면서 갈 수 있도록 복잡한 계산을 거쳐 적당량의 에틸렌 가스를 계산하여 살포합니다[78].

Q: 어디에서 주로 일하나요?

A: 바나나 숙성 전문가는 수확된 바나나가 모이는 도매 시장에서 주로 일합니다.

Q: 어떤 교육을 받아야 하나요?

A: 바나나를 숙성시킬 때는 에틸렌 가스를 사용하기 때문에 그 가스를 다룰 수 있는 화학적, 기술적 지식이 필요합니다. 따라서 생명공학기술(Biotechnology)이나 기타 임상 과학 분야의 학위를 이수해야 합니다.

Q: 어떤 역량이 필요한가요?

A: 바나나 숙성 전문가는 바나나의 숙성을 위한 적정량의 에틸렌을 산출하기 위해서 매우 복잡한 계산식을 쓰며, Probe라고 불리는 컴퓨터 프로그램을 이용하기도 합니다. 따라서 화학적 지식과 함께 높은 수준의 컴퓨터 역량이 필요합니다. 산출하는 과정이 복잡하고 오랜 시간을 필요로 하며 지루하기 때문에 인내심을 갖출 필요가 있습니다.

Q: 수입은 얼마나 되나요?

A: 2014년 8월 기준으로, 바나나 숙성 전문가가 받는 연봉의 중간값은 약 70,000달러였습니다. 더 최신의 통계는 찾기 어려웠지만, 물가와 임금 상승률을 감안할 때 현재는 더 높은 급여를 받고 있을 것으로 추정할 수 있습니다.

㊷ 치즈 커드 테이스터 (Cheese curd taster)

치즈 커드는 우유와 발효균, 렌넷만으로 만들어지는 기본적인 치즈를

78) TheStrangerJobs. Banana Gasser. Retrieved from http://unusualjob.blogspot.com/2014/08/banana-gasser.html on 12th Nov 2021.

의미합니다. 체다, 코티지 치즈, 파니르 등이 치즈 커드의 한 유형이지요. 미국에서는 치즈 커드에 튀김옷을 입힌 뒤 튀겨서 먹곤 합니다.

미국의 위스컨신 지역은 치즈로 유명하며, 미국 전역에 판매되는 특산품 치즈 중 절반 정도를 생산하고 있습니다. 치즈 커드 역시 위스컨신의 유명한 생산품 중 하나지요. 치즈 커드 테이스터는 위스컨신 지역을 돌아다니며 여러 치즈 커드를 맛보고, 최상품을 찾아내는 역할을 합니다.

Q: 어디에서 주로 일하나요?

A: 치즈 커드 테이스터는 EatStreet과 같이 치즈를 판매하는 회사에서 일합니다. 여러 치즈 생산자를 찾아다니기 때문에 출장이 무척 많은 편입니다.

Q: 어떤 교육을 받아야 하나요?

A: 치즈 커드 테이스터가 되기 위해 반드시 이수해야 하는 교육과정은 알려져 있지 않습니다. 고등 교육을 받지 않아도 할 수 있는 직업이지요. 하지만 식품 과학 분야의 학위를 이수하는 것이 도움되긴 합니다.

Q: 어떤 역량이 필요한가요?

A: 치즈 커드 테이스터는 섬세한 미각과 후각, 촉각을 갖춰야 합니다. 여러 치즈 커드의 맛과 장단점을 분별할 수 있는 섬세함과 분석한 결과를 소통할 수 있는 의사소통역량도 필요합니다. 무엇보다도 치즈를 좋아해야 하지요.

Q: 수입은 얼마나 되나요?

A: 치즈 커드 테이스터의 평균 연봉에 대한 정보는 찾아보기 어려웠습니다. 2019년에 등록된 구인 광고 관련 기사를 보면, 2주 동안 고품질의 치즈 커드를 찾는데 1,000달러의 급여와 모든 여행 비용을 지급한다는 내용이 있었습니다[79].

㊸ 마마이트 테이스터 (Marmite taster)

마마이트는 영국과 호주 등지에서 빵에 발라먹는 매우 독특한 맛의 잼입니다. 혀를 강렬하게 자극하며 찌르는 듯한 맛과 진득한 식감을 갖고 있지요. 마마이트는 이스트를 활용하여 만드는 것으로 그 맛을 아주 좋아하는 사람도 있고 싫어하는 사람도 있어 호불호가 명확하게 갈립니다. 광고에서조차 사랑하거나 싫어하거나(Either love it or hate it)라는 표현을 사용할 정도지요.

마마이트 테이스터는 12톤 단위로 생산되는 마마이트의 맛을 보고 적절한 식감과 농도, 맛을 갖췄는지 확인하는 역할을 합니다. 무려 42년간 마마이트 공장에서 일한 세인트존 스켈턴(St. John Skelton)은 2016년에 11월에 은퇴할 때까지 24,000병이 넘는 마마이트를 섭취했다고 합니다[80].

Q: 어디에서 주로 일하나요?

A: 마마이트 테이스터는 마마이트를 만드는 공장에서 일합니다.

Q: 어떤 교육을 받아야 하나요?

A: 마마이트 테이스터가 되기 위한 특별한 교육 과정은 없지만, 식품 과학 학위와 미각 관련 자격을 갖고 있는 것이 도움됩니다.

Q: 어떤 역량이 필요한가요?

A: 마마이트는 상당히 자극적인 맛을 갖고 있기 때문에 여러 차례 맛보

---

79) NBC15.com. (27th Sep 2019). EatStreet is paying $1,000 for 'curd nerd' to travel Wisconsin in search of the best cheese curd. Retrieved from https://www.nbc15.com/content/news/eatstreet-is-paying-1000-for-curd-nerd-to-travel-wisconsin-in-search-of-the-best-cheese-curds-561480621.html on 18th Nov 2021.

80) Mirror (18th Nov 2016). Chief marmite taster hangs up his spoon after tasting 246 million jars - and he still loves it! Retrieved from https://www.mirror.co.uk/news/uk-news/chief-marmite-taster-hangs-up-9284129 on 16th Nov 2021.

다 보면 미각이 둔해지기 쉽습니다. 그런 상황에서도 유지되는 섬세한 미각을 갖는 것이 필수입니다. 또한 마마이트의 맛이 적합하지 않을 경우, 그에 대한 문제점을 생산자들에게 설명해야 하므로 의사소통역량과 대인관계역량이 필요합니다.

Q: 수입은 얼마나 되나요?

A: 마마이트 테이스터의 수입에 대한 공식적인 통계는 찾아보기 어려웠습니다. 하지만 유사한 직업인 미각 테스터(Taste Tester)의 연봉은 평균 40,918달러 수준이라는 통계가 있습니다[81]

㊹ 반려동물 사료 테이스터 (Pet food taster)

사람의 식생활을 풍성하게 하는 차원을 넘어서 반려동물의 식생활도 보조하는 직업도 있습니다. 몇 년 전, 우리나라의 홈쇼핑 광고에서 호스트가 직접 반려동물의 사료를 맛보는 모습이 방송되어 보는 사람에게 충격을 주었던 적이 있습니다. 하지만 그런 역할을 직업으로 삼는 사람도 있지요. 바로 반려동물 사료 테이스터입니다. 반려동물의 사료를 맛보고, 냄새와 식감, 맛, 영양적 가치를 개선하기 위한 피드백을 보고하거나, 직접 연구를 수행하는 것이 그들의 역할입니다.

Q: 어디에서 주로 일하나요?

A: 반려동물 사료 테이스터는 주로 반려동물의 사료를 생산하는 공장에서 일합니다.

Q: 어떤 교육을 받아야 하나요?

A: 반려동물 사료 테이스터가 되기 위해서는 식품 과학 분야의 교육과

81) ZipRecruiter. Taste Tester Salary. Retrieved from https://www.ziprecruiter.com/Salaries/Taste-Tester-Salary on 16th Nov 2021.

정을 이수하거나, 관련 경력이 필요합니다. 직접 연구를 수행하는 경우에는 식품 과학 분야의 박사 학위를 소지한 것이 유리합니다.

Q: 어떤 역량이 필요한가요?

A: 반려동물 사료 테이스터는 연구자인 경우도 많기 때문에 실험실에서 연구를 수행할 수 있는 역량이 필요합니다. 연구를 하기 위해 필요한 호기심, 창의력, 인내심과 함께 섬세한 미각과 후각, 촉각을 갖는 것이 도움이 됩니다. 흡연이나 음주, 맛이 강한 음식을 즐기는 습관은 반대로 업무 역량을 떨어뜨리는 역할을 합니다.

Q: 수입은 얼마나 되나요?

A: 반려동물 사료 테이스터의 수입에 대한 정보는 찾아보기 어려웠습니다. 하지만 유사한 직업인 식품 테이스터의 연 평균 수입은 2021년 11월 11일 기준, 36,136달러 수준이었습니다[82].

(5) 동물 분야

동물을 대하는 일은 많은 아이들이 한 번쯤 관심을 가져보는 분야 중 하나입니다. 동물을 반려하는 인구가 증가하고, 동물을 가족과 동등하기 여기는 사람들이 늘어나면서 그런 수요에 대응하는 다양한 직업도 생겨나고 있습니다.

㊺ 백조 파수꾼과 백조 표시자 (Warden of the swans와 Marker of swan)

백조 파수꾼과 백조 표시자는 영국 왕실을 위해 일하는 직업입니다. 법적으로 영국의 모든 야생 백조와 주인 없는 백조는 영국 여왕의 소유입니다. 백조 파수꾼과 백조 표시자는 둘이 함께 매년 7월 템즈 강에 서식하는 혹백조(mute swan)를 조사하고 기록하는 역할을 합니다.

---

82) ZipRecruiter. Food Taster Salary. Retrieved from https://www.ziprecruiter.com/Salaries/Food-Taster-Salary on 19th Nov 2021.

그 외의 기간 중에는 영국의 백조를 보호하고, 백조와 관련된 사건이 발생하면 조언을 제공하며, 지역의 백조 개체수와 건강 상태를 살피는 역할을 합니다. 12세기부터 1993년까지 두 직업은 하나로 합쳐져 있었지만, 한 사람이 하기에는 너무 많은 일이었기에 둘로 나뉘게 되었습니다.

백조 파수꾼과 백조 표시자는 파트타임 일자리로 다른 직업과 함께 병행됩니다. 현재 백조 파수꾼을 맡은 사람은 옥스퍼드 대학의 교수인 크리스토퍼 페린스(Christopher Perrins)이지요. 백조 표시자 역할을 맡은 사람은 데이비드 바버(David Barber)이며 배의 엔진을 판매하는 상인이기도 합니다.

Q: 어디에서 주로 일하나요?

A: 백조 파수꾼과 백조 표시자는 영국의 왕실을 위해 일합니다. 매년 7월 백조 조사(Swan upping)를 할 때면, 템즈 강을 따라 이동하며 일합니다.

Q: 어떤 교육을 받아야 하나요?

A: 백조 파수꾼과 백조 표시자가 되기 위해 필요한 의무 교육은 알려져 있지 않습니다.

Q: 어떤 역량이 필요한가요?

A: 백조 파수꾼과 백조 표시자가 되기 위해서는 동물과 관련된 직업이 공통적으로 갖고 있는 역량을 갖춰야 합니다. 동물을 사랑하고 존중하는 마음, 동물의 돌발행동에 두려워하지 않고 의연하게 대처할 수 있는 적응력과 문제해결역량, 동물의 작은 변화나 움직임의 의미를 빠르게 파악하는 섬세함, 템즈강을 오르내리며 백조를 관찰하고 보호하기 위한 신체능력과 체력을 갖추는 것이 도움됩니다.

Q: 수입은 얼마나 되나요?

A: 백조 파수꾼과 백조 표시자는 명예직입니다. 영국 왕실을 위해 봉사한다는 자부심을 갖고 일하는 직업이지요.

㊻ 타조 돌봄이 (Ostrich babysitter)

타조 돌봄이는 어린 타조들을 관찰하고 서로 싸우지 않도록 돌보는 역할을 합니다. 타조는 상당히 공격적이며 다혈질적인 성향을 갖고 있어서 돌보는 사람이 없으면 금방 서로를 쪼며 싸움을 벌이기 때문입니다. 때로는 사람을 공격할 수도 있으므로 가만히 앉아서 지켜만 보는 직업으로 생각해선 안됩니다.

Q: 어디에서 주로 일하나요?

A: 타조 돌봄이는 주로 남아공의 타조 농장에서 일합니다. 타조 여러 마리를 키우는 농장이라면 어느 곳에서든 일할 수 있지요.

Q: 어떤 교육을 받아야 하나요?

A: 타조 돌봄이가 되기 위해 특별히 이수해야 하는 교육과정은 없습니다. 주로 현장에서 일하면서 필요한 것들을 바로 배우게 되지요.

Q: 어떤 역량이 필요한가요?

A: 타조 돌봄이가 되려면 동물의 신뢰를 얻을 수 있는 마음가짐과 동물의 반응에 따라 적절하게 대응할 수 있는 빠른 눈치가 필요합니다. 타조가 공격해 올 수도 있으므로 민첩하게 움직여 공격을 피하고 대응할 수 있는 신체능력을 갖추는 것도 좋습니다.

Q. 수입은 얼마나 되나요?

A: 남아공의 농장을 기준으로 시급 10달러 수준이라는 언급이 있습니다[83].

83) Indie88 (31 Jul 2018). Dream jobs you never knew existed. Retrieved

㊼ 구더기 사육자 (Maggot farmer)

구더기 사육자는 낚시 미끼로 사용되기 위한 구더기를 키우는 사람들입니다. 동물의 사체나 썩은 음식물 쓰레기에 부화한 구더기를 키워서 낚시터나 농장, 파충류를 반려하는 사람들에게 보급하는 역할을 합니다. 아주 큰 수입을 얻을 수 있는 직업은 아니지만, 노동량에 비해서는 제법 짭짤한 부수입을 가져다 주는 직업이라고 합니다.

Q: 어디에서 주로 일하나요?

A: 구더기 사육자는 주로 개인 사업자로 일합니다.

Q: 어떤 교육을 받아야 하나요?

A: 구더기 사육자가 되기 위해 필요한 교육과정은 없습니다. 하지만 구더기의 서식과 관련된 정보를 학습하고, 깨끗하고 안전하게 구더기를 키우는 방법을 학습할 필요는 있습니다.

Q: 어떤 역량이 필요한가요?

A: 구더기 사육자는 썩어가는 음식물 찌꺼기나 구더기를 견딜 수 있는 강한 비위를 가져야 합니다. 친환경적인 성향을 갖고 있는 것이 도움되지요. 신체적으로도 별다른 노력을 필요하지 않는 편한 일입니다.

Q: 수입은 얼마나 되나요?

A: 구더기 사육자의 수입에 대한 통계는 찾아보기 어려웠습니다. 하지만 실제로 구더기를 사육하고 있는 폴 라붓(Paul Rabaut)의 경우, 뒤뜰에 둔 드럼통 하나 크기의 사육장에서 매주 10파운드의 구더기를 생산하고 있으며, 파운드당 10달러에 판매하고 있다고 합니다[84]. 더

from https://indie88.com/dream-jobs-you-never-knew-existed/ on 19th Nov 2021.

84) The Penny Hoarder (4th Mar 2019). This guy has 100,000 maggots in his

많은 개체 수를 키운다면 그만큼 더 많은 수익을 거둘 수 있겠지요?

㊽ 동물 소변 채집가 (Animal urine collector)

동물은 스스로 어디가 아픈지 사람에게 알릴 수 없으므로 질병의 진단을 위해 다양한 검사를 진행하게 됩니다. 그중 하나가 소변 검사이지요. 주사바늘을 동물의 방광에 꽂아서 직접 소변을 채취하기도 하지만, 동물을 마취해야 하거나 바늘에 찔린 상처로 감염이 발생할 수도 있습니다. 따라서 동물이 직접 소변을 보게 하여 채취하는 것이 가장 좋습니다.

바로 그런 일이 동물 소변 채집가의 역할입니다. 가축이나 야생동물의 신체 부위를 자극해서 소변을 보게 하고, 그 소변을 검사할 수 있도록 깨끗한 컵이나 병에 담는 것이죠.

Q: 어디에서 주로 일하나요?

A: 소변 채집가는 대형 동물 농장이나 동물원, 동물병원 등에서 주로 일합니다.

Q: 어떤 교육을 받아야 하나요?

A: 소변 채집가가 되기 위해 필요한 정규 교육과정이나 자격 과정은 따로 없습니다. 하지만 수의학이나 기타 동물과 관련된 교육과정을 이수한 것이 도움되지요. 동물의 습성을 잘 파악하고, 동물의 신뢰를 얻는 방법을 학습할 필요가 있습니다.

Q: 어떤 역량이 필요한가요?

A: 소변 채집가가 되기 위해서는 동물의 신뢰를 얻고, 동물의 반응에 따라 적절하게 대응할 수 있는 빠른 눈치와 마음가짐이 필요합니다.

---

backyard. And it's making him money. Retrieved from https://www.thepennyhoarder.com/make-money/side-gigs/farming-maggots-for-money/ on 19th Nov 2021.

동물이 돌발적인 행동을 할 수도 있으므로 민첩하게 제압하거나 공격을 피하고 대응할 수 있는 뛰어난 신체능력이 도움됩니다.

Q: 수입은 얼마나 되나요?

A: 동물 소변 채집가의 평균 연봉에 대한 정보를 찾아보기는 어려웠지만, 2021년 11월 12일 기준, 미국 소변 채집가 전반의 연봉은 36,475달러 수준이라는 통계가 있었습니다[85].

㊾ 고래 콧물 채집가 (Whale snot collector)

고래와 같은 동물은 육상 동물과는 달리, 혈액이나 소변을 채취하여 검사하는 것이 어렵습니다. 따라서 과거에 그들의 건강 상태를 파악하기 위해 피부의 샘플을 채취했다고 합니다. 하지만 빠른 속도로 헤엄치고 언제 잠수할지 알 수 없는 고래의 피부 샘플을 채취하는 것도 결코 쉬운 일은 아니었지요.

2011년, 이안 커(Iain Kerr)는 하루종일 고래의 피부 샘플을 채취하기 위해 배로 그들을 쫓고 있었습니다. 실패를 거듭하던 끝에 그는 배 위에 앉은 채로 고래가 뿜어낸 물을 맞게 됐고, 그 안에 고래의 콧물이 포함되어 있음을 깨달았습니다. 콧물도 고래의 건강 상태를 알려줄 수 있는 소중한 샘플이었죠.

이안 커의 발견을 시작으로 고래의 콧물을 채취하여 분석하는 연구가 시작되었습니다. 전통적인 방식을 사용하는 채집가들은 긴 지팡이에 실험용 용기를 단 형태의 도구를 들고, 고래가 가까이 다가오기를 기다렸다가 고래가 수면 위로 올라오며 숨을 내뿜을 때 콧물을 채집합니다[86]. 좀 더 첨단적인 기술을 이용하는 사람들은 고래 콧물 채취에 특화된 드론을 능숙

85) ZipRecruiter (12 Nov 2021). Urine Collector Salary. Retrieved from http://www.ziprecruiter.com/Salaries/Urine-Collector-Salary on 20th Nov 2021.

86) Hakai Magazine (25th Sep 2020). Coastal job: Whale snot collector. Retrieved from https://hakaimagazine.com/article-short/coastal-job-whale-snot-collector/ on 21st Nov 2021.

하게 조작해서 안전하게 오염되지 않은 콧물 샘플을 수거하기도 합니다[87].

Q: 어디에서 주로 일하나요?

A: 고래 콧물 채집가는 해양생물을 연구하는 연구소나 대학, 고래를 키우는 아쿠아리움 등에서 일합니다. 전세계 바다 곳곳을 누비며 활동하는 사람도 있습니다.

Q: 어떤 교육을 받아야 하나요?

A: 현재 활동 중인 고래 콧물 수집가를 기준으로 보면, 해양 포유류 관련 학과나 생물학을 전공한 것이 도움됩니다. 담당하는 역할의 범위에 따라서 요구되는 교육 수준은 다릅니다. 고래 콧물을 수집해서 연구자에게 전달하는 사람도 있고, 직접 분석하는 연구도 수행하는 사람이 있습니다. 후자의 경우에는 보통 석박사 이상의 학위를 갖고 있습니다.

Q: 어떤 역량이 필요한가요?

A: 고래 콧물 채집은 고래에게 최대한 스트레스를 주지 않는 방식으로 이뤄져야 합니다. 따라서 고래와 같은 해양 동물의 습성을 잘 이해하고, 그들을 배려하는 마음가짐을 갖추는 것이 중요합니다. 고래가 언제 어디서 나타날지 알 수 없으므로 매우 오랜 시간을 소리나 움직임을 최소화한 채 기다릴 수 있는 인내심도 필요합니다. 드론을 활용해서 콧물을 채취하는 사람이라면 드론을 능숙하게 본인의 몸처럼 움직일 수 있는 기술을 갖춰야 합니다.
또한 고래 콧물을 분석하는 연구도 하는 사람이라면 뛰어난 분석력과 데이터 독해력, 이해력을 갖춰야 하며, 분석에 활용하는 다양한 장비를 능숙하게 사용할 수 있어야 합니다.

87) Wired (10th Jan 2020). Why scientists are flying drones into clouds of whale snot? Retrieved from https://www.wired.com/story/snotbot/ on 21st Nov 2021.

Q: 수입은 얼마나 되나요?

A: 고래 콧물 채집가의 급여 수준에 대한 자료는 찾아보기 어려웠습니다. 관련 직종인 해양 생물학자의 급여를 보면, 2021년 기준 69,859달러 수준이라는 언급이 있었습니다[88].

㊿ 박쥐 배설물 수집가 (Guano collector)

박쥐 배설물은 질소, 인, 칼륨 등이 풍부하여 고품질의 비료로 사용됩니다. 또한 과거에는 화약이나 폭약을 만드는 데도 이용되었지요. 동남아에는 이렇게 유용한 박쥐 배설물(guano)을 수집하는 사람들이 있습니다. 박쥐가 서식하는 동굴에 들어가서 배설물을 수거하고, 비료 제조 회사 등에 판매하는 것입니다.

Q: 어디에서 주로 일하나요?

A: 박쥐 배설물 수집가들은 대부분 개인 사업자로 볼 수 있습니다. 박쥐가 서식하는 동굴에서 주로 일합니다.

Q: 어떤 교육을 받아야 하나요?

A: 박쥐 배설물 수집가가 되기 위해서 특별히 필요한 정식 교육과정은 알려져 있지 않습니다.

Q: 어떤 역량이 필요한가요?

A: 박쥐 배설물 수집가가 되려면 박쥐의 습성을 잘 이해하고, 안전하게 배설물을 수집하기 위한 지식과 경험을 갖춰야 합니다.

Q: 수입은 얼마나 되나요?

A: 박쥐 배설물은 17킬로 단위로 약 6-7달러 정도에 판매되고 있다고

88) Indeed (12 Jun 2021). How much can a marine biologist earn? Retrieved from https://ca.indeed.com/career-advice/pay-salary//salary-for-marine-biologists on 21st Nov 2021.

합니다[89]. 동남아 국가의 평균 하루 급여가 5달러를 넘기지 못하는 곳이 많다는 것을 고려할 때, 박쥐 배설물 채집가들이 평균 수준 또는 그 이상의 수입을 거두고 있을 것으로 추측해 볼 수 있습니다.

(51) 악어 조련사 (Alligator wrangler 또는 Crocodile wrangler)

미국, 호주, 동남아 등지에는 악어 서식지가 있습니다. 때로는 악어들이 사냥꾼 때문에 부상을 입고 위험에 처하기도 하고, 길을 잃고 인가에 침입하기도 합니다. 따라서 악어들을 보호하거나 치료하고, 인가에 침입한 악어를 구조하여 서식지로 돌려보내는 사람들, 즉 악어 조련사가 필요하지요. 일부 악어 조련사는 악어 쇼에서 일하기도 합니다.

Q: 어디에서 주로 일하나요?

A: 악어 조련사는 동물원, 야생동물 보호단체에서 일하거나 개인 사업자로 일하기도 합니다. 성장한 악어를 혼자 상대하기는 어렵기 때문에 주로 팀으로 일하며, 악어 서식지나 악어가 나타난 지역 곳곳을 이동하며 활동합니다.

Q: 어떤 교육을 받아야 하나요?

A: 악어 조련사 중 다수가 파충류 학자이기도 합니다. 생물학이나 동물학을 전공하고, 파충류 과정을 학습해야 하지요. 석박사 과정에서 파충류학을 전공하는 것도 도움됩니다.

Q: 어떤 역량이 필요한가요?

A: 악어 조련사가 되려면 동물을 사랑하고 존중하는 마음가짐이 우선되어야 합니다. 힘 세고 날쎈 악어를 상대해야 하므로 민첩하게 움직일

---

89) The Phnom Penh Post (16 Sep 2021). Guano collectors sound alarm over bat poaching. Retrieved from https://www.phnompenhpost.com/national/guano-collectors-sound-alarm-over-bat-poaching on 21st Nov 2021.

수 있어야 하며, 강한 체력과 힘이 요구됩니다. 악어의 습성을 잘 이해해야 하며, 악어의 돌발행동에 적절히 대응하는 빠른 판단력과 의사결정역량, 문제해결역량이 필요합니다.

Q: 수입은 얼마나 되나요?

A: 악어 조련사의 평균 연봉에 대한 통계 자료는 찾기 어려웠습니다. 플로리다의 게이터랜드(Gatorland)에서 일하는 수석 조련사의 경우, 연봉 60,000-80,000달러 수준을 받는다는 인터뷰 내용이 있었습니다[90]. 급여는 높은 편이지만 상당히 많은 위험부담이 따르는 직업이기도 하지요.

(52) 편자공 (Farrier)

편자공은 매우 오래된 직업 중 하나입니다. 말발굽에 맞춰 편자를 제작하고 끼우는 일을 하는 사람들이죠. 미국의 켄터키 주에서는 승마가 일상화 되어 있기 때문에 활동하는 편자공도 많습니다. 대장장이와 같은 방식으로 편자를 만들기 때문에 대장장이로 일하면서, 편자공의 역할을 하는 사람도 있습니다. 다만 영국에서는 대장장이가 편자공으로 일하기 위해서는 편자공 자격을 소지해야 합니다.

Q: 어디에서 주로 일하나요?

A: 편자공은 다른 편자공의 도제로 일하다가 경험을 쌓아 독립적인 편자공이 되는 경우가 많습니다. 대부분 개인 사업자로 일하며, 마사가 많은 지역에서 주로 활동하지요.

Q: 어떤 교육을 받아야 하나요?

A: 미국 켄터키 지역에는 정식으로 편자공을 양성하는 학교가 있습니다. 영국에서는 4년간의 도제 훈련 과정을 통해 편자공이 될 수 있습니다.

90) NoJoeSchemo. The alligator wrstler. Retrieved from https:///nojoeschmo.com/tag/alligator-wrestler/ on 21st Nov 2021.

Q: 어떤 역량이 필요한가요?

A: 편자공이 되기 위해서는 강한 신체능력과 운동역량을 갖고 있어야 하며, 말의 소유주나 수의사와 효과적으로 소통하는 의사소통역량과 대인관계역량을 갖춰야 합니다. 경력을 쌓은 뒤에 자신의 사업체를 세우는 경우가 많기 때문에 사업 관리 역량을 갖춰야 하며, 숫자의 활용에 능해야 합니다. 그리고 동물을 이해하고 존중하며 동물의 반응을 섬세하게 살피고, 적절히 대응할 수 있어야 합니다. 말 편자를 박는 도중에 자칫 말발굽에 채이면 큰 부상을 입거나 사망에도 이를 수 있으니까요.

Q: 수입은 얼마나 되나요?

A: 미국 편자공의 평균 연봉은 55,622달러라는 통계가 있습니다[91]. 우리나라에 비해 미국의 기술직은 대체로 급여가 높은 편이지요.

(53) 조류 표시자 (Bird bander)

조류 표시자는 조류의 보호와 관찰, 연구를 위해 색 밴드로 조류에 표시를 하는 직업을 의미합니다. 조류를 다시 포획할 필요 없이 색 밴드로 조류를 파악하고 서식지와 생애 주기, 집단의 규모, 번식 방식, 계절에 따른 이동 경로 등을 파악하는 것입니다.

Q: 어디에서 주로 일하나요?

A: 조류 표시자는 주로 조류 관련 연구소와 대학 등에서 일합니다.

Q: 어떤 교육을 받아야 하나요?

A: 캐나다의 IBP(Institute for Bird Populations)에서는 조류 표시에 대한 교육과정을 제공하고 있습니다. 약 4일간 교육이 진행되며, 아침에는 조류에 표시하는 실습을 하고, 오후에는 관련된 이론과 토론

91) Payscale. Average farrier salary. Retrieved from https://www.payscale.com/research/US/Job=Farrier/Salary on 21st Nov 2021.

수업을 진행합니다. 수업을 통해 조류를 안전하게 포획하는 방법, 조류의 성별과 나이를 구분하고, 특성을 분석하는 방법, 조류 생태계 연구의 역사와 관련 연구 윤리, 야생 조류를 연구하기 위한 면허를 받는 방법 등을 학습하게 됩니다.

Q: 어떤 역량이 필요한가요?

A: 조류 표시자가 되려면 우선 뛰어난 시력과 섬세한 작업을 잘 할 수 있는 손재능이 필요합니다. 멀리서부터 조류를 확인하고 관찰 대상인 조류를 분별하고, 그물 등의 다양한 도구를 사용하여 작은 조류도 상처 입히지 않고 안전하게 포획할 수 있어야 하기 때문이죠.

포획된 조류에 쪼여 상처를 입지 않도록 피하면서 표식을 남기기 위한 민첩성도 필요합니다. 조류의 겉모습이나 습성에 대해 깊은 지식을 갖춰야 하기도 합니다. 또한 원하는 조류를 발견할 때까지 오랫동안 기다려야 할 수도 있어서 높은 수준의 인내심도 요구됩니다.

관찰한 결과를 정리해서 연구 결과로 발표하거나, 다른 사람들과 관찰 결과를 소통하기 위한 언어능력, 의사소통능력도 필요합니다.

Q: 수입은 얼마나 되나요?

A: 2021년 11월 13일 기준, 조류 표시자의 평균 연봉은 57,956달러 수준이라는 통계가 있습니다[92]. 하지만 이 수치는 조류 표시자들이 활동할 때 받는 평균 주급이 1,115달러 정도라는 것에 준하여 산출된 결과입니다. 조류 표시자는 1년 내내 조류를 관찰하며 일하기보다는 주관하는 새들이 활동할 때만 일하는 경우도 있습니다. 즉, 1년 중 일정 기간만 조류 표시자로 일하고, 그 외의 기간에는 다른 직업으로 일하기도 하는 것이죠.

---

92) ZipRecruiter (13th Nov 2021). How much do work from home bird banding pay per week? Retrieved from http://www.ziprecruiter.com/Salaries/Work-From-Home-Bird-Banding-Salary-per-Week on 21st Nov 2021.

(54) 오리 마스터 (Duck master)

미국 멤피스에 있는 피바디 호텔(Peabody Hotel)에는 매일 2차례 로비에서 오리들이 행진을 하게 하는 전통이 있습니다. 첫 시작은 1933년, 호텔 매니저와 그 친구가 만취 상태로 호텔의 분수에 세 마리의 오리를 풀어놓은 일이었다고 합니다. 취중에 저지른 실수였지만 고객들의 반응은 뜨거웠고, 1940년부터는 정식으로 오리 마스터를 채용하게 되었습니다.

첫 오리 마스터는 서커스에서 동물을 훈련하던 에드워드 펨브로크(Edward Pembroke)로 호텔에 채용된 이후 무려 50년간 오리 마스터로 활약했습니다. 로비 행진에 적합한 오리들의 나이가 1.5-2세라는 것을 알아낸 것도 펨브로크였으며, 이후 3개월마다 신입 오리들을 받아들이고, 제 역할을 다한 선배 오리들은 다시 본래의 농장으로 돌려보내는 전통도 함께 생겼습니다.

Q: 어디에서 주로 일하나요?

A: 오리 마스터는 미국 테네시 주 멤피스의 피바디 호텔에서 일하고 있습니다.

Q: 어떤 교육을 받아야 하나요?

A: 오리 마스터가 되기 위해 특별히 요구되는 교육과정이나 자격은 없습니다. 현재의 오리 마스터인 앤터니 페트리나(Anthony Petrina)는 호텔 경영학을 전공하고, 웨이터로 처음 채용되어 관리직으로 승진한 사람이었습니다. 기존의 경험은 오리 마스터의 역할과는 관련이 없었으며, 채용된 후 현장에서 직접 일하며 도제 방식으로 전임자로부터 일을 배웠습니다.

Q: 어떤 역량이 필요한가요?

A: 오리 마스터가 되기 위해서는 동물과 잘 교감할 수 있어야 하며, 동물의 습성에 따라 훈련하는 방법을 잘 숙지하고 있어야 합니다. 오

리와 함께 수많은 고객들이 있는 로비를 행진하기 때문에, 고객들도 오리의 특성을 존중하도록 유도해야 합니다. 오리를 놀라게 하거나 겁을 주려는 고객이 있다면 적절히 제지하고, 오리 행진의 목적을 고객들이 잘 이해할 수 있도록 의사소통역량과 대인관계역량, 설득력을 발휘해야 합니다[93].

Q: 수입은 얼마나 되나요?

A: 오리 마스터의 급여 수준은 공개되어 있지 않습니다.

(55) 동물 물리치료사 (Veterinary physiotherapist)

동물 물리치료사는 수의사와 협력하여 수술받은 동물의 고통을 줄이고, 움직임을 개선하며, 반복적으로 같은 부상을 입지 않도록 돕는 직업입니다. 개, 말, 고양이 등 가정과 농장, 동물원 등에 있는 다양한 동물들을 치료합니다. 사람을 상대하는 물리치료사와 비슷한 일을 하지만, 말을 하지 못하는 동물을 상대하기 때문에 더욱 비언어적 소통 능력과 민감성이 중요한 직업이라고 볼 수 있습니다.

Q: 어디에서 주로 일하나요?

A: 동물 물리치료사는 대부분 소규모의 개인 사업자로 일합니다. 하지만 개인 사업체를 설립한 다른 동물 물리치료사나 동물병원에 고용되어 일하기도 합니다.

Q: 어떤 교육을 받아야 하나요?

A: 동물 물리치료사가 되는 경로는 다양합니다. 첫 번째는 일반 물리치료 관련 학사를 전공한 뒤, 동물 물리치료 석사를 추가로 이수하는

93) howstuffworks. The duckmaster rules the roost at the Peabody Hotel. Retrieved from https://money.howstuffworks.com/duckmaster-rules-roost-peabody-hotel.htm on 21st Nov 2021.

것입니다. 두 번째는 처음부터 동물 물리치료 학사를 전공하는 것, 세 번째는 동물 물리치료 관련 자격증을 받는 것입니다. 학위나 자격증을 받는 것으로 끝나는 것이 아니라, 지속적인 경력 개발을 위한 꾸준한 학습을 해야합니다.

Q: 어떤 역량이 필요한가요?

A: 동물 물리치료사는 수의사나 의뢰인과 함께 일하기 때문에 뛰어난 대인관계역량과 의사소통역량을 갖춰야 하며, 돌발 상황이나 처음 겪는 일에도 유연하게 대응할 수 있어야 합니다. 말이 통하지 않는 동물을 상대로 하는 만큼, 인내심을 갖고 동물의 신뢰를 얻을 수 있어야 하며, 동물의 작은 몸짓이나 표정 등을 놓치지 않는 섬세한 관찰력과 분석력이 필요합니다. 동물과 동물 복지에 대한 깊은 관심과 애정도 필수입니다.

여러 의뢰인과 함께 일하는 만큼, 시간 관리를 잘해야 하며 담당한 환축의 의료 기록을 잘 숙지하고, 증상의 변화 등을 상세하게 기록해둘 수 있어야 합니다. 의뢰인의 필요에 따라 늦은 시간이나 주말에도 일할 수 있어야 합니다. 덩치 큰 동물을 치료하거나, 긴 시간동안 일할 수도 있기 때문에 좋은 체력을 갖추는 것이 매우 중요합니다.

Q: 수입은 얼마나 되나요?

A: 동물 물리치료사의 자격은 일하는 지역과 고용주, 업무량에 따라 크게 달라질 수 있습니다. 영국의 신입 동물 물리치료사의 연봉은 약 18,500파운드, 경력직은 20,000-25,000파운드 정도를 버는 것이 일반적입니다. 하지만 오랜 경력과 전문성을 쌓은 경우에는 최대 65,000파운드까지도 벌 수 있습니다. 개인 사업자로 일하는 경우에는 시간당 25-70파운드 사이를 버는 것으로 알려져 있습니다[94)]

94) The College of Animal Welfare. Veterinary Physiotherapist. Retrieved from https://www.caw.ac.uk/careers/veterinary-physiotherapist/ on 14th Nov 2021.

(56) 반려동물 운전기사 (Pet chauffeur)

사장, 회장과 같은 직책을 가진 사람들은 그들의 차를 운전하는 기사들과 함께 다니곤 합니다. 그런데 반려동물을 위해서도 운전을 해주는 기사들이 있습니다. 그들은 결혼식과 같은 특별한 행사에 본인의 반려동물을 참여시키길 원하는 의뢰인을 위해 반려동물을 행사장소로 데리고 와서 돌보다가 다시 집으로 돌려보내 주는 일을 합니다. 의뢰인의 요청을 받고 반려동물에게 특별한 의상을 입혀 단장시켜주기도 하지요.

Q: 어디에서 주로 일하나요?

A: 반려동물 운전기사는 주로 관련 에이전시에 소속되어 일하거나, 개인 사업자로 일합니다.

Q: 어떤 교육을 받아야 하나요?

A: 반려동물 운전기사는 기본적으로 운전면허를 갖고 있어야 하며 다년간 안전 운전한 경력이 있어야 합니다. 동물의 훈련이나 돌봄에 관련된 자격과 경력도 도움이 됩니다.

Q: 어떤 역량이 필요한가요?

A: 반려동물 운전기사는 우선 동물을 사랑하고 존중해야 하며, 반려동물을 가족으로 생각하는 반려인들의 마음을 공감할 수 있어야 합니다. 동물과 잘 교감하고, 수많은 사람이 오가는 행사장에서 동물이 흥분하지 않도록 관리하는 역량도 필요합니다. 동물의 돌발행동에 능숙하게 대처할 수 있어야 하며, 어떤 상황에서도 감정적으로 대하지 않도록 인내심도 갖춰야 합니다.

Q: 수입은 얼마나 되나요?

A: 미국의 반려동물 운전기사 에이전시에서는 최저 499달러에서 899달러까지 세 종류의 패키지를 제공하고 있습니다[95]. 패키지에 명시된

시간이 지난 이후 추가 시간에 대해서는 시간당 99달러가 추가됩니다. 모든 비용을 운전사 본인이 받는 것은 아니며, 에이전시에서 일정 비율 또는 금액을 수수료로 차감하게 됩니다.

(57) 반려동물 장례지도사

다른 직업들은 대부분 해외에서 왔지만, 반려동물 장례지도사는 우리나라에 있는 직업입니다. 반려동물 장례지도사는 사람의 장례지도사와 유사하게 전문적으로 반려동물의 장례 절차전반을 관리하는 역할을 합니다.

보호자와 함께 반려동물의 장례 절차를 논의하고, 보호자의 희망에 따라 반려동물의 사체를 수습하고 염하는 등의 장례 절차를 주관합니다. 전문성 수준에 따라 펫로스를 겪는 보호자를 위로하고 상담하는 일을 하기도 합니다. 반려동물 장례 플래너나 반려동물 장례 코디네이터라고 불리기도 합니다.

Q: 어디에서 주로 일하나요?

A: 반려동물 장례지도사는 반려동물 장례식장, 동물 전문병원, 상조회사의 동물팀, 동물 납골당 등에 취업해서 일하기도 하고, 스스로 창업을 하거나 개인 사업자로 일하기도 합니다.

Q: 어떤 교육을 받아야 하나요?

A: 한국직업역량진흥원과 한국반려동물관리협회, 한국자격검정평가진흥원, 한국반려동물아카데미 등 여러 기관에서 반려동물장례지도사 과정을 운영하고 있습니다. 모두 민간자격이지요. 과정을 통해 반려동물장례지도사의 역할과 관련 법령, 동물 복지에 대한 이해, 보호자 상담과 장례식 진행 절차, 응급상황에 대한 조치 등의 실무, 펫 로스를 겪는 반려인에게 공감하는 노하우 등을 배우게 됩니다.

---

95) Pawfect for you. Our packages. Retrieved from https://pawfectforyou.com/pricing-guide on 24th Nov 2021.

Q: 어떤 역량이 필요한가요?

A: 반려동물 장례지도사가 되려면 먼저 동물 복지와 생명 존중에 대한 바른 가치관과 태도를 갖는 것이 필요합니다. 장례식 절차 전반에 대한 높은 이해도를 갖고 있어야 하며, 슬픈 일을 겪은 보호자와 상담을 진행하기 때문에 높은 공감 역량과 이해력, 의사소통역량, 대인관계역량이 도움됩니다. 장례식은 복잡한 절차를 통해 이뤄지기 때문에 세부 사항을 잘 챙기는 섬세함이 필요하기도 합니다.

Q: 수입은 얼마나 되나요?

A: 반려동물 장례지도사의 수입에 대한 공식적인 통계는 찾아보기 어려웠습니다. 현업에 근무하는 분들의 의견을 참고해보면, 초기 연봉은 2,000만원 후반에서 3,000만원대 수준이고, 창업했거나 오랜 경력을 쌓아온 경우, 8,000만원 이상의 고수입을 벌기도 한다고 합니다[96]. 반려동물을 가족과 같이 생각하는 사람이 많아지면서 점차 수요가 증가하는 직업 중 하나이기도 합니다.

(58) 애니멀 커뮤니케이터 (Animal communicator)

수년 전, 모 동물 프로그램에서 하이디라는 이름의 애니멀 커뮤니케이터가 등장한 적이 있습니다. 동물의 보호자도 미처 알지 못하던 동물의 불편한 몸 상태, 마음속의 상처 등을 마치 들여다보듯이 파악하는 것으로 놀라움을 선사했었죠.

하이디 이후, 우리나라에서도 동물과 소통하고, 동물의 감정을 공유하며, 동물의 마음이나 신체에 불편한 곳을 파악하는 사람들이 등장했습니다. 일부 애니멀 커뮤니케이터 중에는 이미 죽은 동물이나 동물의 사진만 가지고도 소통할 수 있으며, 잃어버린 동물을 찾아줄 수 있다는 사람도 있습니다.

96) TV조선 (2017. 9. 9). 반려동물 장례지도사의 연봉은? (황수경의 생활보감 23회). Retrieved from https://www.youtube.com/watch?v=gxLXE-zsWlM on 15h Nov 2021.

Q: 어디에서 주로 일하나요?

A: 애니멀 커뮤니케이터는 주로 개인 사업자로 일합니다. 직접 의뢰 대상인 동물을 방문하여 일하기도 하지만, 집에서 전화나 기타 온라인 매체를 통해 소통하기도 합니다.

Q: 어떤 교육을 받아야 하나요?

A: 애니멀 커뮤니케이터가 되기 위해 필요한 정규 교육과정이나 자격은 알려져 있지 않습니다. 하지만 동물과 소통하고 교감하는 방법을 소개하는 책은 시중에서도 매우 쉽게 찾아볼 수 있습니다.

Q: 어떤 역량이 필요한가요?

A: 애니멀 커뮤니케이터의 핵심 역할은 동물과 소통하는 것입니다. 따라서 동물의 신뢰를 얻고, 공감하고, 교감할 수 있는 역량이 필요합니다. 동물의 눈빛, 작은 몸짓, 체취 등을 바탕으로 동물의 몸이나 마음 상태를 빠르게 파악할 수 있어야합니다.

Q: 수입은 얼마나 되나요?

A: 애니멀 커뮤니케이터는 세션별로 비용을 받습니다. 2020년에 관련 내용이 언급된 기사에 따르면, 30분당 75-200달러, 1시간에 150-275달러 등 의뢰 내용과 시급성 등에 따라 금액이 달라진다고 합니다[97]. 우리나라의 애니멀 커뮤니케이터도 30분당 2-5만원 또는 그 이상을 받기도 합니다.

(59) 동물 안락사 전문가 (Euthanasia technician)

동물이 나이가 많아 질병을 치료할 수 없을 때, 치료가 불가능한 질병

97) Literary Hub (21 Dec 2020). What does an animal communicator really do? Retrieved from https://lithub.com/what-does-an-animal-communicator-really-do/ on 21st Nov 2021.

이나 부상을 입었을 때, 유기 동물 보호소에서 일정 기간 이상 본래 보호자가 찾지 않거나 재입양되지 못했을 때, 법적으로 안락사가 허용됩니다. 동물 안락사 전문가는 동물들이 고통이나 두려움 없이 안락사될 수 있도록 하는 직업입니다. 우리나라에서는 수의사가 그 역할을 수행하지만 미국에는 전문적인 동물 안락사 전문가가 활동하고 있습니다.

Q: 어디에서 주로 일하나요?

A: 동물 안락사 전문가는 주로 주 정부, 비영리 동물보호 단체, 동물병원 등에서 일합니다. 또한 야생동물 관리소에서도 동물 안락사 전문가를 채용하여, 지역 생태계에 악영향을 미치는 동물의 개체수를 조절하기도 합니다.

Q: 어떤 교육을 받아야 하나요?

A: 동물 안락사 전문가가 되기 위한 의무 사항은 미국의 주 정부마다 조금씩 다릅니다. 전혀 자격을 요구하지 않는 곳도 있고, 수의 테크니션이나 수의사만이 안락사를 시행할 수 있게 하는 곳, 동물 안락사를 위한 별도의 자격을 의무적으로 요구하는 곳도 있습니다.

별도의 자격을 요구하는 주에서 활동하려면 주 정부에서 공인하는 교육과정을 이수하고, 동물 안락사와 관련된 법적, 윤리적 책임과 안락사 실행에 필요한 전문적 지식을 학습해야 합니다. 주 정부에서 주관하는 자격시험에 합격해야 하는 곳도 있습니다. 자격을 한 번 받은 것으로 끝나는 것이 아니라 지속적인 자기 개발 학습을 통해 자격을 유지해야 하기도 합니다98).

Q: 어떤 역량이 필요한가요?

A: 동물 안락사 전문가가 되려면 죽음을 맞게 될 동물의 존엄성을 존중

98) VetTechGuide. The process of becoming a euthanisa technician. Retrieved fromhttps://vettechguide.org/the-process-of-becoming-a-euthanasia-technician/ on 15th Nov 2021.

하고, 그들을 잃게 될 보호자의 슬픔을 이해하는 마음가짐이 필요합니다. 안락사 과정이 동물에게 고통스럽지 않고 편안하게 하고, 가족들이 동물과 마지막 작별 인사를 할 수 있도록 돕는 배려심도 필요합니다.

동물이 두려워하거나 돌발행동을 해도 효과적으로 편안하게 그들의 움직임을 막을 수 있도록 동물의 습성을 잘 파악해야 하며, 뛰어난 민첩성을 가진 것이 도움됩니다. 전염병에 걸린 동물도 있을 수 있으므로 감염질환 예방을 위한 투철한 위생 관념과 안전 의식도 갖춰야 합니다.

안락사를 진행하는 동물의 체중과 몸 상태에 따라 적절한 양의 약물을 투여할 수 있어야 하며, 모든 안락사 기록을 정확하게 작성하여 관리하고 동물의 시신이 합법적으로 처리되도록 해야 합니다. 유독성 약물을 다루는 만큼, 높은 윤리의식과 신뢰할 수 있는 인성을 갖추는 것도 필요합니다.

Q: 수입은 얼마나 되나요?

A: 2021년 11월 7일 기준, 미국의 동물 안락사 전문가의 평균 연봉은 85,655달러라는 통계가 있습니다[99]. 위험한 약물을 다루는 만큼 수준 높은 지식을 요구하며, 그에 준하는 급여를 보장하는 직업이기도 한 것이죠.

⑥⓪ 반려견 산책 돌봄이 (Dog walker)

반려견 산책 돌봄이는 개를 반려하지만 직접 산책시킬 시간이 부족한 반려인들을 위해, 대신 반려견을 산책시켜주는 직업입니다. 영국에서는 가장 만족도가 높은 행복한 직업 중 하나로 꼽히기도 합니다[100].

99) ZipRecruiter (7th Nov 2021). Euthanisa technician Salary. Retrieved from https://www.ziprecruiter.com/Salaries/Euthanasia-Technician-Salary on 15th Nov 2021.

반려견 산책 돌봄이는 산책 중 반려견이 배변을 하면 치우고, 문제 행동을 하지 않도록 능숙하게 관리할 수 있어야 합니다. 단순히 동물을 좋아하는 차원을 넘어서 동물의 행동 패턴이나 의사 표현을 잘 이해하고, 필요할 땐 행동을 교정할 수 있어야 하지요.

Q: 어디에서 주로 일하나요?

A: 반려견 산책 돌봄이는 개인 사업자나 또는 관련 에이전시의 직원으로 일합니다. 의뢰인의 집에 직접 찾아가서 그들의 개를 산책시키므로, 주로 일하는 장소는 의뢰인의 집과 인근 지역입니다.

Q: 어떤 교육을 받아야 하나요?

A: 반려견 산책 돌봄이에게 반드시 특정 교육과정이 필요한 것은 아니지만, 개인 사업체를 세우기 위해 경영 관련 과정을 이수하는 것이 도움됩니다. 또한 반려견을 관리하기 위해 동물의 언어와 훈련 방법을 잘 숙지하고 있어야 합니다. 만약의 상황에 대비하여, 사람과 반려동물을 위한 응급조치를 배우는 것도 도움됩니다. 일부 교육기관에서 반려견 산책 돌봄이 자격과정을 운영하고 있기도 합니다.

Q: 어떤 역량이 필요한가요?

A: 반려견 산책 돌봄이는 산책하는 동안 발생하는 모든 상황에 대응할 수 있도록 빠른 상황판단력과 의사결정역량, 문제해결역량을 갖춰야 합니다. 반려견의 감정 상태를 보여주는 표시를 바로 알아차릴 수 있도록 작은 변화도 민감하게 알아차릴 수 있어야 합니다. 동물과 교감하는 역량과 더불어 의뢰인이나 산책 중 만나는 다른 사람과도 원활하게 교류할 수 있도록 대인관계역량을 갖추는 것도 중요합니다.

---

100) Bark.com (2019. 10) Bark Landscapers revealed as the happiest professionals in the UK. Retrieved from https://www.bark.com/blog/landscapers-revealed-as-the-happiest-professionals-in-the-uk/ on 11th Nov 2021.

다양한 의뢰인과 함께 일하게 되므로 약속 시간을 잘 정리하고 스케줄을 관리할 수 있어야 합니다.

Q: 수입은 얼마나 되나요?

A: 반려견 산책 돌봄이는 주로 시급으로 급여를 지급받으며, 평균 14-15달러를 받습니다. 2021년 11월 5일 기준, 연 평균 29,921달러 수준을 버는 것으로 확인되었습니다[101].

(61) 반려견 서핑 강사 (Dog surfing instructor)

레저 활동을 즐기는 인구가 증가하면서, 서핑을 배우는 사람들, 심지어 반려견들과 함께 서핑을 즐기길 원하는 사람들도 있습니다. 반려견 서핑 강사는 그런 사람들을 위해 그들의 반려견에게 서핑을 가르치는 일을 합니다.

동물들에게 작은 서핑보드를 혼자 타는 것을 가르치거나, 반려인들과 함께 서핑보드에 타고 있을 때는 위험하지 않도록 얌전하게 자리를 지키거나 균형을 잡는 것을 가르칩니다. 물을 두려워하는 반려동물이 있다면 물 공포증을 없애는 훈련도 함께합니다. 굳이 이렇게까지 반려동물에게 서핑을 가르쳐야 하는가 싶은 사람도 있겠지만, 동물을 사랑하는 방식은 사람마다 다양하니까요.

Q: 어디에서 주로 일하나요?

A: 반려견 서핑 강사는 서핑 스쿨에 소속되어 일하거나, 개인 사업자로 일하기도 합니다. 반려동물의 출입이 허용되는 바닷가에서 활동합니다.

Q: 어떤 교육을 받아야 하나요?

A: 서핑 강사가 되기 위해서는 ISA(International Surfing Association)

---

101) ZipRecruiter (5th Nov 2021). Dog Walker. Retrieved from https://www.ziprecruiter.com/Salaries/Dog-Walker-Salary on 13th Nov 2021.

의 1급 서핑 강사 자격(Level 1 Surfing instructor)을 이수하는 것이 좋습니다. 과정에 입문하기 위한 기본 조건은 1-1.5미터의 파도를 탈 수 있어야 한다는 것입니다. 1급 서핑 강사 자격은 이틀간 진행되며 서핑을 가르치기 위한 이론과 실습을 함께 학습하게 됩니다. 자격을 이수한 다음에는 20시간 이상 서핑 스쿨에서 다른 사람에게 서핑을 가르치는 경험을 쌓아야 합니다.

수업 중에 물에 빠지는 사람이나 동물이 있으면 구해야 하기 때문에 ISA의 인명 구조원(Lifeguard 또는 Surfing lifeguard) 자격을 이수하는 것도 필요합니다.

또한 사람과 같은 방식으로 소통하지 못하는 동물을 훈련해야 하므로 동물 훈련과 관련된 자격을 이수하거나, 학습을 하는 것도 도움이 됩니다.

Q: 어떤 역량이 필요한가요?

A: 서핑 강사가 되려면 본인부터 서핑을 능숙하게 해야하므로 뛰어난 신체능력이 필요합니다. 서핑을 하기 위한 이론이나 실습을 잘 지도하기 위해서 뛰어난 의사소통역량과 전달력도 갖춰야 합니다. 사람의 말을 하지 못하는 반려견을 가르쳐야 하므로 동물의 습성을 잘 이해하며, 훈련하는 방법을 숙지해야 합니다. 또한 끈기 있게 동물을 훈련하는 인내심도 갖춰야 합니다.

Q: 수입은 얼마나 되나요?

A: 반려견 서핑 강사의 평균 연봉에 대한 자료는 찾아보기 어려웠습니다. 하지만 서핑 강사 전반의 급여에 대한 통계를 보면, 2021년 11월 13일 기준, 평균 42,943달러 수준에 달한다고 합니다[102].

102) ZipRecruiter (13 Nov 2021). Surf instructor salary. Retrieved from https://www.ziprecruiter.com/Salaries/Surf-Instructor-Salary on 21st Nov 2021.

⑥② 스네이크 밀커(Snake milker)

코브라, 까치독사, 살무사, 방울뱀 등 다양한 독뱀이 우리 주변에 존재하고 있습니다. 고대 이집트 시대, 그 이전부터 사람들은 뱀의 독을 채취해서 해독제나 약을 만들고, 의학에 활용해 왔지요. 현대에도 뱀의 독은 다양하게 활용되고 있으며, 그런 독을 채취하는 사람이 바로 스네이크 밀커입니다.

독을 채취하는 과정은 뱀에게 무척 큰 스트레스를 주기 때문에 스네이크 밀커는 가급적 맨손으로 뱀을 잡고 독약을 채취한 뒤, 바로 서식지로 돌려보냅니다. 채취한 독은 병에 담아 분류하며, 1그램당 1,000달러 이상의 가격으로 판매되기도 합니다.

맹독을 지닌 뱀을 다루는 만큼, 위험성도 매우 높은 편입니다. 미국의 켄터키 파충류에서 동물원에서 일하는 짐 해리슨(Jim Harrison)은 매주 1,000마리에 가까운 뱀의 독을 채취하는데, 몇 개의 손가락을 잃었고, 네 차례의 심장마비를 겪었다고 합니다.

Q: 어디에서 주로 일하나요?

A: 스네이크 밀커는 주로 파충류 동물원, 파충류 연구소, 대학, 제약회사 등에서 일합니다. 대부분 사람이 돌보는 뱀으로부터 독을 채취하지만, 때로는 자연 상태의 뱀으로부터 채취하기도 합니다.

Q: 어떤 교육을 받아야 하나요?

A: 스네이크 밀커가 되기 위해서는 생물학, 생화학, 양서파충류학의 학위를 가진 것이 도움됩니다.

Q: 어떤 역량이 필요한가요?

A: 스네이크 밀커가 되기 위해서는 파충류에 대한 깊고 풍부한 지식을 갖고 있어야 합니다. 뱀을 보는 순간 알아보고, 그 뱀의 독이 어떤

용도로 쓰이는지, 어떻게 뱀을 다뤄야 하며 채취한 독은 어떻게 보관해야하는지 등을 바로 파악할 수 있어야 하기 때문이죠. 많은 사람들이 보는 것도 기피하는 뱀을 두려워하지 않고 다루는 용기와 민첩성도 필요합니다.

Q: 수입은 얼마나 되나요?

A: 스네이크 밀커의 수입에 대한 공식 통계는 찾아보기 어려웠지만, 월급 2,500달러 수준이라는 언급이 있었습니다[103]. 하는 일의 위험도에 비해 급여는 별로 높지 않은 편입니다. 정말 그 일을 좋아해야 할 수 있는 직업으로 볼 수 있겠지요.

⑥③ 병아리 성별 분별가 (Chicken sexer)

병아리 성별 분별가는 병아리가 부화한 뒤, 최대한 빨리 성별을 분별하는 역할을 합니다. 수컷 병아리는 주로 육계로 길러지며, 암컷 병아리는 알을 낳게 하는 것이 주요 목적이기 때문이죠. 또한 같은 우리 안에 수탉이 너무 많게 되면 암탉을 쟁취하려는 서열 싸움이 끊이질 않습니다. 그 과정 중에 다치거나 죽는 닭도 나오게 되지요. 따라서 병아리의 깃털과 생식기 모양을 바탕으로 성별을 구분하여 목적에 맞게 분류하는 역할이 필요한 것입니다.

Q: 어디에서 주로 일하나요?

A: 병아리 성별 분별가는 규모 있는 양계장에서 주로 일합니다.

Q: 어떤 교육을 받아야 하나요?

A: 병아리 성별 분별가가 되기 위해서는 현장에서 일을 하며 훈련을 받아야 합니다. 숙련된 수준으로 분별할 수 있게 되기까지 3년 이상이

---

103) JobMonkey. Unique jobs section: Snake Milker Jobs. Retrieved from https://www.jobmonkey.com/uniquejobs/snake-milker/ on 19th Nov 2021.

걸립니다. 숙련된 분별가들은 한 시간에 무려 700마리 이상의 병아리를 분별하며, 98%의 정확도를 보인다고 합니다.

Q: 어떤 역량이 필요한가요?

A: 병아리 성별 분별가가 되기 위해서는 무엇보다도 높은 수준의 인내심과 작은 차이를 놓치지 않는 날카로운 눈이 필요합니다. 하루종일 농장에서 일하는 만큼, 건강한 신체와 체력을 갖추는 것도 도움됩니다.

Q: 수입은 얼마나 되나요?

A: 미국 병아리 성별 분별가의 평균 연봉은 22,480달러 수준이라는 통계가 있었습니다[104)]

(6) 연구 개발(R&D) 분야

화학, 물리학, 천문학 등 여러 과학 분야에서는 다양한 연구가 진행되어 왔습니다. 때로는 우리의 상상을 초월하는 연구도 있었고, 이런 것도 굳이 연구해야 하는 것일까 싶은 연구도 있습니다. 그런 연구들과 함께 생겨난 직업은 때로 더 높은 수준의 의료 기술 보급에 활용되기도 하고, 사고를 예방하거나 인류의 생활을 더욱 풍요롭게 만드는 데 활용되기도 합니다.

(64) NASA 냄새 검사관 (NASA sniffer)

1967년, 미국의 초기 로켓 중 하나인 아폴로 1호의 발사가 실패하고, 3명의 우주 비행사들이 사망한 사건이 있었습니다. 1970년대에는 러시아의 로켓이 발사 직후 내부 악취로 인해 미션을 중단해야 했던 일도 있습니다.

NASA는 같은 실패를 반복하지 않기 위해 추가적인 검사를 도입했고, 그중 하나가 로켓 안에 들어갈 모든 물질의 냄새를 확인하는 것이었습니

104) Comparably. Chicken sexer salary. Retrieved from https://www.comparably.com/salaries/salaries-for-chicken-sexer on 19th Nov 2021.

다. 특정 냄새는 두통, 소화불량, 구토감, 어지러움 등을 유발하기 때문에, 이런 냄새가 우주선에 섞여들 경우, 오랫동안 갇힌 채로 생활하는 우주 비행사들에게 큰 불편을 줄 수 있습니다. 또한 위험을 의미하는 냄새를 빠르게 파악하지 못할 수도 있고요.

NASA는 냄새 검사를 통해 폭발 위험, 불쾌감 유발 여부, 유독성을 확인하고, 우주선 안에 들어가는 물질은 이런 위험에서 배제되도록 하고 있습니다. 그 역할을 하는 사람이 바로 냄새 검사관입니다[105].

Q: 어디에서 주로 일하나요?

A: 냄새 검사관은 미국의 NASA에서 일합니다.

Q: 어떤 교육을 받아야 하나요?

A: 냄새 검사관이 되기 위해 반드시 이수해야 하는 교육과정은 없습니다. 40여 년간 활동해 온 냄새 검사관인 조지 올드리치(George Aldrich)는 소방관 출신으로 고등 교육을 받지 않았지요. 하지만 냄새만으로 사물에 포함된 물질의 특성을 파악할 수 있어야 하기 때문에 화학 전공인 것이 도움 된다고 합니다.

Q: 어떤 역량이 필요한가요?

A: 냄새 검사관은 기본적으로 냄새를 잘 분별할 수 있어야 하며, 냄새의 불쾌감을 0-4 스케일로 제시할 수 있어야 합니다. NASA 냄새 검사관의 대명사로 불리는 조지 올드리치 역시 여전히 4개월마다 후각 테스트를 받아야 한다고 합니다. 10개의 병을 냄새 맡고, 냄새가 나는 7개의 병과 나지 않는 3개의 병을 구분할 수 있어야 하지요. 조지

105) Interesting Engineering. (19th Aug 2018). NASA's 'chief sniffer' explains how his nose helps astronauts. Retrieved from https://interestingengineering.com/nasas-chief-sniffer-explains-how-his-nose-helps-astron auts on 18th Nov 2021.

올드리치는 후각 훈련을 위해 항상 냄새를 분별하고, 특정 냄새를 따라가는 습관을 키워 왔다고 합니다.

Q: 수입은 얼마나 되나요?

A: 냄새 검사관이 받는 급여에 대한 정보는 찾아보기 어려웠습니다.

⑥⑤ NASA 수면 실험자 (NASA best rest study participants)

NASA에서는 우주 비행사들이 우주에서 보내는 시간이 더 쾌적하고 건강할 수 있도록 다양한 연구를 수행하고 있습니다. 그중 하나가 수면 실험이지요. 무중력 상태에서 계속 누워있을 때 어떤 신체 변화가 발생하는지 관찰하는 실험으로, 약 2개월간 진행됩니다. 현재는 코로나로 실험이 중단된 상태지만, 이후에는 다시 시작될 예정이라고 합니다.

Q: 어디에서 주로 일하나요?

A: NASA 수면 실험자는 독일 쾰른 지역에 있는 실험실에서 일합니다.

Q: 어떤 교육을 받아야 하나요?

A: 수면 실험자가 되기 위해서 특별히 받아야 하는 교육은 없습니다.

Q: 어떤 역량이 필요한가요?

A: 수면 실험이 독일에서 진행되기 때문에 반드시 독일어를 할 수 있어야 합니다. 만 24-55세의 건강한 성인 남녀로 비흡연자여야 하며, 59일 동안 다른 일정 없이 실험에 참여할 수 있어야 합니다. 긴 시간 동안 실험실에서 갇혀 지내기 때문에 발생할 수 있는 정서적 불안정함을 잘 다스릴 수 있어야 하며, 심한 스트레스 상황에서도 흥분하거나 좌절하지 않고 안정적으로 대응할 수 있어야 합니다. 한 달 이상 몸에 항상 기계 장비가 달린 채 대부분의 시간을 누워있는 것을 견딜 수 있어야 하므로 인내심이 필수적입니다.

Q: 수입은 얼마나 되나요?

A: 두 달간 실험에 참여한 사람들이 받는 돈은 11,000유로입니다[106]. 안정적으로 오랫동안 할 수 있는 일은 아니지만, 두 달간 매우 독특한 경험을 하고 돈도 벌 수 있는 흥미로운 일자리지요.

⑥⑥ 로봇 공학자 (Roboticist 또는 Robotic engineers)

로봇 공학자는 역학, 전기공학, 컴퓨터공학, 시스템 엔지니어링 등 다양한 분야의 폭넓은 지식을 바탕으로 로봇을 개발하고 연구하는 직업입니다. 활용 목적에 적합한 로봇을 생산하는 것이 로봇 연구자의 역할이지요. 로봇을 디자인하고, 로봇이 스스로 작동할 수 있는 프로그램을 개발하고, 로봇의 프로토타입을 만들고, 테스트하는 일을 합니다.

Q: 어디에서 주로 일하나요?

A: 로봇은 제조업, 항공우주산업, 운송업, 의학 등 다양한 분야에서 사용되고 있으며, 점차 그 범위가 커지고 있습니다. 따라서 각 분야에 속하는 다양한 조직에서 일할 수 있습니다. 혼자서 로봇 개발을 위한 모든 영역에 높은 전문성을 갖추기는 어렵기 때문에 주로 회사에 소속되어 팀 단위로 일하며, 개인 사업자로 단독 활동하는 경우는 극히 드뭅니다.

Q: 어떤 교육을 받아야 하나요?

A: 로봇 공학자는 되기 위해서 가장 기본적인 자격은 관련 분야의 학사 학위입니다. 하지만 최근에는 대부분 석사 이상의 학위를 요구합니다. 전기공학, 역학, 컴퓨터공학, 수학, 컴퓨터공학, 산업 디자인 등의 분야를 전공한 것이 유리합니다. 일부 대학은 특별히 로봇 공학과 관련된 학위 과정을 제공하고 있기도 합니다.

---

106) DLR. NASA bed rest study. Retrieved from https://dlr-probandensuche.de/2021/10/10/probanden-fuer-bettruhe-studie-gesucht/ on 18th Nov 2021.

Q: 어떤 역량이 필요한가요?

A: 로봇 공학자가 되기 위해서는 공학 과학과 기술 분야, 컴퓨터 시스템과 하드웨어, 소프트웨어, 수학 등에 대해 폭넓고 깊은 지식을 갖춰야 합니다. 사람이 활용하기 쉽도록 디자인하는 역량을 갖춰야 하며, 로봇 개발 중에 발생하는 문제점과 개선점, 이미 개발된 로봇의 장단점 등을 분석하고 소통하는 분석력과 의사소통역량이 필요합니다. 로봇 개발에 활용되는 다양한 도구와 로봇을 활용하고, 수리하고, 관리할 수 있어야 하며, 논리적으로 생각하는 역량이 필요합니다.

Q: 수입은 얼마나 되나요?

A: 2020년 8월 기준, 미국의 로봇 공학자의 평균 연봉은 82,969달러 수준이라는 통계가 있습니다[107]. 소속된 산업 분야와 개인의 경력 및 역량, 지역 등에 따라 급여의 격차가 큰 편입니다.

(67) 종이 타올 냄새 검사자 (Paper towel sniffer)

화장실에서 쓰는 휴지, 부엌에서 쓰는 종이 행주 등 종이타올은 일상생활에서 널리 쓰이는 물품 중 하나입니다. 피부에 직접 닿거나, 우리가 식사할 때 사용하는 식기를 닦는 데 쓰이기도 하므로 쉽게 균이 번식하지 않고, 냄새가 나지 않는 것이 중요하지요. 따라서 종이 타올을 생산하는 회사에서는 종이 타올이 사용 전, 사용 중, 사용 후에 악취가 나지 않는지 확인하는 작업을 합니다. 그 역할을 하는 사람이 종이 타올 냄새 검사자이지요.

Q: 어디에서 주로 일하나요?

A: 종이 타올 냄새 검사자는 주로 종이 타올을 생산하는 회사에서 일합니다.

---

107) Northeastern University (11th Sep 2020). How to become a robotics engineer. Retrieved from https://www.northeastern.edu/graduate/blog/how-to-become-a-robotics-engineer/ on 25th Nov 2021.

Q: 어떤 교육을 받아야 하나요?

A: 종이 타올 검사자가 되기 위해 특별히 요구되는 교육과정이나 자격은 없습니다.

Q: 어떤 역량이 필요한가요?

A: 종이 타올 냄새 검사자는 종이 타올의 냄새를 분별할 수 있는 섬세한 후각과 맡은 냄새를 설명할 수 있는 의사소통역량이 필요합니다.

Q: 수입은 얼마나 되나요?

A: 종이 타올 냄새 검사자는 실제 존재하는 직업인지 의심이 들 만큼 독특한 직업이지만, 급여 수준은 꽤 높은 편이라고 합니다. 2013년 기준, 한 주에 버는 수입이 1,000달러에 달한다고 언급된 경우가 있습니다[108].

(68) 피부 촉감 테스터 (Face feeler 또는 Sensory scientist)

피부 촉감 테스터는 피부에 직접 닿는 일상 용품이 안전한지, 사용 목적에 적합한 기능을 하는지 확인하는 직업입니다. 면도기의 날과 화장품, 비누 등 그들이 테스트하는 제품의 종류는 다양합니다. 직접 제품을 사용하며 테스트하는 것보다는 다른 사람이 제품을 사용한 뒤 그들의 피부 상태를 확인하는 것이 주요 역할입니다.

Q: 어디에서 주로 일하나요?

A: 피부 촉감 테스터는 대형 화장품 회사나 면도기 회사, 촉각 실험을 진행하는 실험실 등에서 일합니다.

108) WeirdJobs (4th Dec 2013). Paper towel sniffer: Paper towel earns you? Retrieved from http://weird-jobs.blogspot.com/2013/12/paper-towel-sn iffer-paper-towel-earns.html on 18th Nov 2021.

Q: 어떤 교육을 받아야 하나요?

A: 피부 촉감 테스터가 되기 위해 특별히 받아야 할 교육 과정은 없습니다. 대부분 현장에서 활동하는 사람으로부터 멘토링을 받으며 활동하게 됩니다.

Q: 어떤 역량이 필요한가요?

A: 피부 촉감 테스터는 9시에 출근하여 6시에 퇴근하는 일상적인 직업이 아니므로 시간을 잘 관리하여 테스트를 진행할 시간과 다른 활동을 할 시간을 조율할 수 있어야 합니다. 민감한 촉각으로 어떤 차이점이나 이질감도 바로 포착할 수 있어야 합니다. 한 번에 25-50명 이상을 테스트하기 때문에 각각의 사람들에게 충분한 시간을 할애해야 하며, 그들의 본래 피부 상태와 제품 사용 이후의 변화를 잘 파악하는 관찰력과 예리함이 필요합니다. 또한 다른 사람의 피부를 만지는 것이 그들의 일이므로 상대방을 편안하게 해주는 소통역량과 대인관계역량을 갖추는 것이 좋습니다.

Q: 수입은 얼마나 되나요?

A: 피부 촉감 테스터의 수입에 대한 통계는 찾아보기 어려웠습니다. 다만 2014년의 관련 기사에서 시간당 10-25달러를 번다는 언급이 있었습니다[109]. 벌써 8년이나 지난 기사이니 지금은 급여가 더 높겠지요.

(69) 냄새 테스터 (Odor tester 또는 Odor judge)

냄새 테스터는 악취를 없애는 상품이나 냉동식품 등의 냄새를 확인하고 목적에 맞도록 개선점을 알려주는 사람입니다. 만약 데오도란트나 가글과 같이 체취를 덮는 제품의 효과가 얼마나 뛰어난지 확인하는 것이 역

109) ABC News (1st Aug 2014). 'Face feeling' is a serious business. Retrieved from/https://abcnews.go.com/Lifestyle/face−feelers−touchy−professionas/ story?id=24797287 on 19th Nov 2021.

할이라면, 제품을 사용한 사람들의 겨드랑이, 입 냄새, 발 냄새를 주로 테스트하게 되지요. 만약 냉동식품을 생산하는 공장에서 일한다면 식품의 냄새가 얼마나 식욕을 자극하는지를 확인하게 됩니다.

때로는 조사가 필요한 사건이 발생한 장소에서 향수와 방향제의 냄새를 구분하는 역할을 하기도 합니다. 냄새 테스터는 테스트한 결과의 신뢰도를 확보하기 위해 매달 후각 검사를 받아야 합니다.

Q: 어디에서 주로 일하나요?

A: 냄새 테스터는 냉동식품이나 데오도란트, 향수를 생산하는 공장이나 신제품을 개발하는 실험실 등에서 일합니다. 또는 개인 사업자로서 여러 의뢰인과 함께 협력하기도 하지요.

Q: 어떤 교육을 받아야 하나요?

A: 냄새 테스터가 되려면 화학 분야의 학위를 이수하는 것이 좋습니다. 관련 분야의 경력을 갖는 것도 도움됩니다.

Q: 어떤 역량이 필요한가요?

A: 냄새 테스터는 기본적으로 아주 예민하며 섬세한 후각과 한 번 맡은 냄새도 잘 기억하고 분별하는 기억력을 갖추고 있어야 합니다. 서로 다른 화학 물질이나 향이 섞였을 때의 결과를 잘 이해하는 것도 도움 됩니다. 또한 본인이 맡은 냄새의 특성을 잘 설명할 수 있어야 하므로 좋은 의사소통역량을 갖추는 것이 좋습니다.

Q: 수입은 얼마나 되나요?

A: 2021년 11월 10일 기준, 미국 냄새 테스터의 평균 연봉은 71,241 달러였습니다[110].

110) ZipRecruiter (10th Nov 2021). Odor Tester Salary. Retrieved from https://www.ziprecruiter.com/Salaries/Odor-Tester-Salary on 17th Nov 2021.

⑦⓪ 로켓 회수 기술자 (Rocket recovery technician)

SpaceX에서는 로켓 발사 후 선체에서 분리되어 나간 부품을 회수하는 전문 기술자를 채용하고 있습니다. 부품이 바닷속에 가라앉을 수도 있고, 언덕 어딘가에 떨어져 있을 수도 있으므로 바닷속이나 높은 곳에서 일하는 것을 꺼리지 않는 사람들이 할 수 있는 일입니다.

로켓 회수 기술자는 직접적으로 연구를 수행하는 것은 아니지만, 효율적인 연구 수행이 이뤄질 수 있도록 도와주는 직업입니다. 연구자들이 직접 부품 회수까지 하는 것은 무척 비효율적입니다. 그들 모두가 뛰어난 신체 능력과 추적 능력을 갖추고 바닷속이나 산속에 떨어진 부품을 찾아낼 수 있는 건 아니니까요. 로켓 회수 기술자들 덕분에 연구자들은 로켓 발사 후의 부품을 점검하여 개선할 점을 확인하고, 또 불행한 사고가 있었을 때에도 그 원인을 찾아낼 수 있습니다.

Q: 어디에서 주로 일하나요?

A: 로켓 회수 기술자는 SpaceX 회사에서 주로 일합니다.

Q: 어떤 교육을 받아야 하나요?

A: 로켓 회수 기술자가 되기 위해서는 고졸 이상자여야 하며, 3년 이상 정비 기술자로 일한 경력이 필요합니다. 1년 이상 복잡한 기술 시스템을 다루고 문제를 해결한 경력, 1년 이상 다양한 장비와 기계를 다룬 경험을 갖춰야 합니다. 관련 학위나 우주선 정비 경력 또는 자격이 있다면 도움이 됩니다.

Q: 어떤 역량이 필요한가요?

A: 로켓 회수 기술자는 복잡한 장비와 기구를 능숙하게 사용할 수 있는 손재능과 함께 허공 또는 바다속에서 활동할 수 있는 신체능력을 갖춰야 합니다. 좁은 공간에서 민첩하게 움직이고 작업하며, 무거운 장비를 다룰 수 있어야 합니다.

파도가 치는 바다에서 작은 구명 보트를 움직여 부품을 찾을 수 있어야 하며, 추위와 더위, 눈비, 바람, 소음과 연기, 악취 등 열악한 환경 속에서도 일할 수 있어야 합니다. 필요에 따라 야근을 하고, 주말에도 로켓 발사나 프로젝트 진행을 도울 의지를 갖춰야 하며, 장시간 근무와 작업을 버틸 수 있는 강한 체력이 요구됩니다.

Q: 수입은 얼마나 되나요?

A: 2021년 10월 29일 기준, 로켓 회수 기술자의 평균 급여는 74,607 달러 수준이라는 통계가 있습니다[111]. 교육 수준, 자격, 기타 역량, 경력 등에 따라서 급여가 달라질 수 있습니다.

(7) 의료 · 보건 분야

의료·보건 산업은 인류가 존재하는 한 지속적으로 발달하고 수요가 유지되는 분야입니다. 과거에 질병을 발견하고 치료하던 수준을 넘어 이제는 사전에 예방하거나, 환자가 편안함을 느끼는 환경에서 치료받을 수 있도록 하는 직업이 존재합니다. 또한 환자의 건강 상태를 점검할 수 있도록 지원해주는 직업도 있지요.

(71) MSL (Medical science liasion)

우리나라에서는 MSL이라는 직업명을 제약 의사로 번역해서 사용하거나, MSL이라는 명칭 그대로 사용하곤 합니다. 국내의 제약 의사는 주로 제약과 관련된 연구에 치중된 역할을 하고, 국내의 MSL은 제약 분야의 마케팅과 관련된 일을 하곤 합니다.

하지만 미국에서 1965년에 처음 시작된 실제 MSL의 역할은 우리나라의 제약 의사나 마케팅직과는 다소 다른 면이 있습니다. 제약 의사처럼

111) Salary.com (29th Oct 2021). SpaceX Recovery technicain salary in the United States. Retrieved from https://www.salary.com/research/salary/employer/spacex/recovery-technician-salary on 23rd Nov 2021.

직접 제약이나 질병 관련 연구를 하기보다는, 최신 연구와 신약의 정보를 바탕으로 관련 전문가와 소통하고, 제약 회사와 병원에 그 정보를 전달하고 신약의 활용법을 소개하는 등의 역할을 합니다.

현직에서 일하는 의사나 약사들에게 신약과 새로운 치료법을 소개하며 장단점을 알리고, 관련된 임상 과학 데이터를 공유하기도 하여, 신약과 새로운 치료법이 안전하게, 효과적으로 사용될 수 있도록 합니다[112]. 또한 질병에 대한 연구와 신약, 백신, 치료법에 대한 연구를 수행하는 연구자들에게도 새로운 정보나 데이터를 제공하여 연구의 추진과 방향성 수립을 돕기도 합니다.

영국에서 활동하는 MSL은 좀 더 교육활동에 집중하는 편입니다. 현장의 의사와 약사에게 신약이나 새로 개발된 의료기기의 사용법을 설명하고, 마케팅이나 판매를 담당하는 직원들에게 홍보에 활용할 수 있는 주요 정보를 교육합니다.

Q: 어디에서 주로 일하나요?

A: MSL은 제약 회사, 병원, 관련 연구를 수행하는 연구소나 대학, 생명공학 회사, 의료기기 개발 회사 등에서 일합니다. 개인 사업자로 일하면서 여러 기관과 협력하기도 합니다.

Q: 어떤 교육을 받아야 하나요?

A: 미국의 MSL은 박사 학위를 소지한 사람이 많습니다. 제약, 생명공학, 의학, 기타 관련 분야에서 박사 학위를 이수한 것이 도움이 되지요. 우리나라에서 MSL로 불리는 직업인은 마케팅과 관련된 업무를 흔히 하며, 제약 분야의 학사나 석사 학위를 소지한 경우가 많습니다.

---

112) ExploreHealthCareers.org Medical Science Liaison. Retrieved from https://explorehealthcareers.org/career/pharmacology/medical-science-liaison/ on 16th Nov 2021.

Q: 어떤 역량이 필요한가요?

A: MSL이 되기 위해서는 의료 및 관련 연구 분야에 대한 수준 높은 지식과 전문성을 갖춰야 합니다. 항상 최신의 정보를 관계자와 소통하고 공유하는 만큼, 뛰어난 의사소통역량과 대인관계역량, 네트워킹 역량, 다양한 집단의 사람들과 함께 일할 수 있는 팀워크 역량이 필요합니다.

항상 최신 의학과 과학 분야의 정보를 갖춰야 하므로 수많은 논문을 읽고 그 데이터를 이해하는 독해력과 분석 역량도 필요합니다. 때로는 높은 전문성을 갖춘 전문가들과 때로는 전혀 그런 전문성이 없는 사람과 능숙하게 소통할 수 있어야 하며, 소통 대상의 이해도 수준에 맞는 표현 방식으로 정보를 설명하고 설득할 수 있어야 합니다. 사무실 안에서 일하기보다는 네트워킹을 위해 활발하게 출장 다니는 일이 많기 때문에 여행을 즐기는 성향도 도움 되며, 어떤 상황에서도 정서적으로 안정된 상태를 유지하며, 소통 상대에게 신뢰를 줄 수 있어야 합니다.

Q: 수입은 얼마나 되나요?

A: 영국의 MSL이 받는 평균 연봉은 약 60,000파운드 수준이며, 숙련된 MSL은 60,000-75,000파운드를 받고, 상위 등급의 MSL은 115,000파운드에서 125,000파운드를 받는다는 통계가 있었습니다[113]. 미국 MSL의 평균 연봉은 약 150,000달러 전후라는 통계가 있습니다[114].

113) Prospects. Job profile: Medical Science Liaison. Retrieved from http://www.prospects.ac.uk/job-profiles/medical-science-liaison on 16th Nov 2021.

114) ACMA (2nd March 2021). Medical Affairs Essentials: Medical Science Liaison Salary Insights. Retrieved from https://www.medicalaffairsspecialihst.org/blog/medical-science-liaisons-salary on 16th Nov 2021.

(72) 원격진료 코디네이터(Remote patient care coordinator)

원격진료 코디네이터는 원격진료 서비스를 효과적으로 전달하기 위한 다양한 지원과 조정 업무를 수행하는 사람입니다. 우리나라에는 아직 원격진료가 제한적이지만, 미국이나 캐나다 등지에서는 의료기관을 직접 방문하기 어려운 지역에 사는 사람들이나 거동이 불편한 고령자, 장애인을 위해 원격의료가 시행되고 있습니다.

원격진료 코디네이터는 환자를 담당하는 주치의와 함께 각 환자의 특성에 맞게 적합한 원격의료 전략을 세우고, 필요한 의료 장비를 대여하거나 구매하도록 안내하고, 환자의 보호자에게 집에서 환자를 돌보는 방법, 거주 지역에서 활용할 수 있는 의료 복지 서비스 등을 알려주고, 병원과 지역 의료 서비스 이용을 위해 필요한 서류를 안내하기도 합니다.

Q: 어디에서 주로 일하나요?

A: 원격진료 코디네이터는 주로 병원에서 일하지만, 의료 서비스 관련 보험회사나 지역자치단체에서 일하기도 합니다.

Q: 어떤 교육을 받아야 하나요?

A: 2년 이상의 대학 교육을 받는 것이 좋습니다. 고객 서비스와 관련된 학과가 선호되지만, 특정 학과가 정해져 있진 않습니다.

Q: 어떤 역량이 필요한가요?

A: 3-5년 이상 의료 및 보건 분야에서 고객 중심의 서비스를 제공하며 일한 경력이 있는 것이 좋습니다[115]. 우리나라도 다문화 가정과 이민자가 늘고 있다는 점을 고려할 때, 외국어를 할 수 있다면 더욱 도움이 됩니다.

---

115) Indeed. Remote Expert Medical Services Coordinator. Retrieved from http://www.indeed.com/jobs?q=Care%20Coordinator%20Remote&from=mobRdr&utm_source=%2Fm%2F&utm_medium=redir&utm_campaign=dt&vjk=6b219f3250f8921b on 3rd Nov 2021.

환자와 보호자가 활용할 수 있는 다양한 의료 서비스와 적합한 치료 전략을 세우기 위해 관련된 정보를 수집하고 분석하는 역량이 필요합니다. 또한 근무 시간에는 항상 병원이나 환자 측의 연락에 신속하게 답할 수 있어야 합니다. 의료진과 환자, 보호자와 원활하게 소통하기 위한 배려 있는 의사소통 역량도 필요합니다. 고객의 질병이나 몸 상태와 관련된 민감한 정보를 다루기 때문에 높은 윤리의식도 갖춰야 합니다.

Q: 수입은 얼마나 되나요?

A: 미국의 리크루팅 업체에서 발표한 통계에 따르면 원격진료 코디네이터의 평균 연봉은 50,042달러(범위: 19,500달러-113,000달러) 수준이었습니다[116]. 경력이나 담당하는 업무, 지역, 소속 기관 등에 따라서 급여의 격차가 매우 높은 직업으로 볼 수 있습니다.

(73) 관장사 (Colon hydrotherapist 또는 hydrotherapist)

고대 직업에서도 나왔던 관장사는 따스한 물을 사용하여 장을 청소하는 사람입니다. 변비가 심해서 변비약도 듣지 않는 사람에게 특히 도움이 되는 치료법이지요. 환자의 상태에 따라 깨끗한 물을 환자의 항문을 통해 주입하고, 치료의 효과를 높이기 위해 복부 마사지를 하기도 합니다.

Q: 어디에서 주로 일하나요?

A: 훈련받은 관장사는 보통 의사의 진료와 함께 의료기관에서 치료를 실행합니다. 하지만 일부 국가에서는 뷰티살롱에서 관장사가 활동하는 것이 허용되기도 합니다.

Q: 어떤 교육을 받아야 하나요?

A: 관장사가 되기 위해서는 전문적인 교육을 받아야 합니다. 해부학, 생

116) ZipRecruiter. Remote Care Coordinator. Retrieved from https://www.ziprecruiter.com/Jobs/Remote-Care-Coordinator on 3rd Nov 2021.

리학, 소화기 계통의 건강, 위생, 관장 기술과 장비 등에 대해 배워야 합니다. 교육과정에 따라 영양학, 마사지 테라피, 약초학 등을 포함하기도 합니다. 기초 과정은 보통 100시간 이상의 학습을 요구하며, 고급 과정은 500-1,000 시간의 학습을 필요로 합니다.

미국의 플로리다와 노스 캐롤라이나에서 관장사로 일하려면 반드시 관련 훈련과 자격증을 받아야 하며, 다른 주에서도 주정부에서 관장사의 자격과 활동을 관리하고자 하는 움직임을 보이고 있습니다. 적절하지 못한 방식으로 관장을 진행할 경우, 감염이나 장기에 손상이 올 수도 있는 만큼 전문성을 갖춘 관장사를 양성하는 것이 필요하겠지요.

Q: 어떤 역량이 필요한가요?

A: 관장사는 환자의 민감한 질환을 직접 치료하는 만큼 높은 수준의 윤리 의식과 책임감, 대인관계역량과 의사소통역량, 공감역량을 갖춰야 합니다. 관련 규정을 잘 지킬 수 있어야 하며, 높은 위생 감각도 필요합니다.

Q: 수입은 얼마나 되나요?

A: 미국의 관장 치료는 시간당 약 100-150달러 수준입니다. 2020년 기준, 관장사가 버는 급여의 중간값은 약 82,420달러이며, 10년 동안 4%의 일자리 증가율을 보일 것으로 추정되고 있습니다[117].

(74) 원예 치료사 (Horticultural therapist)

잘 정돈된 정원을 걸을 때, 정원에 난 잡초를 뽑고 가지치기를 할 때, 많은 사람들이 마음이 안정되는 것을 느낍니다. 원예 치료사는 그런 특성을 활용하여 사람들의 정서적, 신체적, 감정적 안정을 돕는 직업입니다. 환자의 상태를 분석하여 적절한 치료 계획을 세우고, 정원을 가꾸면서 활

117) Naturalhealers. Colonic hydrotherapy training and careers. Retrieved from https://www.naturalhealers.com/blog/colonic-therapy/ on 14th Nov 2021

동을 하는 사람들과의 교류를 통해 치료의 목적을 달성하도록 돕는 것이 그들의 역할이지요.

Q: 어디에서 주로 일하나요?

A: 원예치료사는 병원, 재활센터, 학교, 직업교육기관, 정신병원 등 건강과 보건 관련 기관에서 주로 일합니다.

Q: 어떤 교육을 받아야 하나요?

A: 공식적으로 원예 치료사 자격을 받기 위해서는 AHTA(American Hortcultural Therapy Association)의 멤버로 등록되어 있어야 합니다. 등록을 위해서는 식물 과학, 인간공학, 원예치료 분야의 학사 학위와 추가적인 코스워크를 한 경험이 필요합니다. 480시간 이상의 인턴십 훈련으로 자격의 조건이 채워집니다.

Q: 어떤 역량이 필요한가요?

A: 원예 치료사가 되기 위해서는 정원이나 식물을 가꾸는데 큰 즐거움을 느끼며, 느리게 진행되는 활동을 견디고 참을 수 있는 인내심을 갖춰야 합니다. 다른 사람들의 몸과 마음에 있는 고통을 공감하고 이해하며, 모든 사람들을 긍정적으로 대하고 존중하는 태도가 필요합니다.

의욕을 보이지 않는 사람들을 격려하고, 다양한 정원 관리 기술과 더불어 사람들과 소통하고 교류하는 법을 가르치며, 제한된 금액 내에서 최선을 이끌어낼 수 있는 역량도 필요합니다. 환자들과 함께 일하는 만큼, 보건과 안전 관련 이슈에 대해서도 깊은 이해도를 갖추고 있어야 합니다.

Q: 수입은 얼마나 되나요?

A: 2021년 10월 29일 기준, 미국 원예 치료사의 평균 연봉은 67,329

달러 수준이라는 통계가 있습니다[118]. 교육이나 자격 수준, 기타 역량, 경력 등에 따라 급여 수준이 달라집니다.

(75) 대변 검사 보조사 (Poop stirrer)

건강 검진 때, 대변 검사를 해 본 분들이 많으실 겁니다. 소화기계 질환이 있을 때도 진단을 목적으로 대변 검사를 하기도 하고요. 대변 검사를 할 때는 덩어리진 채로 하는 것이 아니라, 적절한 수준으로 부드러워질 때까지 충분히 저어준 다음에 한다고 합니다. 의료수가나 인건비가 높은 국가에서는 의료진 대신 이런 업무를 담당할 사람을 고용하기도 합니다. 그런 사람이 바로 대변 검사 보조자이지요.

비슷한 영어 단어인 Shit Stirrer도 있는데, 당사자가 알리길 원치 않는 민감한 소문을 퍼뜨려서 문제를 일으키는 사람을 의미하는 속어로 대변 검사 보조사와는 관계가 없습니다.

Q: 어디에서 주로 일하나요?

A: 대변 검사 보조자는 주로 병원이나 의료 분야의 연구소에서 일합니다.

Q: 어떤 교육을 받아야 하나요?

A: 대변 검사 보조자가 이수해야 할 교육과정이나 자격 과정은 알려져 있지 않습니다.

Q: 어떤 역량이 필요한가요?

A: 대변 검사 보조자는 검사에 적합한 상태로 변이 부드러워질 때를 분별할 수 있어야 합니다. 감염의 위험이 있는 물질을 다루는 만큼, 높은 위생 감각이 필요하기도 합니다. 변의 냄새와 형태를 참고 견딜 수 있는 인내심도 갖춰야 합니다.

---

118) Salary.com. Horticulture Therapy Salary in the United States. Retrieved from https://www.salary.com/research/salary/posting/horticulture-therapy-salary on 21st Nov 2021.

Q: 수입은 얼마나 되나요?

A: 대변 검사 보조자의 연봉 수준에 대한 통계는 찾아보기 어려웠습니다.

(76) 마약 정보 편집자 (Cannabis editor 또는 Marijuana editor)

캐너비스는 대마초를 의미합니다. 미국의 콜로라도 주에서는 2012년도 캐너비스의 사용이 합법화되었습니다. 다른 지역에서는 암 환자와 같이 극심한 고통을 겪는 환자들을 위한 진통제로 캐너비스의 사용이 제한적으로 허용되기도 합니다.

마약정보 편집자들은 캐너비스 생산과 관련된 산업의 현황을 파악하고 정보를 기록하는 역할을 합니다. 여러 매체를 통해 획득한 신뢰도 있는 정보를 바탕으로 온라인 마약 정보 사이트를 업데이트하는 것이 그들의 주요 업무이지요.

그들 중 일부는 캐너비스를 직접 사용하고, 캐너비스의 효과 등에 대해 스토리텔링 방식의 정보를 전달하는 역할을 담당합니다. 서로 다른 브랜드의 캐너비스를 비교하기도 하지요. 현재의 우리나라 정서에서는 상상하기 어려운 일자리이긴 합니다. 하지만 캐너비스가 합법화된 국가에서는 안전한 사용을 도모하고, 캐너비스를 이용한 범죄를 막기 위해 필요한 직업이지요.

Q: 어디에서 주로 일하나요?

A: 마약 정보 편집자는 특정 조직에 고용되기보다는 프리랜서 방식으로 일하는 경우가 많습니다. 주로 집에서 업무를 진행하지요.

Q: 어떤 교육을 받아야 하나요?

A: 마약 정보 편집자가 되기 위한 정규 교육과정이나 자격 과정은 알려지지 않았습니다.

Q: 어떤 역량이 필요한가요?

A: 마약 정보 편집자가 되기 위해서는 뛰어난 표현력과 전달력을 바탕으로 글을 쓸 수 있어야 합니다. 캐너비스 사용을 지나치게 옹호해서도 안되며, 정보 전달과 흥미 유도의 적절한 균형을 맞출 수 있어야 합니다.

Q: 수입은 얼마나 되나요?

A: 마약 정보 편집자의 수입에 대한 정보는 찾아보기 어려웠습니다.

(8) 환경 분야

환경보호의 중요성이 강조되고, 자연 속에서 즐거움을 찾는 사람들이 많아지면서 그와 관련된 직업이 등장했습니다. 여행객들이 가장 아름다울 때의 풍광을 볼 수 있도록 알려주는 직업부터 자연을 보호하는 직업까지, 환경 분야의 직업도 상당히 넓은 범위에 퍼져 있습니다.

(77) 단풍 평가사 (Foliage grader)

우리나라는 가을이 되면 어느 곳에서나 단풍을 볼 수 있습니다. 대부분의 산이 아름다운 가을 단풍을 갖고 있지요. 하지만 우리나라처럼 단풍을 전국적으로 보기 어려운 나라에서는 단풍이 드는 지역이나 숲에서 특별히 단풍의 변화를 관찰하는 사람을 채용하기도 합니다. 그런 사람들이 바로 단풍 평가사지요.

단풍 평가사는 단풍을 보러 오는 관광객들이 가장 아름다운 시기를 즐길 수 있도록 매주 단풍의 수준이 아직 이른지, 최상인지, 최상을 지난 수준인지를 평가하고, 관련 정보를 지도에 표시하여 관광객에게 제공합니다.

Q: 어디에서 주로 일하나요?

A: 미국에서는 코넥티컷 주가 단풍으로 유명하며, 국립 공원 등에서 단풍 평가사를 채용하고 이습니다.

Q: 어떤 교육을 받아야 하나요?

A: 단풍 평가사가 특별히 받아야 하는 교육 과정에 대해서는 알려진 것이 없습니다.

Q: 어떤 역량이 필요한가요?

A: 단풍 평가사가 되기 위해서는 나무를 관찰하는 관찰력과 색감의 작은 변화도 쉽게 알아차리는 섬세함, 단풍이 든 나무의 위치를 지도와 비교하여 빠르게 파악하는 공간지각역량 등이 필요합니다.

Q: 수입은 얼마나 되나요?

A: 단평 평가사의 수입에 대한 정보는 찾아보기 어려웠습니다. 유사한 직업으로 크리스마스 트리 평가사가 있으며, 관련 정보는 다음과 같습니다.

(78) 크리스마스 트리 평가사 (Christmas tree grader)

우리나라와는 달리 유럽, 미국, 캐나다 등지에서는 매년 살아있는 나무로 크리스마스 트리를 꾸미는 가정이나 조직이 흔한 편입니다. 따라서 크리스마스 트리의 생산도 매우 규모가 큰 사업이지요. 크리스마스 트리 평가사는 나무를 생산하는 농장에서 나무의 품질을 분별하고 표시하는 직업입니다. 나무의 키를 재고, 가지나 잎의 상태를 바탕을 색의 패턴을 평가하며, 표준화된 기준에 따라 나무의 품질을 결정하지요.

Q: 어디에서 주로 일하나요?

A: 크리스마스 트리 평가사는 주로 크리스마스 트리를 생산하는 농장이나 판매하는 조직에서 일합니다.

Q: 어떤 교육을 받아야 하나요?

A: 크리스마스 트리 평가사가 되기 위해 특별히 요구되는 교육 과정은 확인하기 어려웠습니다.

Q: 어떤 역량이 필요한가요?

A: 크리스마스 트리 평가사는 복잡한 문제를 파악하고, 관련된 정보를 바탕으로 해결 방법을 개발하고, 여러 해결 방법의 장단점을 분석하여 최선을 찾아 적용하는 문제 해결역량을 갖춰야 합니다. 크리스마스 트리가 될 나무를 생산하는 단계에서부터 판매가 이뤄지는 바쁜 크리스마스 시즌까지 발생할 수 있는 다양한 문제와 상황에 대응해야 하기 때문이지요.

팀과 함께 일하는 일이 많으며, 크리스마스 기간 동안 매우 바쁘게 일하기 때문에 본인의 시간과 팀원의 시간을 잘 관리할 수 있어야 하며, 좋은 의사소통 역량을 갖추는 것이 좋습니다. 크리스마스 트리를 생산하고 공급하는 과정에서 활용되는 법령이나 규정에 대해 잘 이해하고 따라야 합니다[119].

Q: 수입은 얼마나 되나요?

A: 2021년 기준, 크리스마스 트리 평가사의 평균 연봉은 42,320달러 수준이었습니다[120]. 추가로 1,106달러의 보너스도 받는 것으로 나타났습니다. 경력 1-3년 수준의 신입 평가사의 평균 연봉은 31,773달러 수준, 8년 이상의 경력을 가진 상급 평가사의 평균 연봉은 51,061달러 수준이었습니다.

(79) 눈사태 예측가 (Avalanche forecaster)

눈사태 예측가는 눈이 쌓인 산에서 눈사태가 발생할 가능성을 예측하는 직업입니다. 특히 사람이 많이 모이는 대형 스키 리조트 같은 곳에서는 이들의 역할이 매우 중요하지요. 자칫 스키나 스노우 보드를 즐기던

119) JobDescriptionandduties.com. Christmas Tree Grader job description. Retrieved from https://jobdescriptionsandduties.com/job-description/445/ christmas-tree-grader-job201265/ on 18th Nov 2021.

120) SalaryExpert. Christmas tree grader. Retrieved from https://www.salaryexpert.com/salary/job/christmas-tree-grader/united-states on 18th Nov 2021.

사람들이 위험한 사고를 당할 수도 있으니까요.

눈사태 예측가는 이른 아침부터 위성 사진이나 기상 정보를 분석하고, 인근 지역의 눈사태 정보를 취합합니다. 순찰을 도는 팀과 함께 언덕으로 올라가서 날씨와 눈이 내리는 상태를 확인하고, 바람과 날씨, 눈이 쌓인 상태 등을 점검합니다. 필요하면 폭약으로 통제된 눈사태를 일으켜 대규모 눈사태를 예방하기도 합니다.

Q: 어디에서 주로 일하나요?

A: 눈사태 예측가는 지역자치단체의 관련 부서나 스키 리조트, 대학과 연구소, 비영리 단체와 비정부 단체, 관련 산업 분야의 기업 등에서 주로 일합니다. 개인 사업자로서 여러 의뢰인과 함께 일하기도 합니다.

Q: 어떤 교육을 받아야 하나요?

A: 눈사태 예측가가 되기 위해서는 고등교육 자격이 필요합니다. 토목공학, 지질공학, 지리, 기상학, 물리학, 삼림 관리 등의 학문을 전공하는 것이 좋습니다. 캐나다의 캘거리 대학과 몬타나 스테이트 대학에서는 눈 과학(Snow Science) 분야의 학위 과정을 제공하기도 합니다.

Q: 어떤 역량이 필요한가요?

A: 눈사태 예측가가 되기 위해서는 눈이 덮인 산에서 길을 찾고 위치를 확인할 수 있는 뛰어난 공간지각역량과 스키나 스노우모빌을 능숙하게 다룰 수 있는 역량이 필요합니다. 주로 팀과 함께 일하기 때문에 팀워크 역량을 갖추는 것도 도움이 됩니다. 매일 산에 올라가서 눈 상태를 확인해야 하기 때문에 뛰어난 신체능력과 체력과 더불어 시각적인 정보를 빠르게, 정확하게 분석할 수 있는 역량도 필요합니다.

Q: 수입은 얼마나 되나요?

A: 눈사태 예측가는 1년 내내 일하는 직업이 아닙니다. 대체로 눈이 오

는 스키 시즌에 일하지요. 11월부터 5월간 6개월 가량 일하는 것이 보통이며, 그 기간동안 약 20,000 캐나다 달러 정도를 번다는 언급이 있었습니다[121].

(80) 밤하늘 수호자 (Dark sky defender)

오래된 만화 영화에 나올 것 같은 명칭의 이 직업은 과도한 인공 조명으로 광공해가 발생하는 것을 막는 직업입니다.

과거에는 어디서나 은하수와 여러 별자리를 육안으로 확인할 수 있었습니다. 하지만 도시화와 함께 광공해현상이 심각해지면서 점차 별을 관측할 수 있을 만큼 오염되지 않은 밤하늘을 볼 수 있는 곳이 줄어들고 있습니다. 광공해는 식물의 생육을 방해하고, 동물의 생체 리듬을 교란시키기도 합니다. 사람도 야간 조명이 너무 밝으면 편안한 휴식을 취하기 어렵지요.

미국의 국립 공원 서비스(National Park Service)에서는 밤하늘 수호자를 고용하여 광공해현상의 악영향에 대한 인식을 높이고, 불필요한 조명을 제거하기 위해 관계자와 소통하는 역할을 맡기고 있습니다. 밤하늘 수호자는 기존의 조명을 광공해를 줄일 수 있는 대체 조명으로 교체하는 작업을 담당하기도 합니다[122].

Q: 어디에서 주로 일하나요?

A: 밤하늘 수호자는 미국의 국립 공원 서비스나 밤하늘 보호와 관련된 비영리 조직에 소속되어 일합니다.

---

121) JobMonkey. Unique jobs selection: Avalanche forecaster jobs. Retrieved from https://www.jobmonkey.com/uniquejobs/avalanche/ on 23rd Nov 2021.

122) Daily Inter Lake (2 Jan 2021). Dark sky defender: Intern recognizedf or work in Glacier National Park. Retrieved from https://dailyinterlake.com/news/2021/jan/02/dark-sky-defender-intern-recognized-work-glacier-n/ on 24th Nov 2021.

Q: 어떤 교육을 받아야 하나요?

A: 밤하늘 수호자가 되기 위해 필요한 교육과정이나 자격 과정에 대해서는 알려지지 않았습니다. 다만 현직에서 활동 중인 밤하늘 수호자 중에서는 관광 레저 분야의 학위를 이수한 사람, 환경공학을 이수한 사람 등 다양한 전공자가 포함되어 있습니다.

Q: 어떤 역량이 필요한가요?

A: 밤하늘 수호자가 되기 위해서 광공해에 대한 충분한 지식을 갖추고, 광공해를 측정하는 도구를 사용하고, 측정 결과를 이해할 수 있어야 합니다. 광공해를 줄일 필요성을 주변 사람들에게 설득할 수 있어야 하므로 뛰어난 의사소통능력과 설득력, 대인관계능력, 네트워킹 능력을 갖추는 것이 좋습니다. 무엇보다 자연 보호에 대한 강한 의지를 가진 것이 도움 됩니다.

Q: 수입은 얼마나 되나요?

A: 밤하늘 수호자의 급여에 대한 통계는 찾아보기 어려웠습니다.

(81) 골프공 잠수부 (Golf-ball diver)

미국에는 바다나 호수 근처로 나 있는 골프 코스가 여럿 있습니다. 골프를 하던 사람들이 실수로 공을 바다로 날리거나 물에 빠트리는 일도 흔하지요. 골프공은 물을 오염시키고, 수중 생태계에 악영향을 줍니다. 따라서 물에 빠진 골프공을 회수할 사람이 필요하게 되었습니다. 바로 골프공 잠수부처럼 말입니다.

골프공 잠수부는 보통 2-3인 이상의 팀으로 일합니다. 3인 팀에서는 2명이 잠수하여 공을 찾아내고, 한 명은 배 위에서 돌발 상황에 대기하며, 악어나 다른 수중 야생동물이 접근하지 않는지 확인합니다. 2인 팀은 롤러 장비를 활용하여 일하며, 바닥에 롤러가 걸릴 때만 한 명이 잠수하여 그물을 풀어내고, 바닥을 긁듯이 해서 골프공을 건져냅니다.

Q: 어디에서 주로 일하나요?

A: 골프공 잠수부는 대부분 개인 사업자로 골프장과 계약을 체결하는 방식으로 일합니다. 골프장에 일정 금액을 지불하고 호수나 바다에 빠진 골프공을 회수합니다. 회수된 골프공은 세척해서 재판매를 합니다.

Q: 어떤 교육을 받아야 하나요?

A: 골프공 잠수부가 되기 위해서는 PADI 자격과 같은 잠수부 자격을 이수하는 것이 좋습니다. 200시간 이상 오픈워터에서 잠수한 경험 등이 요구되곤 합니다. 시야가 잘 확보되지 않는 물 속에서도 다이빙을 하고, 길을 찾고, 물품을 찾을 수 있도록훈련해야 합니다.

Q: 어떤 역량이 필요한가요?

A: 골프공 잠수부가 되기 위해서는 수중 생태계에 대한 풍부한 지식과 선박 및 다이빙 장비의 관리, 시야가 보이지 않는 곳이나 어두운 곳에서 작업할 수 있는 역량이 필요합니다. 개인 사업자로 여러 골프장과 협력하는 만큼, 고객 서비스 역량과 네트워킹 역량을 갖추는 것도 도움됩니다.

Q: 수입은 얼마나 되나요?

A: 골프공 잠수부의 수입을 따로 조사한 통계는 찾아보기 어려웠습니다. 골프공 잠수부를 포함한 상업적 잠수부의 평균 연봉은 2020년 5월 기준, 71,850달러 수준이라는 통계가 있습니다[123].

(9) 범죄 분야

흔히 범죄와 관련된 직업은 판검사, 경찰 정도를 떠올리는 분이 많을

123) U.S. Bureau of Labor Statistics. Occupational Employment and Wage statistics: 49-9092 Commercial Divers. Retrieved from http:://www.bls.gov/oes https://www.bls.gov/oes/current/oes499092.htm on 23rd Nov 2021.

겁니다. 하지만 범죄를 예방하기 위해서, 도망친 범죄자를 추적하기 위해서, 범죄 현장을 조사하고, 그 흔적을 정리하기 위해서 많은 직업인들이 현장에서 활동하고 있습니다.

⑧② 현상금 사냥꾼 (Bounty hunter)

현상금 사냥꾼(Bounty hunter)은 주로 미국에서 활동하는 직업인입니다. 재판을 받지 않고 도망간 용의자를 찾아내는 것이 그들의 역할이지요.

용의자 중에는 재판을 기다리는 동안 감옥 밖에서 생활하기 위해 보석금을 내는 사람들이 있습니다. 그들의 범죄가 무거울수록 보석금의 액수도 커집니다. 모든 용의자가 스스로 보석금을 마련할 수 있을 만큼 돈이 많은 건 아닙니다. 그런 사람들은 보석 보증인에게 돈을 빌려서 보석금을 지불합니다. 그들이 재판 날짜에 얌전히 법정에 서면 보석금 전액이 보증인에게 반환되고, 용의자는 그에 대한 이자만 지불하면 됩니다.

하지만 법정에 나타나지 않은 채 도망치는 용의자도 있습니다. 용의자를 놓치면 보증인은 보석금을 돌려받지 못하게 됩니다. 그때 현상금 사냥꾼이 등장합니다. 도망친 용의자를 추적해서 법정에 세우는 것입니다. 주 정부마다 적용하는 법이 다소 다르긴 하지만, 현상금 사냥꾼은 영장 없이도 용의자를 체포할 수 있고, 그들이 숨은 개인 소유의 건물에 침입해도 죄가 되지 않는다고 합니다. 즉, 도망친 용의자에 한해서는 경찰보다도 강력한 수사권과 체포권을 행사하는 것입니다. 되찾은 보석금의 10－25% 가량을 받게 되며, 용의자를 판사가 지정한 기간 내에 체포하여 법정에 세워야 하므로 상당히 과격한 수단과 방법을 동원하기도 합니다.

Q: 어디에서 주로 일하나요?

A: 현상금 사냥꾼은 주로 보석금 보증인을 위해 일하며, 프리랜서로 활동합니다. 도망친 피고인을 추적해야 하기 때문에 전국 곳곳을 돌아다녀야 합니다. 상황에 따라 해외로 나가야하기도 합니다.

Q: 어떤 교육을 받아야 하나요?

A: 현상금 사냥꾼이 되기 위해 특별히 요구되는 자격은 없습니다. 하지만 범죄를 저지르고 도망간 사람들을 추적하고 체포해야 하므로 총기 사용 훈련, 무도 수련, 범죄자 추적 및 행적 수사 방법, 체포 및 제압 방법 훈련 등을 받아야 합니다. 주 정부의 법에 따라 면허를 발급받고 활동해야 하기도 합니다.

Q: 어떤 역량이 필요한가요?

A: 현상금 사냥꾼은 수많은 돌발상황과 위험상황을 직면해야 합니다. 빠른 판단력과 처세술, 법에 대한 지식, 협상력, 뛰어난 신체능력과 무도 실력, 수사를 통해 수집한 정보를 분석하여 활용하는 능력 등을 갖춰야 합니다. 목격자를 인터뷰하는 언어능력과 소통능력도 필요합니다. 보석 보증인이나 관련 에이전시와 좋은 관계를 유지해야 하므로 네트워크 능력을 갖추는 것도 좋습니다.

Q: 수입은 얼마나 되나요?

A: 현상금 사냥꾼 연봉의 중간값은 50,510달러 수준입니다[124]. 2018년부터 2028년 사이에 약 8%의 일자리 증가율을 보일 것으로 기대되고 있습니다.

⑧③ 범죄 곤충학자 (Forensic entomologist)

예전에 방송된 CSI 라스베가스 시리즈에서는 범죄의 증거를 찾아내기 위해 곤충을 연구하는 길 그리섬 반장이 나옵니다. 죽은 지 몇 시간 또는 며칠이 지날 때마다 어떤 곤충이 등장하는지를 바탕으로 사망 시각을 추정하기도 하고, 몸에 남아있는 곤충의 흔적으로 범행 방식을 찾아내기도

124) Criminal Justice (14 Oct 2020). Bounty Hunter: Career Guide. Retrieved from https://www.criminaljusticedegreeschools.com/careers/bounty-hunter/ on 12th Jan 2022.

합니다. 그런 조사와 분석을 하는 것이 바로 범죄 곤충학자의 역할입니다.

범죄 생물학자와 동일시되기도 하지만, 범죄 생물학자는 체액, 뼈, 체모, 동식물 등 범죄와 관련된 모든 생물학적 증거를 폭넓게 다루는 사람입니다. 범죄 곤충학자는 특별히 곤충에 전문성이 집중되어 있지요.

Q: 어디에서 주로 일하나요?

A: 범죄 곤충학자는 범죄 결과를 분석하는 연구소에서 주로 일합니다. 우리나라로 치면 국립과학수사연구원이 그에 해당합니다.

Q: 어떤 교육을 받아야 하나요?

A: 범죄 곤충학자가 되기 위해서는 생물학이나 화학, 곤충학 분야의 학위를 받는 것이 도움됩니다. 미국의 일부 대학에서는 특별히 범죄 곤충학 관련 학과를 운영하고 있기도 합니다. 보통 석사 이상의 학위를 이수한 다음, 범죄 곤충학자로서 취업할 수 있습니다. 석박사 학위를 받은 뒤, 관련 분야의 경력을 쌓아 미국의 ABFE(American Board of Forensic Entomology)에 정식 자격을 신청할 수도 있습니다.

Q: 어떤 역량이 필요한가요?

A: 범죄 현장의 증거물을 수집하고 분석하여 용의자의 유무죄 여부를 결정할 증거를 제시하는 만큼, 높은 수준의 분석력과 함께 윤리의식을 필수적으로 갖춰야 합니다. 작은 곤충을 특징별로 알아볼 수 있어야 하므로 시각 정보를 분별하고 분석할 수 있어야 하며, 여러 지역에 걸쳐 서식하는 다양한 곤충의 특성에 대해 잘 이해하고 그 정보를 현장에서 활용할 수 있어야 합니다.

Q: 수입은 얼마나 되나요?

A: 2020년 기준, 범죄 곤충학자의 초임은 연봉 47,882달러 수준이며,

10-19년 이상 경력을 쌓으면 60.984달러 수준까지 올라간다는 통계가 있습니다[125]. 신입과 경력직 간의 연봉 차이가 크지 않은 편입니다.

(84) 범죄 현장 청소부 (Crime scene cleaner)

범죄 현장 청소부는 자살, 타살, 사고, 기타 여러 사건이 발생한 현장을 청소하고 소독하는 직업입니다. 범죄 현장에서 충분한 증거가 수집된 이후, 다시 공간을 활용할 수 있도록 범죄 이전의 상태로 되돌려놓을 수 있어야 합니다. 혈액과 세포 조직, 각종 오물 등을 모두 처리해야 하기 때문에 일반 청소부보다 높은 전문성을 바탕으로 일하게 됩니다.

유사한 직업으로 유품 정리사도 있습니다. 1인 가구와 독거노인이 증가하면서 홀로 외롭게 죽어간 사람들의 흔적을 정리하고 청소하는 직업이지요. 유족이 없는 경우 사후 정리를 하기 어렵고, 때로는 유족이 있어도 슬픔으로 인해 고인의 흔적을 쉽게 정리하지 못하기 때문에 유품 정리사가 그 역할을 맡아주는 것입니다.

Q: 어디에서 주로 일하나요?

A: 범죄 현장 청소부는 범죄 현장을 전문적으로 담당하는 청소 회사에 채용되어 일하거나, 개인 사업자로 일하기도 합니다. 한 명이 현장을 모두 청소하기는 어렵기 때문에 주로 팀 단위로 일합니다. 범죄 현장에 직접 찾아가서 작업해야 하는 만큼, 출장이 잦습니다.

Q: 어떤 교육을 받아야 하나요?

A: 범죄 현장 청소부에게 특별히 요구되는 교육과정이나 자격 과정은 알려져 있지 않습니다. 주로 현장에서 직접 훈련을 받으며, 생물학적 위험 물질을 청소하고, 처리하는 방법을 배우게 됩니다.

125) Forensics Colleges. Becoming a forensic entomologist - education, career & Salary. Retrieved from https://www.forensicscolleges.com/careers/forensicscolleges.com/careers/forens sic-entomologist on 23rd Nov 2021.

Q: 어떤 역량이 필요한가요?

A: 범죄 현장 청소부가 되려면 피해자와 그 유족을 존중하고, 그들의 괴로움을 이해하는 공감 능력과 배려심을 갖춰야 합니다. 감염 예방을 위해 방호복을 입고 장시간 작업하게 되므로 체력과 인내심도 필요합니다. 유족과 피해자가 그들의 집을 안심하고 맡길 수 있도록 높은 윤리 의식과 신뢰할 수 있는 인성을 가져야 합니다. 작은 흔적도 놓치지 않고 모두 청소해야 하므로 세심한 관찰력을 가진 것이 도움됩니다. 때로는 주변에서 거주하던 사람들이 함부로 고인이 쓰던 물품을 가져가려는 경우도 있으므로 그들을 제지하고, 범죄임을 이해시키는 소통능력도 필요합니다.

Q: 수입은 얼마나 되나요?

A: 범죄 현장 청소부의 연봉에 대한 통계는 찾기 어려웠지만, 관련 직업을 포괄하는 위험 물질 청소부(Hazardous materials removal workers)의 연봉 정보를 보면, 2020년 기준 연봉 중간값이 45,270달러 수준이라는 공식 통계가 있습니다[126].

⑧⑤ 동물 구조대 (Animal rescue officer)

사람에 대한 학대가 범죄라는 것을 모르는 사람은 없을 겁니다. 하지만 동물에 대한 학대도 범죄라는 것은 인식하지 못하는 사람들이 있지요. 우리나라에도 동물학대금지법이 있지만 가해자에 대한 처벌이 강하지 않고, 동물 학대를 인정받는 것도 쉽지는 않습니다.

영국에서는 1800년대 초반에 동물학대금지법이 통과됐고, 1824년에는 세계 최초의 동물보호를 목적으로 하는 비영리 단체가 조직되었습니다. 왕립동물학대방지협회(Royal Society for the Prevention of Cruelty to

126) U.S. Bureau of Labor Statistics. Hazardous materials removal workers. Retrieved from https://www.bls.gov/ooh/Construction-and-Extraction/Hazardous-materials-removal-workers.htm#tab-1 on 23rd Nov 2021.

Animals: RSPCA)라는 이름에서부터 알 수 있듯이, 영국 여왕의 후원을 받는 조직이죠.

RSPCA를 시작으로 다른 동물보호 단체들이 생겨나기 시작했습니다. 동물 구조대는 이런 조직에서 일하면서 위험에 처하거나 병든 동물을 구조하고, 동물 학대와 방치를 조사하거나, 동물 학대 예방을 위해 반려인들에게 교육을 제공하기도 합니다. 동물 학대와 방치를 조사한 결과를 경찰에 공유하여 가해자 체포와 형사처벌을 돕기도 합니다.

Q: 어디에서 주로 일하나요?

A: 동물 구조대는 RSPCA와 같은 동물 보호 단체에서 일합니다. 담당하는 지역 곳곳을 돌아다니며 일하기 때문에 이동이 많은 편입니다.

Q: 어떤 교육을 받아야 하나요?

A: 동물 구조대가 되기 위해 특화된 교육과정은 없습니다. 하지만 영국의 중학교와 고등학교 1학년 과정에 해당하는 GCSE 영어 과목에서 C 이상을 받았어야 합니다.

Q: 어떤 역량이 필요한가요?

A: 동물 구조대는 여러 지역을 다니기 때문에 능숙한 운전 실력을 갖고 있어야 합니다. 동물을 구조하는 과정에서 무거운 물건을 치우거나, 동물들을 들어올려야 하는 일도 발생하기 때문에 신체적으로 건강하고 체력이 좋아야 합니다. 30-40킬로 이상 나가는 대형견이나, 70킬로 이상 나가는 양과 사슴도 무난히 안아 올릴 수 있어야 하지요. 겁에 질린 동물들이 버둥거리는 상황에서도 말입니다. 작고 날렵한 야생동물이나 고양이를 구조해야 할 수도 있기 때문에, 높은 곳에서 두려움 없이 날렵하게 움직일 수도 있어야 합니다[127].

127) RSPCA. Animal Rescue officer requirements and FAQs. Retrieved from https://www.rspca.org.uk/utilities/jobs/profiles/animalrescueofficer/requir

또한 물에 빠진 동물을 구해야 할 수도 있기 때문에 수영 실력도 필수입니다. 옷을 다 갖춰 입은 채로 2.5분 이내에 50미터 이상 수영할 수 있어야 합니다. 수영 실력은 무척 중요하게 여겨져서 동물 구조대로 채용된 이후에도 정기적으로 수영 실력을 평가받으며, 기준에 미달하면 퇴직해야 하기도 합니다.

경찰이나 다른 조직들과 협력해야 할 때도 있고, 동물을 학대하고 폭력을 행사하는 사람을 진정시키기 위해 차분한 태도를 유지하며 상대방을 설득하는 의사소통역량과 대인관계역량을 갖추는 것이 좋습니다. 또한 무엇보다도 동물을 사랑하고, 동물의 권익을 보호하려는 마음가짐을 갖고 있어야 합니다.

Q: 수입은 얼마나 되나요?

A: 2021년 7월에 등록된 동물 구조대의 구인 광고를 보면, 연봉 21,000파운드에서 시작하여 훈련이 끝난 뒤에는 22,000파운드를 받게 되는 것으로 나와 있습니다[128]. 생활비가 높은 런던에서 근무할 경우에는 그에 대한 추가 지원금을 받을 수 있습니다.

(86) 동물 보호 경찰 (Animal protection police officer)

미국에도 영국과 같이 비영리 단체에서 일하는 동물 구조대가 있습니다. 거기서 한발 더 나아가서, 미국의 일부 주에서는 동물 보호를 전담하는 경찰을 채용하기도 합니다.

동물 보호 경찰은 반려동물, 가축, 야생동물의 안전을 보호하고, 지역 내 개체수 조절을 도우며, 동물 학대 사건을 조사하고 관련된 법을 집행합니다. 동물에게 물린 상처나 그로 인해 발생할 수 있는 감염 증상의 연구를 위해 관련 분야의 전문가나 공무원들과 협업하기도 합니다. 다른 조

ements on 16th Nov 2021.

128) CharityJob. Animal Rescue Officer. Retrieved from https://www.charityjob.co.uk/jobs/rspca/animal-rescue-officer/754995 on 16th Nov 2021.

치가 불가능한 상황이 발생하면, 동물이 더 고통받지 않도록 총이나 화학 약품으로 안락사하기도 합니다.

Q: 어디에서 주로 일하나요?

A: 미국의 동물 보호 경찰은 경찰서나 지역자치단체의 관련 부서에서 일합니다.

Q: 어떤 교육을 받아야 하나요?

A: 동물 보호 경찰에 지원하기 위해 특별히 요구되는 정규 교육과정이나 자격증은 없지만, 고등학교를 졸업하거나 비슷한 수준의 교육을 이수했어야 합니다. 채용이 된 다음에는 지역의 경찰 훈련소에서 다른 경찰들과 함께 기초 훈련을 받습니다.

훈련은 약 6개월간 진행되며, 6주간은 총기 사용법과 운전, 물리적인 공격에 방어하는 기술 등을 배웁니다. 관련된 법과 이론을 배우고, 체력 단련과 수갑을 채우는 방법, 실제 상황에서 발생할 수 있는 다양한 사건 사고에 대응하는 방법 등을 배우기도 합니다. 기초 훈련을 이수한 다음에는 숙련된 선배 경찰과 함께 순찰을 돌고, 동물 보호 활동을 진행하는 현장 경험을 쌓습니다.

훈련이 끝난 무렵에는 법 집행관 자격증을 받고, 2년마다 재검을 받아야 합니다. 동물의 행동을 이해하고 대응하기 위한 훈련을 이수하고, 3년마다 재검을 받아야 합니다. 범죄 정보 네트워크를 활용하기 위한 훈련을 받고, 24개월마다 재검을 받아야 합니다. 총기 사용 자격을 이수하고, 24개월마다 재검을 받아야 합니다. 화학 약품을 다루고 안락사를 시행할 자격을 이수하고, 3년마다 재검을 받아야 합니다. 그 외에도 응급 치료사 자격과 CPR 훈련 등 다양한 훈련을 이수해야 하며, 대부분 2-3년마다 적절한 수준의 역량을 갖추고 있는지 확인 받아야 합니다.

Q: 어떤 역량이 필요한가요?

A: 동물 보호 경찰은 동물 구조대와 마찬가지로 동물을 사랑하며, 동물의 권익을 보호하기 위한 의지와 태도를 갖는 것이 선행되어야 합니다. 그다음은 동물 복지와 관련된 법과 규정, 동물을 돌보는데 필요한 지식, 다친 가축이나 야생동물을 살피고 관리하기 위한 지식, 지역의 지리와 야생 동물의 서식지에 대한 지식을 갖고 있어야 합니다.

범죄를 수사하고 범인을 밝혀내는 수사력을 갖추고 있어야 하며, 다양한 사회적, 문화적 배경을 가진 사람들과 효과적으로 대화하는 의사소통역량과 대인관계역량을 갖추고 있어야 합니다.

한 번 본 사람의 얼굴과 이름도 잘 기억하는 기억력이 도움되며, 능숙한 총기 사용 역량을 갖춰야 합니다. 숲이나 사막 한가운데서도 길을 찾을 수 있어야 하고, 서면이나 구두로 복잡한 길을 잘 설명할 수 있어야 합니다.

복잡하고 스트레스를 유발하는 상황에서도 의사결정을 잘 내릴 수 있어야 하며, 뛰어난 신체능력과 체력, 관찰력, 높은 윤리 의식과 정직성, 공정성도 갖추는 것이 도움됩니다.

Q: 수입은 얼마나 되나요?

A: 초봉은 관련 자격을 얼마나 이수했으며 어느 수준까지 이수했느냐에 따라 달라지며, 대학 학위가 있거나 경찰 또는 군인으로 일한 경험, 동물과 함께 일했던 경험, 뛰어난 외국어 역량을 가진 경우 각각에 대해 5%의 급여가 추가됩니다. 최대로 받을 수 있는 초봉은 $68,880 수준입니다[129].

129) ZipRecruiter. Animal Protection Police Officer. https://www.ziprecruiter.com/c/Fairfax-County/Job/Animal-Protection-Police-Officer-I/-in-Fairfax,VA?jid=39666ef8bf323bd2&lvk=DMj5j5W-TDJGsN3nJRdW-g.--MFekkj2AN

⑧⑦ 합법적 은행 강도 (Legal bank robber)

합법적 은행 강도는 은행의 보안과 경비 상태를 점검하기 위해 은행과 정식으로 협약을 맺고, 돈이나 귀중품을 도둑질하는 직업을 의미합니다. 침투 테스터(Penetration tester)라는 명칭으로 불리기도 합니다.

과거에는 직접 은행을 찾아가서 돈을 훔치는 방식으로 일했지만, 현재는 해킹과 신분 도용, 고객 정보 유출 등 다양한 기술을 활용하여 합법적으로 계약한 범죄를 저지릅니다. 경찰 신분을 위증하여 금고 입구에 몰래 카메라를 설치하기도 합니다.

Q: 어디에서 주로 일하나요?

A: 합법적 은행 강도는 보통 개인 사업가로 은행과 계약을 체결하여 일합니다. 여러 은행의 의뢰를 받고 일하기도 합니다. 미국에는 트레이스 시큐리티(Trace Security)와 같이 전문적으로 합법적 은행 강도의 업무를 수행하는 회사도 존재합니다.

Q: 어떤 교육을 받아야 하나요?

A: 합법적 은행 강도가 되기 위해서는 사회 공학을 학습하는 것이 도움됩니다[130]. 사회 공학은 속임수를 통해 보안 절차를 깨트리는 비기술적 침입 수단을 의미합니다. 보안 정보에 접근할 수 있는 사람들과 친분을 쌓으며 신뢰를 얻고, 그들의 개인 정보나 이메일 등을 통해 약점을 파악하여 이용하는 것입니다. 안전불감증, 자만심, 무역량 등 사회 공학자의 침입을 허용하는 인간 내면의 약점은 매우 다양합니다. 사회 공학은 그런 약점을 잘 파고들기 위해 도움되는 학문이지요.

130) CSO (26th Oct 2011). Social engineering: My career as a professional bank robber. Retrieved from https://www.csoonline.com/article/2129956/social-engineering-my-career-as-a-professional-bank-robber.html on 23rd Nov 2021.

Q: 어떤 역량이 필요한가요?

A: 합법적 은행 강도가 되려면 해킹과 같은 고난도의 컴퓨터 스킬을 갖춰야 합니다. 쉽게 사람들과 교감하고 신뢰를 얻을 수 있는 대인관계역량과 의사소통역량, 네트워킹 역량도 필요합니다. 사람의 내면을 잘 파악하고 이용하는 역량을 갖추는 것도 도움됩니다.

Q: 수입은 얼마나 되나요?

A: 합법적 은행 강도의 수입에 대한 통계는 찾아보기 어려웠습니다.

(10) 예체능 분야

예체능 분야에는 우리가 흔히 아는 연기자나 운동선수 외에도 뛰어난 연기력이나 신체 능력을 필요로 하는 직업들이 많습니다. 또한 연예인들이 영화나 드라마, 예능 프로그램을 촬영할 수 있도록 보조해주는 직업도 있지요.

(88) 런던 던전 좀비 (Zombie)

런던 던전에서는 매년 던전 안에서 좀비로 근무할 사람들을 모집하고 있습니다. 좀비로 분장을 하고, 여행객들을 놀라게 하고 어두운 방 안에서 그들의 뒤를 쫓는 등, 영화에서 좀비들이 흔히 하는 연기를 하는 것입니다. 실력이 뛰어난 좀비들은 고문자나 잭 더 리퍼(Jack the ripper)로 승진할 수 있는 기회도 있다고 합니다.

Q: 어디에서 주로 일하나요?

A: 런던 던전 좀비들은 런던 던전에서 일합니다.

Q: 어떤 교육을 받아야 하나요?

A: 런던 던전 좀비가 되기 위해 이수해야 하는 교육과정이나 자격은 알려져 있지 않습니다.

Q: 어떤 역량이 필요한가요?

A: 런던 던전 좀비가 되기 위해서는 뛰어난 연기력이 필요합니다. 좀비다운 움직임을 내기 위한 신체능력도 필요하지요. 또한 고객의 특성과 반응, 상황에 따라 그들의 즐겁게 해줄 연기를 할 수 있도록 빠른 상황판단력을 갖추는 것도 필요합니다.

Q: 수입은 얼마나 되나요?

A: 2009년 기준, 신입 좀비의 평균 연봉은 약 30,000파운드 수준이라는 언급이 있습니다[131]. 이후의 통계는 찾아보기 어려웠습니다. 현재는 관객이 직접 런던 던전에서 좀비 연기를 해볼 수 있도록 하는 패키지 상품도 판매되고 있습니다.

⑧⑨ 대여 연인 (Rental boyfriend 또는 Rental girlfriend)

연기자는 아니지만 연기력이 필요한 직업, 또 뭐가 있을까요? 일본에는 시간당 금액을 지불하고 남자친구 또는 여자친구의 역할을 해주는 직업이 있습니다. 함께 데이트와 식사를 하거나, 여행을 가거나, 밤에 잠들기 어려울 때 곁을 지켜주는 역할 등을 하지요. 외로움과 공허감을 느끼는 의뢰인에게 따뜻하고 인간적인 접촉과 교류를 선사하는 것이 주요 목적입니다.

선을 잡거나 가벼운 포옹 등은 허용되지만, 그 이상을 넘어서는 성적인 접촉이나 요구를 하는 것은 금지되어 있습니다. 개인적으로 연락하여 지속적인 만남이나 관계를 요구하는 것 역시 금지되어 있지요. 그런 점에서 성매매와는 명확하게 구분됩니다.

131) Evening Standard (28th Jul 2009). London Bridge Experience picks its new £30,000-a-year zombies. Retrieved from https://www.standard.co.uk/hp/front/london-bridge-experience-picks-its-new-ps30-000ayear-zombies-6715255.html

Q: 어디에서 주로 일하나요?

A: 대여 연인은 주로 관련 에이전시에 소속된 채로 일합니다.

Q: 어떤 교육을 받아야 하나요?

A: 대여 연인이 되기 위해 특별히 필요한 교육과정이나 자격 과정은 알려져 있지 않습니다.

Q: 어떤 역량이 필요한가요?

A: 대여 연인이 되기 위해서는 의뢰인의 성격에 따라 맞춤형 연인이 되어주어야 하므로 뛰어난 연기력을 갖춰야 합니다. 의뢰인에게 항상 예의를 지키며, 의뢰인이 즐거운 시간을 보내도록 노력해야 합니다. 따라서 뛰어난 고객 서비스 역량, 의사소통역량, 대인관계역량, 배려심, 인내심 등을 필요로 하지요.

의뢰인의 감정 상태, 분위기 등을 빠르게 파악하는 세심한 관찰력과 분석력, 돌발 상황에도 놀라지 않고 침착하게 대응하는 문제해결능력 등을 갖추는 것이 좋습니다. 단정한 외모와 옷차림을 유지해야 하므로 뛰어난 패션 감각도 도움이 됩니다.

Q: 수입은 얼마나 되나요?

A: 관련 에이전시의 웹사이트를 보면, 연인을 대여하는데 드는 비용을 1시간당 9000엔, 2시간에는 13,000엔, 4시간에는 23,000엔으로 명시하고 있습니다[132]. 이 중 일부를 에이전시가 수수료로 가져갑니다.

(90) 전문 결혼 하객 (Wedding guest 또는 Sakura)

전문 결혼 하객 역시 연기력을 필요로 하는 직업 중 하나입니다. 의뢰인의 결혼식에 하객으로 참석해서 지인인 척 연기해주는 직업을 의미합니

132) JapanRentalBoyfriend. Price. Retrieved from https://renntarukareshi.amebaownd.com/pages/1604766/menu on 24th Nov 2021.

다. 참석해서 자리를 채워주는 역할만 하기도 하고, 의뢰인의 절친으로 연기하며 연설을 하기도 합니다.

결혼식에 초대할 하객이 많지 않을 때나 참석하기로 했던 하객이 마지막 순간에 참석을 취소할 때, 전문 결혼 하객이 동원됩니다. 하객 수가 적으면 체면을 잃는다고 생각하는 일본의 관습에서 생겨난 직업이지요. 우리나라에도 예상되는 하객 수가 많지 않은 경우, 전문 결혼 하객을 고용하곤 합니다.

Q: 어디에서 주로 일하나요?

A: 전문 결혼 하객은 에이전시에 등록되어 일하거나, 아르바이트 사이트 등을 통해 일용직으로 일합니다.

Q: 어떤 교육을 받아야 하나요?

A: 전문 결혼 하객이 되기 위해 특별히 이수해야 하는 교육과정이나 자격 과정은 알려져 있지 않습니다.

Q: 어떤 역량이 필요한가요?

A: 전문 결혼 하객이 되기 위해서는 신랑 또는 신부와 친분이 있는 것처럼 보일 수 있는 연기력이 필요합니다. 더 중요한 역할을 맡게 될수록 연기력이 한층 더 중요하지요. 의뢰를 받고 하객으로 연기하고 있음을 다른 사람에게 결코 알려선 안되므로 높은 수준의 윤리의식도 갖춰야 합니다. 고객에 대한 이해와 배려심도 갖출 필요가 있습니다.

Q: 수입은 얼마나 되나요?

A: 전문 결혼 하객의 급여에 대한 통계는 찾아보기 어려웠습니다. 다만 2019년도의 기사에 1인당 200달러 이상이라는 언급이 있었습니다[133]. 일정 비율을 에이전시가 가져가고 남은 금액을 전문 결혼 하

133) Insider (10th Apr 2019). 6 fun jobs in the wedding industry that you never knew existed. Retrieved from https://www.insider.com/fun-jobs-

객이 가져가는 형태입니다. 단순히 전문 결혼 하객 역할을 하는 수준을 넘어 신부 들러리 역할을 요청한다면, 2,000달러 이상을 지불하기도 한다고 합니다.

⑨① 엽기 스턴트 테스터 (Gross stunt tester)

영화나 TV 프로그램의 등장인물이 곤충을 먹거나 역한 액체를 마시는 장면을 보신 적이 있으신가요? 우리나라에서도 눈을 가린 채, 손의 촉감만으로 뱀이나 벌레, 갑각류와 같은 생명체를 알아맞히게 하는 게임을 하는 프로그램이 있었지요. 영화 올드 보이에서는 커다란 산낙지를 씹어 삼키는 장면이 나오기도 했고요. 연예인들이 직접 그런 영상을 촬영하기 전에 사전에 안전도를 점검하는 사람들이 바로 엽기 스턴트 테스터입니다. 강한 비위를 재능으로 승화한 직업이지요.

Q: 어디에서 주로 일하나요?

A: 엽기 스턴트 테스터는 관련 에이전시에 소속되어 일하거나, 개인 사업자로 일합니다. 다양한 방송사의 의뢰를 받아 일하기도 합니다.

Q: 어떤 교육을 받아야 하나요?

A: 엽기 스턴트 테스터가 되기 위해 특별히 이수해야 하는 교육과정이나 자격 과정은 알려져 있지 않습니다.

Q: 어떤 역량이 필요한가요?

A: 엽기 스턴트 테스터가 되려면 무엇보다도 강한 비위를 갖고 있어야 합니다. 어떤 징그러운 곤충이나 체액, 역한 음식도 먹고 마실 수 있어야 하기 때문이죠. 또한 그런 동식물에 닿는 것도 두려워하지 않아야 합니다. 안전이 사전에 검증되지 않은 것을 섭취하게 될수도 있으므로 건강한 신체와 면역력을 갖추는 것도 도움이 됩니다.

---

in-the-wedding-industry-that-you-never-knew-existed-2019-4 on 24th Nov 2021.

Q: 수입은 얼마나 되나요?

A: 엽기 스턴트 테스터의 급여에 대한 통계는 찾아보기 어려웠습니다. 다만 2016년의 자료에서 일일 800달러를 받는다는 언급이 확인되었습니다[134].

⑨② 극한상황 잠수부 (Extreme diver)

극한상황 잠수부는 일반 잠수부들보다도 더 힘들고, 많은 체력과 판단력 등을 요구하는 상황에서 잠수를 하는 사람들입니다. 극한상황 잠수부 중에는 여러 종류가 있지만, 그중 포화 잠수부(saturation diver)와 위험물 잠수부(hazmat diver), 이 둘만 살펴보도록 하겠습니다.

포화 잠수는 잠수부의 체내에 불활성 기체를 포화시켜 잠수 합착 현상에 따른 문제점을 해결한 잠수 기술입니다. 일반적인 잠수부들은 일정 시간 동안 잠수한 뒤, 수면으로 올라오는 과정을 거칩니다. 따라서 하나의 작업을 수행하는 동안, 여러 차례 잠수와 수면으로 올라오는 일을 반복하게 되지요. 하지만 포화 잠수부는 작은 압력 챔버에 들어간 채로 물속에 들어가며, 28일간 그 안에서 생활합니다. 챔버의 압력은 작업해야 할 물속의 환경과 동일한 수준으로 설정되기 때문에, 잠수부들이 체내 기압을 줄이는 작업을 반복할 필요가 없습니다. 한 번의 감압으로 매우 오랫동안, 깊은 곳까지 잠수할 수 있게 되지요.

위험물 잠수부는 하수관에 잠수하여 범죄자가 버린 범죄 도구나 시신, 그 외에도 반드시 찾아야 할 물품들을 찾아내는 직업입니다. 하수관의 열악한 상태와 그 안에 흐를 수 있는 유독 물질 때문에 상당한 위험 부담을 가진 직업 중 하나이지요. 감염 예방을 위한 접종은 필수이며, 작업 전후로 꼼꼼한 소독 절차를 거쳐야 합니다. 감염이나 오염을 피하려고 특별한 잠수복을 입고 일하기도 합니다.

134) Stephanie Huesler (23rd Jul 2016). Odd Jobs #7: Fragrance chemists to gumologists. Retrieved from https://stephaniehuesler.com/tag/gross-stunt-testers/ on 24th Nov 2021.

Q: 어디에서 주로 일하나요?

A: 포화 잠수부와 위험물 잠수부 모두 대부분 프리랜서 형태로 일합니다. 다양한 의뢰인의 의뢰를 받아 활동하지요. 그들의 실제 작업은 주로 물속에서 이뤄집니다.

Q: 어떤 교육을 받아야 하나요?

A: 포화 잠수부가 되기 위해서는 전문 상업 잠수부 자격이 있어야 하며, 다년간 바다에서 잠수한 경력을 갖춰야 합니다. 다양한 기체를 섞은 산소통의 공기로 호흡하며 장시간 잠수한 경험도 충분히 갖춰야 합니다. 현재 포화 잠수부 교육을 제공하는 다이빙 스쿨은 전 세계에 2-3곳 정도 밖에 없다고 합니다.

위험물 잠수부가 되기 위해서도 상업적 잠수부 자격을 갖춰야 합니다. 유독 물질을 접하게 될 수 있으므로 유독성 물질을 분별하기 위한 지식을 갖추고, 안전 장비를 다루는 법도 학습해야 합니다. 시야가 확보되지 않거나 어두운 환경에서 잠수하여 작업하는 방법도 배워야 합니다.

Q: 어떤 역량이 필요한가요?

A: 포화 잠수부는 현존하는 잠수 기술 중 가장 고난도 기술입니다. 뛰어난 신체능력, 판단 역량, 돌발 상황에 침착하게 대처할 수 있는 역량, 긴 시간 물속에서 생활할 수 있는 인내심 등을 필요로 합니다. 주로 3-4명 단위의 팀으로 일하기 때문에 팀워크 역량이 필요하며, 다양한 의뢰인과 함께 일하는 만큼 대인관계역량과 네트워킹 역량을 갖추는 것이 좋습니다. 물속에서는 비언어적인 방식으로 소통하기 때문에 다이빙 언어를 잘 숙지하고 있어야 하며, 동료가 전달하고자 하는 정보를 빠르게 숙지할 수 있는 눈치도 필요합니다.

위험물 잠수부가 되기 위해서는 뛰어난 신체능력을 갖춰야 하며, 안전을 위한 규정을 철저하게 지킬 수 있어야 합니다. 일반 잠수부들과 훨씬 더 위험한 환경에서 일하게 되기 때문이죠. 좁은 공간에서 효과적으로 작업하며 돌발상황에 민첩하게 대응할 수 있어야 합니다.

Q: 수입은 얼마나 되나요?

A: 2020년의 자료에 따르면, 포화 잠수부는 월급 30,000-40,000달러 수준을 번다고 합니다[135]. 보통 한 달을 일하면 한 달 이상의 휴식을 취해야 하므로 실제로 일하는 기간은 6개월 이하이며, 연봉으로는 약 180,000달러 이상을 벌 것으로 추정되고 있습니다.
위험물 잠수부의 평균 연봉에 대한 통계는 찾아보기 어려웠습니다. 하지만 위험물 잠수부를 포함한 상업적 잠수부의 평균 연봉은 2020년 5월 기준, 71,850달러 수준이라는 통계가 있습니다[136]

⑬ 윙슈트 코치 (Wingsuit coach)

영화나 유튜브에서 날다람쥐처럼 생긴 옷을 입고 하늘을 나는 영상을 보신 적이 있나요? 그 옷을 입고 하늘을 나는 사람은 윙슈트 플라이어(Wingsuit flyer) 또는 윙슈트 파일럿(Wingsuit pilot)이라고 부릅니다. 윙슈트 코치는 바로 그들에게 안전하게 윙슈트를 입고 하늘을 나는 방법을 가르쳐주는 사람입니다.

윙슈트 플라잉은 세계에서 가장 위험한 스포츠 중 하나로 뛰어난 신체능력과 판단력, 고난이도의 기술을 필요로 합니다. 대부분 20대 초반에 입문하며, 활동하는 플라이어의 평균 연령은 20대 후반입니다. 그런 스포츠를 지도해야 하는 만큼 윙슈트 코치가 되기 위해서는 젊은 나이때부터

135) Divers Institute of Technology (17 Nov 2020). Saturation diving salary breakdown: What can you earn annually? Retrieved from https://www.diversinstitute.edu/saturation-diving-salary/ on 23rd Nov 2021.

136) U.S. Bureau of Labor Statistics. Occupational Employment and Wage statistics: 49-9092 Commercial Divers. Retrieved from http:///www.bls.gov/oes/current/oes499092.htm on 23rd Nov 2021.

정신적·신체적으로 충분한 단련이 이뤄져야 합니다. 그래서 제가 다음 생을 기약해야 했지요.

Q: 어디에서 주로 일하나요?

A: 윙슈트 코치는 스카이다이빙과 윙슈트 플라잉을 가르치는 민간 교육기관이나 공군 부대에서 주로 근무합니다. 공군 부대에서 훈련을 받고 활동하다가 전역하여 민간 교육기관에서 일하게 되기도 합니다.

Q: 어떤 교육을 받아야 하나요?

A: 미국을 기준으로 윙슈트 플라잉에 입문하기 위해서는 18개월 이내에 200회 이상의 스카이다이빙을 성공적으로 마친 기록이 있어야 합니다. 그 후에야 첫 윙슈트 플라잉을 지도하는 교육과정에 등록할 수 있습니다(WFJC: Wingsuit First Jump Course).

WFJC를 통해 4일간 교실에서 수업을 받고, 2회 윙슈트 다이빙을 시도하게 됩니다. 윙수트를 입고 펼치는 방법과 비행기에서 뛰어내리는 방법 등을 배우게 됩니다. WFJC를 이수한 다음에는 흔히 주간 윙수트 플라잉 수업을 받을 수 있는 지역 내 클럽에 가입하여 활동하게 됩니다.

강사 없이 독립적으로 윙슈트 플라잉을 할 자격을 받기 위해서는 20시간 이상 전문 코치와 함께 플라잉을 하며 지도를 받아야 하고, 마지막 세션 이후 6개월 이상 지난 후에 시험에 응시하여 70점 이상을 받아야 합니다. 지필 시험 외에도 구두 시험을 봐야 할 수도 있습니다. 자격을 이수한 다음에는 윙슈트 파일럿으로 등록해야 하며, 그 비용은 약 25,000달러입니다. 이후에는 연간 10,000달러의 멤버십 비용을 지불해야 합니다.

또한 윙슈트 플라잉 자격을 획득한 다음에도 매년 윙슈트 플라잉을 할 수 있는 건강상태를 유지하고 있음을 증명하기 위해 의료기관에서 검진 받은 결과를 제출해야 합니다.

윙슈트 코치가 되기 위해서는 윙슈트 자격을 받은 이후에 다년간 윙슈트 플라잉을 성공적으로 마친 경험이 필요합니다. 다른 사람이 안전하게 윙슈트 플라잉을 마치도록 도운 경험이 있음을 증명하는 윙맨(Wingman) 자격을 이수하는 것이 좋습니다.

Q: 어떤 역량이 필요한가요?

A: 세상에서 가장 위험한 스포츠를 지도하는 직업인만큼 뛰어난 신체적 능력과 더불어 위기 상황에 처했을 때 빠르게 판단하고 행동할 수 있는 능력을 갖춰야 합니다. 열정적인 도전정신을 필요로 하며, 동시에 사고를 최대한 예방할 수 있도록 높은 안전의식을 길러야 합니다. 가볍게 여기기 쉬운 아주 작은 위험 요소도 윙슈트 플라잉을 할 때는 큰 사고로 이어질 수 있으니까요.

플라잉의 준비 단계에서부터 마무리를 할 때까지 전체적인 과정 중에 어긋나거나 위험을 유발하는 것이 없도록 섬세하게 관찰하고 세세한 것 하나도 놓치지 않을 수 있어야 합니다. 또한 윙슈트 플라잉을 할 때 필요한 안전 수칙과 기술적인 지식을 효과적으로 지도해야 하므로 뛰어난 의사소통능력과 전달력이 필요합니다.

Q: 수입은 얼마나 되나요?

A: 윙슈트 코치의 수입에 대한 공식 기록은 찾아보기 어려웠습니다. 하지만 리크루팅 업체의 통계에 의하면 유사한 직업인 스카이다이빙 코치의 평균 연봉은 58,036달러 수준이라고 합니다[137].

(11) 교통 · 운송 분야

교통 · 운송 분야는 우리의 일상과 매우 밀접한 연관이 있습니다. 학교

137) Glassdoor. How much does a skydive instructor make? Retrieved from https://www.glassdoor.com/Salaries/skydiving-instructor-salary-SRCH_KO0,20.htm?__cf_chl_jschl_tk__=BOEPuLaY_IgFkDFeXoWkUo0tScwLGzOBLDTwqttNhzM-1642574239-0-gaNycGzNCL0 on 19th Jan 2022.

에 가거나 회사에 출근하기 위해 대중교통을 이용하기도 하고, 운송 산업을 통해 우리 곁으로 배송된 식품을 먹고 생필품을 사용합니다. 그런 분야에도 남다른 이색직업들이 있습니다.

㉞ 트레인 푸셔 (Train pusher)

트레인 푸셔는 지하철 문이 닫길 때까지 그 안에 최대한 많은 사람들이 타도록 밀어 넣는 직업을 의미합니다. 특히 출퇴근 시간에 지하철역이 붐빌 때, 그들의 역할도 중요해집니다. 일본에서 사용되던 직업명은 오시야(押し屋)이며, 그들을 통해 이 직업이 널리 알려졌습니다. 하지만 트레인 푸셔가 처음 등장한 것은 뉴욕이라는 주장이 있습니다[138].

Q: 어디에서 주로 일하나요?

A: 트레인 푸셔는 주로 지하철 역에서 일합니다.

Q: 어떤 교육을 받아야 하나요?

A: 트레인 푸셔가 되기 위해 특별히 이수해야 하는 교육과정이나 자격에 대한 정보는 알려져 있지 않습니다.

Q: 어떤 역량이 필요한가요?

A: 트레인 푸셔가 되기 위해서는 많은 사람들을 기차 안으로 몰아넣을 수 있는 신체능력이 필요합니다. 동시에 지나치게 많은 사람들을 한꺼번에 기차 안으로 밀어 넣어 사고를 유발하는 일은 없도록 상황마다 빠르고 적절한 판단을 내릴 수 있어야 하지요.

Q: 수입은 얼마나 되나요?

A: 미국 트레인 푸셔의 평균 시급은 2021년 11월 15일 기준, 약 22달

---

138) AmusingPlanet (24th Aug 2016). Subway pushers of Japan. Retrieved from https://www.amusingplanet.com/2016/08/subway-pushers-of-japan.html on 23rd Nov 2021.

러라는 통계가 있습니다[139]. 이 시급을 바탕으로 평균 연봉을 46,128달러로 산정하고 있지만, 실제 트레인 푸셔가 풀타임으로 일하는지 여부는 의문이 남습니다.

⑮ 자동차 번호판 차단사 (Car plate blocker)

이란의 수도인 테헤란에서는 일부 지역의 교통체증에 대응하기 위해 2부제를 실시하고 있습니다. 하루는 짝수 번호, 하루는 홀수 번호로 끝나는 차만이 길에 다닐 수 있도록 한 것이죠. 하지만 매일 차를 사용하고 싶은 이란인들은 자동차 번호판 차단사를 고용합니다. 차의 뒤에서 차와 함께 뛰어감으로써 번호판이 카메라에 찍히지 않게 하는 것이죠. 일부는 오토바이나 자전거를 타고 따라가는 방식으로 번호판을 가려주기도 합니다.

Q: 어디에서 주로 일하나요?

A: 자동차 번호판 차단사는 테헤란의 길거리에서 주로 일합니다.

Q: 어떤 교육을 받아야 하나요?

A: 자동차 번호판 차단사가 되기 위해 이수해야 하는 교육과정이나 자격 과정은 알려져 있지 않습니다.

Q: 어떤 역량이 필요한가요?

A: 자동차 번호판 차단사가 되기 위해서는 뛰어난 신체능력과 체력, 공도를 달리면서도 사고를 피할 수 있는 민첩성이 필요합니다.

Q: 수입은 얼마나 되나요?

A: 자동차 번호판 차단사의 수입에 대한 통계나 자료는 찾아보기 어려웠습니다.

139) ZipRecruiter. Train pusher salary. Retrieved from https://www.ziprecruiter.com/Salaries/Train-Pusher-Salary on 23rd Nov 2021.

⑯ 자전거 낚시꾼 (Bicycle fishers)

암스테르담은 자전거를 이용하는 사람이 무척 많은 도시입니다. 하지만 곳곳에 수로가 있어서 자칫 자전거를 물에 빠트리거나, 자전거와 함께 물에 빠지기도 쉬운 편이죠. 암스테르담의 자전거 낚시꾼은 매년 12,000－15,000대의 자전거를 물에서 건져내고 있다고 합니다[140].

Q: 어디에서 주로 일하나요?

A: 암스테르담의 자전거 낚시꾼은 워터넷(Waternet)이라는 에이전시에 소속되어 일하고 있습니다.

Q: 어떤 교육을 받아야 하나요?

A: 암스테르담의 자전거 낚시꾼이 되기 위해서는 배를 능숙하게 조종할 수 있어야 하며, 물속에서 물품을 건져내는 다양한 중장비를 사용할 수 있어야 합니다. 따라서 관련된 면허를 획득해야 합니다.

Q: 어떤 역량이 필요한가요?

A: 자전거 낚시꾼이 되기 위해서는 장비를 능숙하고도 섬세하게 다루는 손재능과 공간지각능력, 환경 보호를 중요시 여기는 가치관을 갖는 것이 도움 됩니다. 작업 중 물에 빠질 위험이 있으므로 수영 실력도 갖출 필요가 있습니다.

Q: 수입은 얼마나 되나요?

A: 자전거 낚시꾼의 평균 급여에 대한 정보는 찾아보기 어려웠습니다. 다만 그 직업이 풀타임 일자리라는 것만은 확인할 수 있었습니다. 암스테르담에서 자전거를 타는 사람들의 숫자를 생각하면 풀타임으로 일하는 사람이 필요하긴 하겠지요.

---

140) Dutchreview (1st Oct 2020). Bike fishing: a Dutch occupation you never knew existed. Retrieved from https://dutchreview.com/culture/cycling/new-job-bike-fishing/ on 24th Nov 2021.

(12) 기타

특정 산업이나 분야로 분류하기 어려운 이색직업들도 있습니다. 줄을 대신 서주는 직업, 공장에서 생산된 구두의 주름을 펴는 직업, 신랑과 신부 둘만의 의미 깊은 결혼식을 돕는 직업, 넷플릭스의 프로그램을 시청하고 분류하는 직업 등 직업의 세계에 한계가 없음을 보여주는 다양한 직업들이 있습니다.

㊼ 나라비야 (Narabiya)

나라비야는 일명 전문 줄서기꾼으로 고객을 대신해서 줄을 서주는 사람입니다. 일본에 있는 직업으로, 신상품을 받기 위한 줄, 음식점과 놀이공원의 대기줄, 신분증이나 운전면허증 갱신을 위한 줄 등 줄서서 기다려야 하는 곳에는 어디든 그들이 있습니다.

Q: 어디에서 주로 일하나요?

A: 나라비야는 주로 개인 사업자로 일합니다. 고객이 줄을 서주기를 원하는 모든 곳에서 활동합니다.

Q: 어떤 교육을 받아야 하나요?

A: 나라비야가 되기 위해 특별히 이수해야 하는 교육과정이나 자격 과정은 알려져 있지 않습니다.

Q: 어떤 역량이 필요한가요?

A: 나라비야로 활동하기 위해서는 오랜 시간동안 줄을 설 수 있어야 합니다. 때로는 앉을 자리도 없는 채로 줄을 서게 될 수도 있으므로 강한 체력과 인내심을 갖추는 것이 도움됩니다.

Q: 수입은 얼마나 되나요?

A: 나라비야의 하루 임금은 약 15,000엔 수준이라는 언급이 있었습니다[141]. 공식적인 통계는 찾아보기 어려웠습니다.

⑱ 구두 주름 제거자 (Wrinkle chaser)

구두 주름 제거자는 막 공장에서 생산된 구두의 표면에 주름이 없도록 펴는 작업을 하는 직업입니다. 가죽 구두 표면을 다림질하거나, 뜨거운 공기를 불어 넣어서 자잘한 주름을 모두 없애는 것이죠.

Q: 어디에서 주로 일하나요?

A: 구두 주름 제거자는 주로 구두를 생산하는 공장에서 일합니다.

Q: 어떤 교육을 받아야 하나요?

A: 구두 주름 제거자가 되기 위해 필요한 교육과정이나 자격 과정에 대해서는 알려져 있지 않습니다.

Q: 어떤 역량이 필요한가요?

A: 구두 주름 제거자는 작은 주름도 놓치지 않는 세심한 관찰력과 주름을 펴기 위한 도구를 잘 사용하는 손재능을 갖춰야 합니다. 한 켤레에만 지나치게 오랜 시간을 쏟지 않도록, 작업 시간을 잘 관리하는 능력도 필요합니다.

Q: 수입은 얼마나 되나요?

A: 2018년 기준, 미국 구두 주름 제거자의 평균 연봉은 30,117달러 수준이라는 통계가 있습니다[142]. 더 최신 통계는 찾아보기 어려웠습니다.

⑲ 포춘 쿠키 작가 (Fortune cookie writer)

미국의 중식당에는 포춘 쿠키라고 불리는 작은 쿠키를 서비스로 주는

141) Manilastandard.net. (8th Sep 2018). Retrieved from https://www.manilastandard.net/lifestyle/destinations/275028/five-unconventional-jobs-in-japan-you-didn-t-know-about.html on 23rd Nov 2021.

142) Comparably. Wrinkle chaser salary. Retrieved from https://www.comparably.com/salaries/salaries-for-wrinkle-chaser on 24th Nov 2021.

곳이 많습니다. 쿠키를 쪼개면 그날의 운세와 같은 작은 쪽지가 나오지요. 매일 어마어마한 양의 포춘 쿠키가 만들어지고 판매되는 만큼, 특별히 쿠키 안에 들어갈 운세를 적는 직업이 필요하게 되었습니다. 그들이 바로 포춘 쿠키 작가입니다.

Q: 어디에서 주로 일하나요?

A: 미국에는 포춘 쿠키를 생산하는 제조사가 여럿 있습니다. 포춘 쿠키 작가들은 그런 회사에 소속되어 일하지요. 뉴욕의 원턴푸드(Wonton Food), 미드웨스트의 베일리 인터내셔널(Baily International), 로스앤젤레스의 페킹누들(Peking Noodle), 샌프란시스코의 골든게이트 포춘 쿠킹 팩토리(Golden Gate Fortune Cooking Factory), 인디아나폴리스의 팬시포춘 쿠키스(Fancy Fortune Cookies), 시에틀의 쯔총 컴퍼니(Tseu Chong Company), 미네아폴리스의 키퍼 푸드코트(Keefer Food Court) 등 여러 회사에서 포춘 쿠키 작가들이 활동하고 있습니다.

Q: 어떤 교육을 받아야 하나요?

A: 포춘 쿠키 작가가 되기 위해 특별히 필요한 교육과정이나 자격 과정은 알려져 있지 않습니다. 미국에서는 만 16세 이상이고 작문에 뛰어난 재능을 보이는 사람은 누구나 포춘 쿠키 작가가 될 수 있습니다.

Q: 어떤 역량이 필요한가요?

A: 포춘 쿠키 작가는 무엇보다도 뛰어난 작문 역량을 갖추고 있어야 합니다. 짧은 한두 문장으로 깊은 인상을 남길 수 있는 창의력과 표현력도 필요합니다. 마치 카피라이터처럼 말이지요.
유머 감각이 뛰어나야 하며, 미국 문화에 대한 깊은 이해도를 갖춰야 합니다. 미국인들이 즐겨 읽는 고전문학이나 시, 미국인들이 흔히 아는 글귀를 폭넓게 아는 것도 좋습니다. 다른 나라에서도 포춘 쿠키가 팔리긴 하지만, 미국에서 가장 많이 소비되고 있기 때문이지요. 대중매체에서 많은 관심을 얻고 있는 최신 뉴스를 항상 잘 숙지하고 있어야 하며, 다양한 분야에 관심을 두고 박학다식한 것이 도움 됩니다. 철학적인 서적을 즐겨 읽으며, 깊은 성찰이 담긴 문구를 생각해 낼 수 있는 것도 좋습니다.

Q: 수입은 얼마나 되나요?

A: 미국 포춘 쿠키 작가의 연봉은 40,000-80,000달러 사이라는 통계가 있습니다[143]. 어떤 회사에서 일하며, 얼마나 빨리 얼마나 멋진 메시지를 생산해내는가에 따라서 급여 수준이 달라집니다.

⑩⓪ 도망 결혼 플래너 (Elopement planner)

영어 단어인 elopment는 남녀가 부모의 허락 없이 도망쳐서 결혼하거나 또는 결혼 없이 동거하는 것을 의미합니다. 과거에는 본인뿐만 아니라 집안의 명예를 실추시키는 큰 스캔들이었습니다. 제인 오스틴의 소설 오만과 편견(1813년 작)에서도 리디아 베넷이 조지 위컴과 도망치는 내용이 나옵니다. 그 소식을 전해 들은 베넷 가문의 사람들 모두가 큰 충격을 받은 가운데서도 한시라도 빨리 그들을 찾아내어 정식으로 결혼시키려고 합니다. 이미 위컴이 신뢰할 수 없는 사람이라는 것을 알면서도 가문의 명예를 지키기 위해서 말이죠.

과거에는 이토록 불명예스러웠던 도망 결혼이 이제는 두 사람만의 의미 깊은 결혼을 의미하는 단어로도 쓰이기 시작했습니다. 양가 부모와 친척, 수많은 친구와 함께 하던 전통적인 결혼에서 벗어나 스몰 웨딩을 선호하는 풍조가 생겼고, 거기서 더 나아가 아예 아는 사람이 없는 곳에서 단둘만의 결혼식을 원하는 커플들이 등장한 것입니다. 둘만의 결혼식을 원하

143) Howigotthejob.com(4th Feb 2021). How to become a fortune cookie writer. Retrieved from https://howigotjob.com/career-advice/how-to-become-a-fortune-cookie-writer/ on 25th Nov 2021.

는 데에는 전통적인 결혼식 준비 중에 많은 스트레스가 발생하고, 정작 커플들 본인이 원하는 대로 진행하기 어렵다는 점도 일부 기여를 합니다.

영화 아워 패밀리 웨딩(2010년작) 속에서도 결혼을 준비하는 커플이 수차례 되뇌는 말이 있습니다. "Our marriage, their wedding." 결혼은 자신들의 것이지만, 결혼식은 그들의 것이라는 의미지요. 결혼 준비 중 부모나 다른 지인들의 과도한 참견으로 스트레스를 받을 때마다 이렇게 스스로를 달랩니다. 영화이기에 과장이 섞였을 수 있지만, 전통적인 결혼 준비 중 커플들이 그만큼 많은 고충을 겪고 있음을 보여주는 장면입니다.

이런 스트레스에서 벗어나 둘만의 결혼식을 원하는 커플들의 요구에 대응하는 것이 도망 결혼 플래너의 역할입니다. 도망 결혼 플래너는 의뢰인이 원하는 장소에서 원하는 시간에 자신들만의 의미 깊은 결혼식을 올릴 수 있도록 이동 수단과 증인, 주례 등을 준비해줍니다. 일반 웨딩 플래너와 비슷한 일을 하지만, 철저히 결혼하는 커플을 중심으로, 그들 개인에게 의미가 깊은 방식으로 결혼 진행을 돕는다는 점에서 다소 차이가 있습니다.

Q: 어디에서 주로 일하나요?

A: 도망 결혼 플래너는 주로 관련된 에이전시에 소속되어 일합니다. 개인 사업자로 일하는 사람도 있습니다.

Q: 어떤 교육을 받아야 하나요?

A: 도망 결혼 플래너가 되기 위해서 특별히 이수해야 하는 교육과정이나 자격 과정은 알려져 있지 않습니다. 하지만 ASCWP(American Association of Certified Wedding Planners)에서 두 달간의 온오프라인 훈련을 제공하고 있으며, LWPI(Lovegevity Wedding Planning Institute)에서는 8-12주간 운영되는 자격 과정을 운영하고 있습니다.

Q: 어떤 역량이 필요한가요?

A: 도망 결혼 플래너가 되기 위해서는 고객의 요구에 충실히 대응하는

고객 서비스 역량을 갖춰야 합니다. 특별한 장소에서 특별한 결혼을 원하는 고객의 마음을 잘 이해하는 공감 능력도 필요합니다. 둘만의 결혼식을 진행할 수 있는 다양한 장소와 그 장소를 활용하기 위한 절차 및 비용, 결혼에 필요한 물품을 준비하고 이송하는 방법 등에 대해 폭넓은 지식을 갖추고 있어야 합니다.

결혼 준비 과정 중 커플이 다투거나 정서적으로 불안정해지는 일이 흔하므로 어떤 상황에서도 그들과 차분하게 소통할 수 있는 인내심과 의사소통능력, 대인관계능력, 긍정적인 사고를 갖추는 것이 좋습니다. 제한된 예산 내에서 최대한을 끌어내는 예산 활용 능력과 여러 사람과 함께 일하기 위한 시간 관리와 조직 능력을 갖추는 것도 좋습니다.

스토리텔링 능력도 도움이 됩니다. 도망 결혼을 희망하는 사람들은 보통 그 장소에 대해 특별한 추억을 갖고 있습니다. 그 추억으로부터 출발해서 결혼식에 이르기까지가 하나의 스토리처럼 의미 있는 이야기가 되도록 결혼식을 준비했을 때, 많은 고객들의 만족도를 높일 수 있었다고 합니다.

Q: 수입은 얼마나 되나요?

A: 도망 결혼 서비스 에이전시 중 한 곳의 견적을 살펴보면, 400달러로 시작하는 기초 서비스부터 1,825달러로 시작하는 고급 서비스까지 네 단계의 서비스를 제공하고 있습니다[144]. 다만 이 비용 중 얼마가 플래너에게 돌아가는지에 대한 통계는 찾을 수 없었습니다.

⑩① 전문 넷플릭스 시청자 (Netflix viewer)

전문 넷플릭스 시청자는 저녁이나 주말 시간 대부분을 TV를 시청하며

144) SE. Elopment packages. Retrieved from https://simplyeloped.com/ on 24th Nov 2021.

보내는 사람에게 안성맞춤인 직업입니다. 넷플릭스에서 제공하는 모든 프로그램을 보고, 프로그램의 특징을 태그로 묘사하는 것이 그들의 역할입니다.

넷플릭스는 전문 시청자들이 작성한 태그를 바탕으로 고객 맞춤형의 프로그램을 추천하고 있습니다. 따라서 전문 시청자가 되려면 무작정 프로그램을 보고 즐기기만 하는 것을 넘어서 프로그램의 내용을 분석하고 유형화하는 기준을 스스로 세울 수 있어야 합니다.

Q: 어디에서 주로 일하나요?

A: 전문 넷플릭스 시청자는 넷플릭스 또는 넷플릭스와 관련된 마케팅 리서치를 실행하는 기관에 채용되며, 주로 본인의 집에서 TV를 보며 일합니다. 근무 시간은 정해져 있지 않지만 매월 충분한 시간을 넷플릭스 프로그램 시청에 할애할 수 있어야 합니다.

Q: 어떤 교육을 받아야 하나요?

A: 전문 넷플릭스 시청자는 본인이 시청한 프로그램의 특징과 매력, 관전 포인트를 빠르게 분석하고 정리할 수 있어야 합니다. 따라서 영화 제작, 대본 작성과 관련된 학위를 소지한 것이 유리합니다[145]. 하지만 관련 교육을 받지 않아도 활동할 수 있습니다.

Q: 어떤 역량이 필요한가요?

A: 책이나 영화, TV 프로그램을 보고 비평을 쓸 줄 아는 능력, 즉 언어능력과 소통능력, 분석능력을 갖추는 것이 도움됩니다. 사전 정보 없이도 프로그램을 보면서 자체적인 기준으로 프로그램을 분석하고 유형화하여 넷플릭스의 추천 시스템에 필요한 정보를 제공할 수 있어야 합니다.

---

145) The Muse. Dream Job Alert: Get paid to Watch Netflix. Retrieved from https://www.themuse.com/advice/dream-job-alert-get-paid-to-watch-netflix on 11th Jan 2022.

Q: 수입은 얼마나 되나요?

A: 급여는 월 500-2,000달러 수준이었습니다. 풀타임 또는 파트타임 근무 여부, 관련 경력 등에 따라 달라집니다. 시청자 대부분이 다른 직업을 가진 상태에서 파트타임으로 넷플릭스의 시청자로 일하고 있습니다.

정리하기

이 책을 보기 전에 아는 직업이 몇 개인지 질문을 받았다면 여러분은 몇 개라고 답하실 수 있었나요? 이제는 최소한 202개는 넘는다고 하실 수 있겠지요?

책을 통해 과거에 존재했던 101개의 직업과 현대에 존재하는 101개의 직업을 살펴봤습니다. 변화하는 직업들을 보면서 직업의 세계에서도 순환과 (재)창조가 이뤄진다는 것도 볼 수 있었죠. 고대에서부터 현대까지 쭉 지속된 직업도 있고, 고대에 존재했던 직업이 사라졌다가 현대에 이르러 부활하기도 했습니다. 역사의 흐름 속에서 아예 사라져버린 직업도 있고, 기존에는 존재하지 않았던 직업이 기술과 사회의 변화를 타고 새롭게 등장하기도 했습니다. 직업 현장에서 필요하다고 판단되었기에 직업이 만들어지기도 하고, 넓은 시야를 가진 누군가가 남들이 미처 알아보지 못하던 수요를 찾아내고 수익과 연결하여 직업이 만들어내기도 했습니다.

과거의 101개 직업과 현대의 101개 직업, 그 정보는 누가, 어떻게 활용하는가에 따라서 전혀 다른 의미와 가치를 가질 수 있습니다. 누군가는 '이런 직업도 다 있었네?' 하고 신기해하는 것으로 넘어갈지도 모릅니다. 하지만 누군가는 '이런 직업도 생각할 수 있구나!'하며, 창직의 기회로 활용할 수도 있지요. 사람이 진로를 개척하는 계기나 방식은 다양하고, 언제 어떤 일로 그 계기를 찾을지는 아무도 모르니까요.

틀에 박힌 진로를 넘어서: 이색적인 진로 찾기

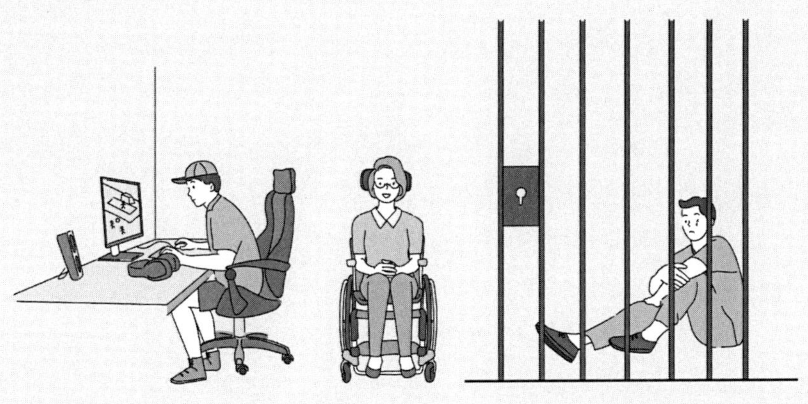

틀에 박힌 직업을 넘어서: **이색적인 진로** 찾기

진로를 탐색하고 결정하는 방법에는 왕도가 없습니다. 진로를 찾는 방법은 그 방법을 통해 찾아지는 진로만큼이나 다양합니다. 어떤 사건이나 경험도 계기가 될 수 있습니다. 앞 장에서 봤듯이 세상에는 다양한 이색 직업이 존재합니다. 그 직업들만큼이나 이색적인 계기나 방법으로 진로를 찾은 사람들도 있지요. 흔치 않은 계기로 행복하게 일할 수 있는 직업을 찾은 사람들, 그들의 이야기를 이번 장에서 담아봤습니다.

1. 10년 게임으로 진로 찾기

10년간 글쓰기 공부를 한 한석봉은 모두 아시지요? 3년 공부를 마치고 돌아왔을 때, 그의 어머니는 "너는 글씨를 쓰거라. 나는 떡을 썰겠다."라고 하셨고, 어둠 속에서 글씨를 제대로 쓰지 못하는 아들을 다시 공부하도록 떠나보냈습니다. 그 후, 한석봉은 붓에서 떨어진 먹물 얼룩조차도 글씨를 쓰기 위한 구도로 활용하는 위대한 명필가가 되었습니다.

제법 유사한 사례가 현대에도 있었습니다. 사례자인 어머니는 4살 때부터 컴퓨터 게임에 푹 빠져 있는 아이 때문에 오래도록 맘고생을 했습니다. 주변의 권유대로 아이에게서 컴퓨터 사용 시간을 제한하거나, 아예 컴퓨터를 치워버리는 것도 고민했습니다. 하지만 잠깐 게임 시간을 제한하는 것만으로도 아이는 울부짖었고, 결국 사례자는 마음을 내려놨습니다. 억지로 아이의 욕구를 막기보다는 '그래, 원하는 거 실컷 해라.'하고 아이의 바람을 존중하기로 했습니다.

그렇게 10년, 다른 아이들은 사교육과 선행학습으로 시간을 보내는 동안 사례자의 아이는 게임에 빠져 지냈습니다. 그 시간 동안 사례자의 마음속에 지나갔을 수많은 고민과 괴로움은 이루 형언할 수가 없겠지요.

하지만 인내 끝에 낙이 왔습니다. 게임중독이던 아이는 중학생이 되자마자 프로게이머로 성공할 가능성이 크지 않은 것 같다며 스스로 게임을 중단했습니다. 대신 컴퓨터 프로그래머가 되겠다며 공부를 시작했습니다. 스스로 목표를 갖고 공부를 시작했기 때문에 아이의 성적은 금방 올라갔고, 수능 시험에서 원하는 대학 학과를 갈 수 있을 만큼의 점수를 얻었습니다. 그리고 바라던 대로 게임을 개발하는 회사에 취업했습니다.

아무도 말리는 사람 없이, 원하는 만큼 실컷 게임을 해 봤기에 아이는 더 이상 게임에 목숨을 걸지 않았다고 합니다. 게임에 빠져 있는 동안 프로게이머의 삶을 접하면서 막연하게 꿈꿨던 프로게이머라는 직업의 현실을 깨달았고요. 덕분에 다른 직업으로 눈을 돌리게 된 것이죠. 게이머가 되기보다는 게임을 개발하는 개발자가 되는 것으로요.

만약 그 어머니가 아이에게 게임을 중단하도록 강요하거나, 컴퓨터를 뺏는 강압적인 방법을 사용했다면 어땠을까요? 아이는 반발심 때문에라도 더 게임에 중독되었을 수도 있고, 컴퓨터를 뺏겼어도 PC방에 가거나 친구 집에서 가서라도 계속 게임을 했을 수도 있습니다. 10년이 넘어서도 중독에서 벗어나지 못했을 수도 있지요.

하지만 부모가 아이에게 선택권을 주고 믿어준 덕분에 아이는 스스로 게임중독에서 벗어났고, 그 경험을 바탕으로 원하는 진로를 찾아갔습니다.

일찍부터 놀 거 다 놀았던 덕분에 빨리 정신 차려서 자기 길을 찾은 사례라고도 볼 수 있습니다.

2. 여행 중에 진로 찾기

진로 찾기는 여행 중에 눈에 띈 뭔가에 의해 이뤄지기도 합니다. 영국에는 대학에 합격한 뒤, 1년간 입학을 유예하면서 여행이나 사회생활을 경험할 수 있게 하는 Gap Year라는 제도가 있습니다. 그 제도를 활용해서 호주로 여행을 갔던 영국의 사례자는 바로 그 여행에서 얻은 경험으로 사업을 구상하게 되었습니다.

사례자는 스포츠를 무척 좋아하는 사람이었습니다. 직접 참여하는 것도 좋아하고, 스포츠 경기를 보는 것도 좋아했죠. 특히 호주의 아이스하키 경기에 관심을 가졌고, 많은 경기를 관람하게 되었습니다. 워낙 자주 경기장을 들락거렸기에 팀의 감독과도 대화하게 되었고, 팀 전체와도 친분을 쌓았습니다. 그리고 영국의 청소년들이 방학 중에 호주의 아이스하키 청소년 팀에서 선수로 활동하는 경험을 쌓도록 연결해주는 에이전시 사업을 생각해냈습니다.

영국에서는 명문 대학일수록 입학 이전부터 다양한 경험을 쌓는 것을 중요하게 생각합니다. 성적은 최소한의 갖춰야 할 요건이고, 그 외의 입학 자격은 봉사활동이나 현장 직업체험, 여행 등을 통해 얻은 새로운 경험과 넓어진 시야 등을 바탕으로 얻어지는 것입니다. 단순히 그런 경험을 했다는 것 이상으로 그 경험을 통해 청소년이 스스로 무엇을 배웠고, 어떤 점을 발전시켰는지 파악하고 있는가를 고려하여 당락이 결정되곤 합니다. 이런 과정에서 스포츠 선수로 활동한 경험도 무척 긍정적으로 여겨지기 때문에 호주의 아이스하키 선수 체험은 여러모로 청소년들에게 도움이 될 수 있는 기회였지요.

이런 영국의 교육 환경에 힘입어 그의 사업은 금방 활성화되었습니다. 1인 사업체로 시작한 지 얼마 되지 않아 직원의 수도 크게 늘었지요. 선수 체험을 하러 갔던 청소년 중 일부는 특별히 뛰어난 재능을 보여서 정식 선수로 입단할 것을 권유받기도 했습니다.

재작년부터 코로나19로 인해 사업이 큰 타격을 받게 됐지만, 그는 오히려 이 시기를 휴식과 재충전의 기회로 두고 다른 사업을 구상했습니다. 새로운 아이디어를 바탕으로 창업 공모전에 응모하기도 하고, 관심을 가진 투자자를 모집하기도 했습니다.

그는 "스스로 끝났다고 포기하지 않는 한 항상 기회는 온다."고 말하곤 합니다. 동시에 "사업이 한참 잘 될 때일수록 다음을 준비해야 한다."며, 일이 잘 풀린다고 현실에 안주하는 것을 경계했습니다. 이런 마음가짐으로 살아왔기에 그가 참신한 새 사업을 발굴하고, 사업을 키워나가고, 또 타격을 입은 다음에도 다시 일어설 수 있는 7전 8기의 탄력성을 가질 수 있었던 거겠죠.

3. 학교 폭력에서 진로 찾기

학교 폭력에서 진로를 찾은 사례도 있습니다. 사례자는 초등학교에 다니던 시절, 한 명이 주동이 되어서 학급의 모든 아이를 돌아가면서 따돌리고 괴롭히는 일을 경험했습니다. 누구든 주동자가 선택하는 아이가 피해자가 되었고, 주동자가 용서하면 가해 집단에 포함되었습니다. 한번 괴롭힘을 당했다가 주동자에게서 용서받은 아이들은 오히려 더 혹독하게 다음 피해자들을 괴롭히곤 했죠.

사례자는 초반에 가해자와 피해자 집단 어디에도 속해있지 않았습니다. 하지만 아무 잘못 없이 괴롭힘당하는 피해자를 보고서도 그냥 지나칠 수는 없었습니다. 여럿이 한 사람을 괴롭히는 것이 싫었기 때문이지요. 이후에 가해 집단이 뭐라 하건 피해자와 함께 놀고, 함께 도시락을 먹었습니다. 사례자가 같이 있으면 가해 집단도 피해자를 일방적으로 몰아세우진 못했으니까요. 다만 그 대가로 주동자의 눈 밖에 났고, 이후에는 사례자가 괴롭힘의 타겟이 되었습니다.

사례자에게 가해진 괴롭힘은 다른 피해자에 비해서 별로 심하진 않았습니다. 사례자가 가해자들을 두려워하지 않았기 때문에 가해자들이 괴롭히려고 해도 사례자가 입는 타격이 별로 없었던 것입니다. 가해자들은 여럿이 모여 있을 때는 사례자에게 욕을 해도 1대 1로 만나게 되면 오히려 사례자를 피하곤 했습니다. 그나마도 얼마 가지 않아서 주동자였던 아이가 먼저 친한 척 다가오면서 괴롭힘 자체가 중단되었고요.

하지만 심하게 괴롭힘을 당한 아이 중에는 정신과 치료를 받아야 할 만큼 고통을 받은 피해자도 있었습니다. 그리고 위에서 언급했듯이, 본인도 피해자였으면서, 이후 새롭게 피해자가 된 아이를 더 못되게 괴롭히는 아이도 있었습니다. 한번 피해를 겪었기 때문에, 다시는 피해자가 되지 않기 위해서 철저하게 가해자가 되려고 한 것이죠.

직간접적으로 학교 폭력을 경험한 뒤, 사례자는 사람의 심리, 특히 공격성에 대해서 관심을 갖게 됐습니다. 타인에게 악의적인 말과 행동을 하면서 재미를 느끼는 사람, 그런 사람에게 쉽게 굴복함으로써 힘을 실어주는 사람, 양쪽 모두에게요. 그래서 그쪽 분야의 학문을 공부하고 싶다고 생각하게 되었습니다. 실제로 사례자는 심리학을 전공했고, 관련 분야의 일을 하게 되었습니다.

당시 가해 주동자였던 아이는 중학교에 입학하면서부터 본인이 학교 폭력의 타겟이 되었습니다. 초등학생 때와 중학생 때의 학교 환경은 분명 다른데 거기에 적응하질 못한 거죠. 학교에서 따돌림을 당하다가 결국 자퇴를 했다고 합니다. 사례자와 가해 주동자, 똑같이 학교 폭력의 피해를 경험했지만, 그 경험을 어떻게 활용했는지는 서로 달랐던 것입니다.

4. 실패 속에서 진로 찾기

해리 포터의 작가인 조앤 롤링(J. K. Rawling)이 과거 짧은 결혼 후 이혼했고, 혼자 아이를 키우며 극심한 빈곤에 시달리며 살았다는 것은 꽤 잘 알려진 사실입니다. 집의 난방비를 아끼기 위해서 에딘버러의 카페에서 시간을 보내며 글을 썼고, 그 글을 출판사에 보냈지만 여러 차례 거절당하기도 했습니다. 해리 포터가 어린 시절 친척의 집에서 겪었던 배고픔과 슬픔에 조앤 롤링 본인의 경험이 녹아 들어가 있는 것이죠.

조앤 롤링은 당시 자신의 삶이 큰 실패작이었다고 말하곤 했습니다[1]. 홈리스가 아니라는 점을 제외하고는 본인이 생각할 수 있는 모든 기준에서 최저를 찍었었다고요. 하지만 결혼 실패와 빈곤이 롤링에게는 오히려 자기 자신과 주변을 성찰하는 기회가 되었습니다. 그 성찰이 해리 포터라는 동화 속의 인간관계를 더욱 성숙하고 풍부해지게 했고요. 덕분에 해리 포터는 아동뿐만이 아니라 성인도 즐겨 읽는 책이 될 수 있었고, 조앤 롤링 본인은 전 세계에서 손꼽히는 갑부이자 유명한 작가가 되었습니다.

조앤 롤링은 글을 잘 쓰는 사람이 아니었습니다. 실제로 해리 포터의 원본에 쓰인 표현을 보면 어린이를 위한 동화책 수준에 머물러 있습니다. 중학생 정도라면 충분히 쓸 수 있을 표현이지요. 조앤 롤링은 고학력자가 아니었고, 특별히 작문을 배운 적도 없었거든요. 하지만 조앤 롤링은 본인의 집필 실력에 굴하지 않고, 머릿속에서 상상한 환상적인 마법 세계를 묘사해냈습니다. 해리 포터 1권에 비해 2권, 3권으로 갈수록 표현력도 향상됐지요.

조앤 롤링이 이혼 후의 가난한 삶에 좌절하고 아무 노력도 하지 않았다면 어떻게 되었을까요? 해리 포터의 원고를 출판사에서 거절당했을 때 그냥 포기해버렸다면요? 해리 포터 시리즈라는 인기작이 나오지도 않았을 거고, 조앤 롤링은 갑부는커녕 빈곤에 시달리는 채로 남아있었겠죠.

실패는 성공의 어머니라고 합니다. 하지만 우리나라에서는 유독 실패를 부정적인 것으로 생각하며 두려워합니다. 하락한 성적, 입상하지 못한 대회…. 생애 전체를 고려하면 그저 작은 한 부분에 불과한 것의 실패를 마치 큰일처럼 생각하곤 합니다. 실패를 경험한 본인뿐만이 아니라 그 부

1) The Writers College Times. J K Rowling: From Failure to Unimagined Success. Retrieved from https://www.writerscollegeblog.com/j-k-rowling-from-failure-to-unimagined-success/ on 5th Jan 2022.

모나 주변인들마저 용납하지 못하기도 합니다.

하지만 일찍부터 실패를 경험하고 극복해 본 경험을 갖는 것은 중요합니다. 이런 경험이 없는 사람은 성인이 된 후 단 한 번의 실패만으로 세상이 무너진 듯 좌절하고 다시는 일어서지 못하기도 합니다. 조앤 롤링이 이렇게 실패를 두려워하고 좌절하는 사람이었다면 성공한 작가로서의 삶을 누리지도 못했겠죠.

5. 장애 속에서 진로 찾기

랄프 브라운(Ralph Braun)은 어린 나이에 척수성 근위축 진단을 받았고, 14세부터 휠체어에 의지해야 했습니다. 척수성 근위축은 유전적 장애 질환으로 팔, 다리, 어깨, 허벅지 등의 부위에 근육 손상이 나타나서 움직임을 제한하고, 여러 합병증을 동반합니다. 증상의 진행을 다소 늦출 수는 있지만, 완치하는 것은 현재로서는 불가능합니다. 이런 병을 앓는 환자는 일상생활에 필요한 활동조차 다른 사람의 도움 없이는 수행하기 어려워집니다.

이토록 제한이 많은 장애에도 불구하고 랄프 브라운은 좌절하지 않았습니다. 장애인이 쉽게 이동할 수 있도록 맞춤형의 이동 수단을 개발하겠다는 꿈을 가졌습니다[2]. 10대 때 이미 아버지와 함께 장애인을 위한 첫 이동 수단을 개발했으며, 성인이 되자마자 세계 최초의 전동 스쿠터를 개발했습니다. 직접 개발한 스쿠터를 타고 직장에 출퇴근했으며, 23살에는 전동 스쿠터를 생산하기 위한 회사를 설립했습니다. 회사에 다니면서 사업을 병행하다가, 사업에 집중하기 위해 직장을 그만두었습니다.

꿈을 따른 그의 선택은 현명했습니다. 26살에는 휠체어를 실을 수 있는 리프트가 달린 지프차를 개발했고, 이후에는 밴과 미니밴에도 장착할

2) BraunAbility. Father of the mobility movement – Ralph Braun. Retrieved from https://www.braunability.com/us/en/about–us/ralph–braun.html on 9th Dec 2021.

수 있도록 개조하는 데 성공했습니다. 이후 그의 회사는 장애인을 위한 이동 수단의 대명사로 성장했습니다.

랄프 브라운은 본인이 지체 장애를 겪고 있었기에 더욱 장애인의 필요에 맞춤형인 이동 수단을 개발할 수 있었습니다. 즉, 지체 장애가 그에게 새로운 진로를 개척해나갈 기회와 의욕을 부여한 것이지요. 혼자서는 침대에서 일어나기도 어려웠지만, 결코 자신의 장애를 핑곗거리로 삼지 않았습니다. 오히려 그의 겉모습만 보고 멋대로 한계를 정하는 사람들의 생각이 잘못되었음을 증명하는 삶을 살았지요.

그의 도전은 장애인 이동 수단을 생산하는 새로운 산업을 만들어냈습니다. 기존에 다른 사람들이 생각해내지 못했던 수요를 찾아내고, 이윤 추구와 사회적 기여를 동시에 달성했습니다. 한 번의 성공에 안주하지 않고, 끝없이 새로운 도전을 해나갔습니다.

그의 신체적인 장애는 그가 추구하고자 하는 목표를 달성하는 데 전혀 장애가 되지 않았습니다. 오히려 그의 목표 달성을 위한 원동력이 되었고, 그의 회사에서 생산하는 장비를 더욱 장애인에게 유용하고 안전하게 만드는데 기여할 수 있었습니다.

6. 죽음에서 진로 찾기

이색 진로 찾기 사례 중에서도 특이하게 죽음으로부터 진로를 찾은 경우도 있습니다. 사례자는 어린 나이에 할아버지의 죽음을, 20대의 나이에 부친의 죽음을 겪었습니다. 할아버지가 돌아가셨을 때는 친척 어르신들이 시신을 염하는 것을 지켜보았고, 부친이 돌아가셨을 때는 어르신들의 지시하에 본인이 직접 시신을 염했습니다. 당시 느꼈던 슬픔, 할아버지와 부친에게 채 표현하지 못했던 애정, 죽은 이를 떠나보낼 때의 상실감이 그에게 깊은 인상을 남겼습니다.

그 후 그는 주변에서 지인이나 가족이 사망하면 시신을 염하고 장지로 옮겨 매장해주는 봉사를 하곤 했습니다. 때로는 유족들이 감사하는 마음으로 사례비를 전하기도 했고 때로는 하지 않기도 했지만, 그는 돈과 상관없이 할아버지와 부친에게 다 하지 못한 효도를 한다는 마음으로 임했습니다.

이후 우리나라에 장례지도사 자격 과정이 생기면서 그는 그 과정에 입문했고, 전통적인 장례 방식과 종교적인 장례 절차에도 통달하게 되었습니다. 그의 이름이 알려지면서 여기저기서 장례식을 주관해달라는 의뢰를 받게 되었습니다.

유사한 사례로 반려동물의 죽음을 경험한 뒤, 반려동물 장례지도사가 되기 위해 입문한 경우도 있습니다. 동물이라도 함부로 하지 않고 경건하게 시신을 염하고 화장하는 장례지도사의 모습이 무척 인상에 남았다고 합니다.

죽음을 모든 것의 끝, 완전한 종결로 보는 시각도 있습니다. 하지만 죽음은 새로운 시작과도 연결됩니다. 고목이 죽은 자리에서 새싹이 돋아나는 것처럼 말이죠. 첫 번째 사례자와 두 번째 사례자 모두 소중한 사람이나 동물을 잃는 슬픔을 겪었습니다. 그리고 그 상실을 극복하는 과정에서 새로운 진로를 찾게 되었습니다.

7. 무작정 진로체험으로 진로 찾기[3]

이번 사례는 특이하긴 하지만 어쩌면 정석적인 진로찾기로 볼 수도 있는 사례입니다. 사례자는 이미 회사에서 일하던 직장인이었지만 매우 불만족스러운 직장 생활을 하고 있었습니다. 언제든 기회만 있다면 떠나고 싶은 마음으로 일을 하고 있었죠. 마치 현재 우리나라의 많은 직업인이 그런 것처럼요.

3) Forbes (27 Jun 2012). How I figured out what I wanted to do with my life. Retrieved from https://www.forbes.com/sites/dailymuse/2012/06/27/how-i-figured-out-what-i-wanted-to-do-with-my-life/?sh=7638dff93883 on 5th Jan 2022.

사례자의 새로운 진로 탐색은 데이브 맥클루어(Dave McClure)라는 사업가를 섀도잉할 기회를 얻게 되면서 시작되었습니다. 참고로 데이브 맥클루어는 실리콘 밸리에서 투자회사를 운영하는 성공한 사업가 중 하나입니다. 사례자는 섀도잉을 통해 성공한 사업가가 하는 일을 관찰하고, 그가 만나는 사람들과 안면을 쌓고, 그에게서 조언을 얻을 기회를 획득한 것입니다.

기회를 쉽게 얻은 것은 아니었습니다. 데이브 맥클루어를 섀도잉할 기회를 부상으로 건 대회에서 입상해야 했습니다. 사례자와 마찬가지로 데이브 맥클루어를 만나길 바라던 수많은 청년들과 경쟁해서 승리해야 했던 것입니다.

최종 6인에 선발되어 데이브 맥클루어를 섀도잉한 이후, 사례자는 무작정 기업의 사업주나 창업가에게 메일을 보내어 만나고 싶다는 연락을 하기 시작했습니다. 그리고 놀랍게도 꽤 많은 사람들이 사례자의 요청에 응해주었습니다.

에어비앤비, 스퀘어, 킵, 민트 등 다양한 회사의 사업주와 창업가, 투자자들을 만나고 그들이 어떻게 현재의 진로를 찾게 되었는지 상세한 질문을 하고, 새로운 진로를 찾고자 하는 자신이 다음 단계에서 어떤 일을 해야 할지 조언을 구했습니다. 물론 그들을 만나기 전에 충분히 그들과 관련된 기사나 자료를 읽고, 그들에게 질문하고 싶은 것들을 충실하게 준비해서 만났습니다. 그것이 소중한 시간을 내어준 사람들에 대한 예의니까요.

사업가나 관계자들의 컨퍼런스에 봉사자로 참여하여 발표를 듣기도 하고, 인근 지역에서 진행되는 각종 행사나 연설을 찾아서 참여하기도 했습니다. 스탠포드 대학의 강의 스케쥴을 확인한 뒤 듣고 싶은 강의를 찾아 듣기도 하고, 공동 거주지에서 집단으로 생활하는 체험을 해보기도 했습니다.

사례자는 하고 싶은 일을 선택하기 위해 그간 접한 다양한 진로 분야를 유형화했습니다. 각 분야에 속한 사업체에 이메일을 보내서 그들이 하는 일을 섀도잉할 기회를 얻었습니다. 그렇게 유형화한 진로 분야와 관련된 기업과 직업, 관련 정보를 정리했습니다.

그 후에 사례자가 선택한 직업은 진로 상담 컨설턴트였습니다. 스스로 컨설팅 회사를 차려서 운영하기 시작한 것입니다. 사례자는 많은 사업가를 만나 조언을 얻으면서 사업체를 설립하고 경영하는 노하우를 쌓았습니다. 여러 진로 분야를 다양하게 경험하면서 현장과 밀착된 진로 정보를 축적했습니다. 그런 경험과 정보는 사례자가 최종적으로 선택한 직업에서 매우 유용하게 활용되었습니다.

8. 좋아하는 취미로 진로 찾기

흔히 좋아하는 일은 직업으로 해선 안 된다는 말이 있습니다. 좋아하던 일도 돈을 벌기 위해 하기 시작하면 싫어진다는 것이죠. 하지만 몇 년간 좋아하는 일을 실컷 한 다음에 그 경험을 바탕으로 진로를 찾은 사람이 있습니다. 심지어 좋아하는 일을 돈을 벌기 위해 하는 일과 잘 섞기도 했고요.

사례자는 여행을 무척 좋아하는 사람이었습니다. 일찍부터 학교 방학을 활용해서 열심히 여행을 다녔습니다. 군 복무를 마친 뒤에는 휴학한 뒤 세계 일주를 했고요. 지금은 세계 일주를 한 사람이 비교적 흔한 편이지만, 그가 여행했던 당시에는 찾아보기 드물었습니다.

대학을 졸업한 뒤, 그는 여행 관련 회사에 입사 지원서를 냈습니다. 그는 지방대학을 졸업했고, 성적도 특별히 좋지 않고, 언어능력이 뛰어난 것도 아니었습니다. 토익이나 토플 점수도 없었습니다. 한 마디로 흔히 말하는 스펙(spec)이라고는 찾아보기 힘든 사람이었습니다.

하지만 세계 일주 경험을 바탕으로 한 그의 자기소개서가 회사 측에 깊은 인상을 남겼던 듯 합니다. 입사 면접에서 그의 여행 경험에 대해 질문하고 답을 들은 면접관은 언제부터 출근 가능한지를 물었습니다. 사례자는 다음날부터 가능하다고 했고, 바로 그 날짜가 그의 첫 출근일이 되었습니다.

회사에 근무하면서도 사례자는 저렴한 여행 상품이나 항공권이 나올 때마다 기회를 노려 여행을 다녔습니다. 처음부터 여행을 좋아한다는 사실을 회사 측에 주지시켰고, 근무 중에는 업무에 집중해서 열심히 일했기 때문에 회사도 그가 자유롭게 장기 휴가를 쓰며 여행을 떠나는 것을 수용했다고 합니다. 여행을 다녀온 후에는 상세한 후기를 바탕으로 회사 측이 새로운 여행 상품을 개발하기 위한 아이디어를 제공했습니다. 그러니 회사 측도 그의 휴가를 더욱 긍정적으로 생각할 수 있었지요.

9. 중독 극복 경험으로 진로 찾기

술이나 약물중독으로 고통받다가 극복한 경험을 살려 진로를 찾은 사람도 있습니다. 미국에서 거주하는 사례자는 양쪽 부모가 모두 알콜 중독이었고, 본인도 이른 나이부터 술을 마시기 시작했습니다. 20대 때에 이미 심한 알콜 중독에 빠졌고, 이후 여러 차례 시설에 입소했지만 참지 못하고 술을 마시길 반복했습니다. 간혹 취업해도 술에 취한 채 출근하는 날이 빈번했기에 금방 일자리를 잃게 되었습니다. 집세를 내지 못해서 홈리스로 살기도 했습니다.

하지만 그에게도 기회는 찾아왔습니다. 중독자를 돕는 봉사자들 덕분에 다시 술을 끊어야겠다는 의지를 갖게 되었고, 일생일대의 마지막 기회라는 생각으로 굳은 마음을 먹고 시설에 입소했습니다. 그리고 마침내 중독에서 벗어나는 데 성공했습니다.

오랫동안 알콜 중독자로 살아왔기에 그에게는 마땅한 경력이랄 것이 없었습니다. 학력도 높지 않았습니다. 하지만 그를 도왔던 봉사자는 오히려 그런 경험을 살릴 수 있는 진로를 권해주었습니다. 바로 술이나 약물에 중독된 사람이 중독을 극복할 수 있도록 돕는 중독치료 도우미(sober companion)로 일하는 것이었죠.

그는 의뢰받은 중독자의 집에서 함께 거주하며 중독자가 다시 술이나 약물을 사용하지 않도록 제지하고, 건강한 생활을 유지할 수 있도록 도왔습니다. 처음에는 다시 술을 마시고 싶은 유혹에 시달리기도 했지만, 중독된 사람들의 비참한 모습이 오히려 그 유혹을 극복하는 데 도움을 주었다고 합니다. 스스로의 과거를 더욱 반성하고 성찰하는 기회도 되었고요. 사례자 본인이 중독자였고, 중독에서 벗어난 경험을 갖고 있기에 그와 함께 생활하는 중독자들을 이해하고, 그들에게 진정 필요한 것이 무엇인지 더욱 잘 파악할 수 있었다고 합니다.

그가 도왔던 모든 중독자들이 중독 증상을 극복해낼 수 있었던 것은 아닙니다. 일부는 다시 중독자가 되기도 했습니다. 하지만 본인이 여러 차례 실패했던 경험 덕분에 쉽게 좌절하거나 포기하지 않고, 계속 다른 중독자들을 돕게 하는 원동력을 얻었다고 합니다.

10. 감옥에서 진로 찾기

미국의 서부 영화를 보면 지명수배범을 추적해서 현상금을 받아 생활하는 인물이 등장합니다. 영화 속의 그들은 현상금 사냥꾼(Bounty hunter)라고 불립니다. 세월이 흘러 방식이 달라지고, 복장도 달라졌지만 지금도 미국 곳곳에서 현상금 사냥꾼이 활동하고 있습니다.

미국에서는 체포된 용의자가 보석금을 내고 재판일까지 석방될 수 있는데, 당일 법정에 모습을 드러내면 보석금을 돌려받습니다. 도망치면 보석금을 잃게 되고요. 이런 점을 노려서 보석금을 낸 뒤에 도망치는 용의자들이 있는데 미국의 현상금 사냥꾼은 그들을 추적해서 재판받도록 합니다.

미국의 리얼리티 쇼 도그 더 바운티 헌터(Dog the bounty hunter)는 실제로 현상금 사냥꾼으로 일하는 사람의 활동을 보여준 것으로 유명합니다. 쇼의 주인공인 듀언 챕먼(Duane Chapman)이 현상금 사냥꾼이 된 계기는 그가 징역을 살던 중에 찾아왔습니다.

챕먼은 마약 거래 현장에서 체포되었고, 5년 형을 선고받았습니다[4]. 징역을 사는 동안 얌전하고 성실한 모범수로 지냈으며 간수들의 이발사로 일하며 친분을 쌓았습니다. 그러던 중 탈옥을 시도하던 다른 죄수를 제압하며 간수들을 돕게 되었고, 간수들은 그를 현상금 사냥꾼(bounty hunter)이라는 별명으로 부르기 시작했습니다. 그때 그는 처음으로 현상금 사냥꾼이 되고 싶다고 생각하게 되었습니다.

그를 신뢰하게 된 간수들의 도움으로 1년 반 만에 가석방된 챕먼은 당장 눈앞에 닥친 빈곤을 해결해야 했습니다. 금전적인 문제로 고민하던 중, 그를 담당하는 판사로부터 현상금 사냥꾼으로 일할 것을 권고받았습니다. 사실 전과가 있는 경우 현상금 사냥꾼으로 일하기는 어렵다고 합니다. 전과 기록이 있으면 아예 현상금 사냥꾼으로 일할 수도 없는 지역도 있고요. 하지만 챕먼은 모범수였으며, 간수들과 판사의 신뢰를 얻은 덕에 마약 전과에도 불구하고 기회를 얻을 수 있었습니다.

본인의 희망과 판사의 권고가 합쳐져 그는 현상금 사냥꾼으로 일하기 시작했습니다. 2003년에는 맥스 팩터(Max Factor) 회사의 상속자이자 86건이나 되는 범죄의 용의자인 앤드류 러스터(Andrew Luster)를 체포했고, 이후 여러 TV 쇼에 출연하며 인기를 얻었습니다.

11. 공포증 극복으로 진로 찾기

제 사례도 한번 얘기해 볼까요? 비록 앞의 사례들처럼 그 직업을 갖는 데까지는 도달하지 못했고, 다음 생을 기약하고 있지만요.

연구직으로 10년 가까이 일해 온 저를 두근거리게 한 꿈의 직업은 윙슈트 다이버와 윙슈트 코치였습니다. 나름 진로와 직업을 연구해 왔기 때문에 꽤 다양한 직업을 안다고 생각했는데도, 윙슈트 다이버와 코치에 대해서 알게 된 건 30대 중후반으로 들어설 무렵이었습니다.

---

4) Nickiswift.com(22 Sep 2021). The real reason Duane Chapman decided to become a bounty hunter. Retrieved from https://www.nickiswift.com/613304/the-real-reason-duane-chapman-decided-to-become-a-bounty-hunter/ on 12th Jan 2022.

이전까지는 제가 심한 고소공포증을 앓는 줄 알았습니다. 당시 저는 의자 위에 올라서서 전구를 바꾸는 것도 하지 못할 정도였거든요. 제 성격상 공포증이 있으면 그걸 기피하기보다는 극복하려고 시도를 해보는 편입니다. 그렇게 사회공포증과 폐소공포증을 극복했고, 마지막으로 남은 게 고소공포증인 줄 알았던 증상이었습니다.

마지막 남은 공포증도 극복하겠다는 의지의 일환으로 패러글라이딩을 몇 번 했습니다. 비록 가이드한테 매달린 상태로 한 거지만요. 패러글라이딩에 도전해보고 깨달았습니다. 전 높은 곳을 두려워하는 게 아니라는 걸요. 제가 무서워하는 건 통제할 수 없이 추락하는 상황 또는 그럴 가능성이었습니다. 의자에 올라가지 못한 것도 의자가 넘어질 가능성이 크다고 느껴서였을 뿐, 정작 높이가 훨씬 더 높은 책상이나 책장은 넘어질 위험이 없으니 거리낌 없이 올라갈 수 있었거든요.

떨어지는 속도를 조절할 수 있거나 안전하게 추락할 방법이 있는 상황에서는 높은 곳이 전혀 두렵지 않았습니다. 패러글라이딩을 할 때, 가이드가 낙하산을 회전시키며 허공에서 바이킹 타고, 몸이 하늘과 땅과 평행이 되는 경험을 선사해줬는데도 신나게 웃으면서 내려왔습니다. 정작 고소공포증 없다던 다른 사람은 중간에 겁을 먹고 하늘에서 구토를 해버렸는데도 말이죠.

태어나서 처음 본 조감도의 풍경이 그토록 아름다울 수가 없었습니다. 산이나 건물 어떤 것에도 막히지 않고, 완전히 탁 트인 것처럼 모든 걸 내려다볼 수 있었으니까요. 고대 시대부터 새처럼 날고 싶어 했던 사람들의 욕망을 진심으로 이해할 수 있었습니다. 땅에서는 아름답지 않은 경치도 하늘에서 보면 아름다웠고, 땅에서 아름다운 경치는 하늘에서 더 아름다웠습니다.

그때부터 하늘에서 즐길 수 있는 스포츠에 본격적으로 관심을 두게 됐습니다. 그중에서도 극한이라는 윙슈트 다이빙의 영상을 봤을 땐 정말 숨이 멎어버리는 것 같았습니다. 가장 원시적인 형태로 마치 거대한 새가 된 것처럼 비행하는 모습이 너무 아름다웠거든요.

윙슈트 다이빙에 입문하려면 어떻게 해야 하는지 알아봤고 좌절했습니다. 이번 생의 저로서는 도저히 맞출 수가 없는 조건이었거든요. 우선 자유롭게 스카이다이빙을 할 수 있는 자격을 얻어야 하고, 그 후에 18개월 동안 200회 이상의 스카이다이빙을 한 뒤에야 비로소 입문을 할 수 있으니까요.

저에겐 통제하지 못하는 추락의 가능성을 과도하게 두려워한다는 약점도 있으니 무엇보다도 그걸 극복하는 것이 먼저였습니다. 공포증을 극복하는 데 걸리는 시간에 스카이다이빙을 배우는 시간, 200회의 다이빙을 해내는 시간을 고려해보면 아무리 빨라도 40대 초중반은 되어야 윙슈트 입문이라도 노려볼 수 있다는 계산이 나왔습니다.

신체 능력이 절정 상태일 때 해도 어려운 스포츠를 그 나이에 시작하는 것이 과연 가능할까요? 현실을 직시해야 했습니다. 노년이 되어서도 꿈을 따르는 사람들은 분명 있지만, 그들의 꿈은 제 꿈처럼 시도하다가 죽을 가능성이 크진 않으니까요.

처음으로 가슴을 뛰게 만든 직업이었지만, 이번 생에서는 접어야 했습니다. 다음 생에서나 못 이룬 꿈에 도전할 것을 기약하면서요. 정말로 다시 태어날 수 있다면, 달라이 라마처럼 전생을 기억하면서 태어나면 좋겠습니다. 현생의 모든 공포증은 내려놓고, 오직 열정만 간직한 채로 윙슈트 코치가 되어서 마음껏 날아볼 수 있도록요.

정리하기

진로를 찾는 방법이나 계기는 참 다양합니다. 또한 한번 진로를 선택한 것으로 끝나는 것도 아닙니다. 이후에 다시 새로운 진로를 찾아야 하는 상황이 되거나, 찾고 싶어지기도 합니다. 어떤 상황에서 어떤 진로를 선택하건, 여러분이 선택한 길이 '나'를 위해서 '내가' 선택한 것이기를 바랍니다. 앞의 사례들이 그랬던 것처럼요. 또한 여러분의 부모님과 지인들이 여러분이 선택한 길을 존중하고, 응원해주길 바랍니다.

스스로 선택했을 때 우리는 그 선택에 대한 책임과 의욕을 강하게 느낍니다. 거기에 가족이나 주변의 소중한 사람들의 지지가 더해지면 어려움 앞에서도 좌절하지 않고 극복하려는 열의와 에너지도 한층 더 커지게 됩니다.

삶은 여러 갈래의 길로 나뉘어 있다고 흔히 말합니다. 진로도 마찬가지입니다. 얼마나 폭넓은 갈림길이 펼쳐질지, 그중 무엇을 선택할지 또는 아무것도 선택하지 않을지는 '나'에게 달려 있습니다. 또한 '내가' 선택할 수 있을지 또는 선택을 포기할지는 가족과 주변인의 영향을 받게 됩니다.

글을 읽으시는 분들은 어떤 '내가' 되고 싶으십니까? 또한 어떤 가족 · 주변인이 되고 싶으십니까?

이 책에는 과거의 이색직업 101개와 현대의 이색직업 101개, 이색적인 진로 찾기 사례 11개가 포함되어 있습니다. 숫자 '1'을 강조하기 위해서였습니다.

'1'을 거듭해서 강조한 이유는 1이 '나', '자신'을 의미하는 숫자이기 때문입니다. 1인칭이라는 표현이 내가 소설의 화자가 되어 나의 관점에서 얘기한다는 걸 의미하듯이 말이죠. 진로를 선택할 때, 가장 중요하게 고려해야 할 것은 바로 '나'입니다.

아무리 돈을 많이 벌 수 있어도, 아무리 오랫동안 안정적으로 일할 수 있다고 해도 그 일을 하면서 내가 행복하지 않다면 과연 좋은 진로를 찾았다고 볼 수 있을까요? 인격체로서 존중받지 못하고 소모품 취급을 당하는 직장이 과연 좋은 직장일 수 있을까요?

행복은 나중에 찾으면 된다. 당장은 안정적이고, 돈을 충분히 벌 수 있는 직업을 찾는게 좋다. 이런 조언 많이들 들어보셨을 겁니다. 저만해도 박사 졸업 후 취업을 준비하는 몇 달 동안 '그냥 공무원 시험을 봐라, 공무원이 그래도 최고다'라는 말을 몇 번이나 들었으니까요.

경제 규모로는 세계 10위지만 국민 삶의 만족도로는 OECD 최하위권이라는 우리나라의 현재 모습, 이렇게 물질적인 풍요와 안정을 행복보다 우선시하던 생각들이 쌓인 결과가 아닐까요? 모쪼록 이 책을 보는 분들 또는 그 자녀들은 부디 진로를 선택할 때, '내'가 얼마나 중요한지를 고려하실 수 있으면 좋겠습니다.

'나'를 위한 진로가 꼭 이미 존재하는 직업일 필요는 없습니다. 책의 본문에서도 나왔듯이 세상에는 무척 다양한 직업이 있고, 끝없이 새로운 직업이 만들어지고 있습니다. 불과 몇 년 전까지만 해도 존재하리라곤 상상도 못 했던 직업들이 이제는 현실이 되고 있습니다. 다른 사람이 미처 보지 못했던 일에 대한 수요를 찾아내고 수익과 연결하면 그것이 곧 직업이 될 수 있습니다.

처음 진로를 선택할 때 또는 이후 진로를 변경할 때, 아는 직업의 종류도 적고 비좁은 직업 세계관에 사로잡혀 넓게 보지 못한다면 그만큼 더 많은 어려움과 갈등을 느끼게 됩니다. 넓은 직업 세계관을 갖고 있고, 유연하게 진로를 결정할 수 있는 마음가짐과 역량이 갖춰져 있다면 진로 변경이 고통이 아닌, 새로운 삶을 위한 즐거움이 될 수도 있겠지요.

꾸준히 한 분야의 진로를 목표로 깊은 우물을 파는 것도, 사회에 언제 어떤 변화가 오건 대처할 수 있도록 달걀을 여러 바구니에 나눠 담는 것도 모두 가치 있는 진로 탐색이 됩니다. 하지만 어떤 선택을 하건, 비좁은 직업 세계관보다는 넓고 유연한 직업 세계관이 훨씬 도움 됩니다. 이 책은 그런 관점에서부터 시작되었습니다.

한 권의 책에 직업 세계와 진로 경로 전체를 담는 것은 물론 불가능합니다. 따라서 이 책에는 최대한 이색적인 직업, 특이한 진로 찾기 사례들을 담아내고자 했습니다. 책을 통해 독자분들이 이런 직업이나 진로찾기도 있다는 것을 알고 흥미를 느끼신다면 좋겠습니다.

항상 제 집필을 응원해주시는 제 부모님과 생의 갈림길에서 저를 이끌어주신 신극범 총장님, 책의 제목을 지어주신 정은진 박사님, 선배 직업인인 노인분들에 대한 존경과 존중을 일깨워주신 고은락 신부님, 제 첫 책에 이어 두 번째 책도 출간해주신 출판사 관계자분들에게 감사의 마음을 전합니다.

저자약력

서유정

2005년 9월: 영국 University College School 심리학 학사 취득
2006년 9월: 영국 University of Manchester 조직심리학 석사 취득
2010년 7월: 영국 University of Nottingham 응용심리학 박사 취득
2010년 10월 ~ 현재: 한국직업능력연구원 재직 중
2019년 2월 ~ 2020년 1월: UNESCO Bangkok 파견 근무

다시 태어나면 이런 직업도 갖고 싶어

초판발행 2022년 5월 10일
중판발행 2024년 5월 30일

지은이 서유정
펴낸이 노 현

편 집 김윤정
기획/마케팅 조정빈
표지디자인 Benstory
제 작 고철민·조영환

펴낸곳 ㈜ 피와이메이트
서울특별시 금천구 가산디지털2로 53, 210호(가산동, 한라시그마밸리)
등록 2014. 2. 12. 제2018-000080호
전 화 02)733-6771
f a x 02)736-4818
e-mail pys@pybook.co.kr
homepage www.pybook.co.kr
ISBN 979-11-6519-277-8 03370

정 가 18,000원

박영스토리는 박영사와 함께하는 브랜드입니다.